KB190528

기도로 지구를 움직이라

기도의 위력 II

기도로 지구를 움직이라

김수홍 목사 지음

도서출판 언약

머리말

기도에 관한 두 번째 책은 "기도로 지구를 움직이라"는 기도의 책이다. 이 책은 우리가 사람의 힘으로는 불가능한 일들을 기도로 움직이자는 내용을 기록한 것이다. 1) 첫째는 지구 온난화 방지를 위해 기도하자는 것이고, 2) 둘째는 북한이 맥을 추지 못하도록 기도하자는 것이며, 3) 셋째는 우크라이나와 러시아의 전쟁에서 우크라이나가 승리하도록 기도하자는 것이고(2023년), 4) 넷째는 요즈음 몽골 고비사막에서 황사가 날아오고 또 중국에서 미세 먼지가 날아와서 우리나라 하늘이 잿빛으로 자주 변하는데 황사와 미세 먼지가 날라오지 않도록 기도하자는 것이며, 5) 다섯째는 요즈음 신학교 목사 후보생이 많이 부족한 입장인데 과거처럼 많은 목사 후보생이 신학교에 지원할 수 있도록 하자는 것이고, 6) 여섯째는 우리가 우리의 힘이 아니라 그리스도의 놀라운 힘을 가지고 복음을 전파하자는 것이며, 7) 일곱째는 우리의 모든 병을 예수님께 맡겨 고치자는 것이고, 8) 여덟째는 요즈음 출생하는 아이들의 숫자가 줄어가는 입장이니 젊은 부부들이 아이를 많이 낳게 기도하자는 것이며, 9) 아홉째는 자연재해를 기도로 막아보자는 것(화재, 지진, 혹한, 혹서, 홍수, 가뭄 등)이고, 10) 열째는 아무튼 우리가 할 수 없는 일들을 기도로 이루어보자는 것이다. 하나님께서 못하실 것이 무엇 있겠는가?

위의 항목들을 하나하나 좀 더 설명해서 알아보기 쉽게 만드는 것이 필요할 것이다. 1) 첫째는 지구 온난화 방지를 위해 기도하자는 것이다. 앞으로 지구의 온도가 섭씨 1.5만 더 올라가면 지구는 사람이 더 살 수 없는 곳이 된다니 지구의 온난화를 방지해야 한다는 것이다. 그래서 지금 정치권을 중심하여 탄소 배출을 금하는 운동을 펼치고 있다. 우리는 이때에 기도로 지구 온난화를 막는 일을 전개해야 할 것이다. 우리가 기도하면 지구 온난화의 위험을 막을 수 있을 것이다. 모든 기독교인이 매일 한번 씩만 기도해도 얼마든지 막을 수 있을 것이다.

2) 둘째 북한이 맥추지 못하도록 기도하자는 것이다. 북한은 요즘 연일 핵을 쏘아 올리고 있다. 연일 남한과 미국 그리고 우방들을 향해서 위협을 가하고 있다. 그래서 남쪽 대한민국에서도 핵을 만들어 맞불을 놓아야 한다고 주장하는 여론이 있다. 그러나 우리 대한민국의 기독교인들은 북한의 위협에 대해서 위협받을 필요가 없다. 첫째 하나님께서 북한을 세워놓으신 이유가 있음을 알면 위협을 받을 이유가 없다. 하나님께서 북한을 세워놓으신 이유는 대한민국의 교회들이 깨어 기도하게 하기 위해서이다. 우리 기독교인들이 매일 우리 국민의 안보를 위해 기도하면 되는 것이다. 오늘 우리는 북한이 매일 위협해도 하나님을 바라보고 기도하면서 평안히 살아야 할 것이다. 둘째, 하나님 앞에서는 북한이라는 존재가 아무것도 아님을 알면 우리의 평안을 누리면서 살 수 있는 것이다. 우리는 매일 북한이 맥을 추지 못하는 단체가 되도록 기도하면 북한의 위협이라는 것은 아무 것도 아닌 것이다. 셋째, 한 가지를 더 알면 우리에게는 큰 위안이 된다. 즉, 북한이 그렇게 가난하면서도 기계 문명이 발달한 이유가 무엇인가를 알면 되는 것이다. 성경적으로 가인이 하나님을 기쁘시게 못했지만 살인문명은 발전시켰다는 것을 알면 우리는 큰

위안이 되는 것이다(창 4장). 북한이 지금보다 더 가난해져도 전쟁무기는 더 발전시킬 수 있음을 우리는 알아야 할 것이다.

3) 셋째 우크라이나와 러시아의 전쟁에서 우크라이나가 승리하도록 기도하자는 것이다. 왜 우크라이나가 승리해야 하는가? 그것은 러시아가 공산주의이기 때문이다. 공산주의는 지구상에서 망해야 할 존재인 것이다.

4) 요즈음 몽골의 고비사막에서 황사가 날아오고 또 중국에서 미세 먼지가 날아와서 우리나라 하늘이 잿빛으로 자주 변하는데 황사와 미세 먼지가 날아오지 않도록 기도하자는 것이다. 황사가 날아오고 미세먼지가 날아오는 것은 건강상 큰 위협이 되니 기도함으로 해결해 보자는 것이다. 기도하면 몽골 사막이 없어질 수도 있지 않은가. 우리가 기도 하면 중국으로부터 날아오는 미세먼지도 해결될 것이다. 이 두 가지가 자연적으로 해결되리라고 믿어서는 안 될 것이다. 반드시 기도하여 빠른 시일 내에 해결을 보아야 할 것이다.

5) 요즈음 신학교 목사 후보생이 많이 부족한 입장인데 과거처럼 많은 목사 후보생이 신학교에 지원할 수 있도록 기도하자는 것이다. 목사 후보생이 많이 줄었다는 것은 그만큼 기독교가 약화되었다는 것을 의미한다. 신학교 중에 목사 후보생숫자가 찬 학교가 하나도 없고, 모든 신학교에 후보생이 턱없이 부족하다는 것이다. 우리는 기독교의 위력이 크게 향상되도록 기도해야 할 것이다.

6) 우리가 우리의 힘이 아니라 그리스도의 놀라운 힘을 가지고 복음을 전파하자는 것이다. 우리가 그리스도의 힘을 가지고 복음을 전파하려면 우리의 힘을 완전히 부인해야 한다(마 16:24). 우리가 우리의 힘을 부인하는 것은 어렵지 않다. 우리에게 힘이 전혀 없음을 솔직하게 아뢰면 그리스도의 힘이 우리의 힘이 되는 것이다.

7) 우리의 모든 병을 예수님께 맡기자는 것이다. 예수님께서는 우리의 질병 중 못 고치실 질병이 없으시다. 우리는 무슨 질병이든지 하나씩 다 고해야 한다. 그러면 그리스도께서 우리의 질병을 다 고쳐주신다. 암도 고쳐주시고 뇌졸중도 고쳐주신다. 별별 희한한 질병을 다 고쳐주실 것이다. 필자는 의사를 찾아가지 않고 예수님께 아뢴다. 필자는 정기 검진을 위해서는 의사를 찾으나 병을 고치기 위해서는 위대한 의사이신 예수님을 찾아간다. 나이가 많은 이 시점에도 크게 문제되는 신체부위는 없다.

8) 요즈음 출생하는 아이들의 숫자가 줄어가는 입장이니 부부들이 아이를 많이 낳게 기도하자는 것이다. 우리가 아이 많이 낳게 기도하면 그리스도께서 반드시 역사하셔서 아이를 많이 낳게 되는 것이다. 이 문제는 지금부터 시도하는 것이니 반드시 예수님께서 이루어 주실 것이다.

9) 자연재해(화재, 지진, 혹한, 혹서, 홍수, 가뭄, 토네이도 등)를 기도로 막아보자는 것이다. 나라 안의 도처에 화재가 발생한다. 우리가 예수님을 믿으면 화재를 막아주신다. 혹시 파괴하고 더 잘 지으라는 뜻으로 화재를 주실 수 있다. 디 엘 무디는 과거 시카고에서 화재를 만났다. 더 좋은 건물을 주실 것을 확신 받아서 무디가 그렇게 발표했다. 다음에 실제로 더 좋은 건물들을 지었다.

믿는 자 주위에서는 지진이 일어나지 않는다. 필자가 미국 필라델피아에서 은퇴하고 2005년도에 한국 수원에 와서 지금까지 일하고 있는 중 수원 근방에서는 지진이 일어나지 않았다. 필자가 기도하기는 혹시 무슨 재해가 일어나서 내 발끝이나 손끝이라도 흔들리지 않게 해주시라고 기도했는데 수원 근방에서는 아무런 재해가 일어나지 않았다. 앞으로도 필자가 살아있는 동안에는 수원 근방에서 지진이 일어나지 않을 것이다. 그리고 혹한, 혹서, 홍수, 그리고 가뭄, 토네이도 등 자연 재해가 일어나지 않을 것이다. 필자가 살고 있는 수원 지방을 살펴보라. 혹한, 혹서, 홍수, 가뭄 등 자연 재해가 발생하지 않았다.

10) 아무튼 아무리 작은 일이라도 우리가 할 수 없는 일들을 기도로 이루어 가자는 것이다. 우리 주위에는 아주 작게 보이는 것들(모기 퇴치, 바퀴 벌레 퇴치, 잊어버린 것을 찾을 수 없는 것들)이 있다. 이런 것들은 작게 보이는 일들이지만 사람의 힘으로는 잘 해결할 수 없는 것들이다. 그런데 기도하면 하나님께서 아주 용이하게 해결할 수 있게 해주신다.

2023년 7월

수원 원천동 우거에서

저자 김수홍

차 례

I. 기도를 많이 한 사람들.

찰스 시므온은 매일 새벽 4시부터 아침 8시까지 4시간을 하나님께 바쳤다. 웨슬리는 매일 2시간을 기도했다. 웨슬리를 잘 알고 있는 사람이 그에 대해 이렇게 썼다. 웨슬리는 기도를 다른 어떤 일보다도 중요하게 생각했다. 웨슬리가 얼굴에 거의 광채가 나는 것처럼 평온한 얼굴을 하고서 골방에서 나오는 것을 보았다.

존 플래처는 "자기 방의 벽을 기도의 숨결로 얼룩지게 했다. 때로는 온 밤을 새워 기도했으며 언제든지 아주 간절하게 기도했다. 존 플래처의 일생은 기도의 생애였다. "내 가슴을 들어 하나님께 닿게 하지 않고서는 자리에서 일어나지 않겠다"고 말했다. 플래처는 친구를 만나면 늘 이런 식으로 인사말을 했다. "우리 만났으니 기도할까?"

말틴 루터는 이렇게 말했다. "매일 아침 두 시간 기도하지 않으면 그 날은 마귀가 승리한다. 나는 일이 너무 많아 매일 세 시간씩 기도하지 않고는 배겨날 수 없다". "기도를 잘 한 사람은 연구도 잘 했다"는 것이 루터의 표어였다.

기도의 삶을 살아온 새뮤얼 러더퍼드(Samuel Rutherford)는 기도 속에서 하나님을 만나기 위해 새벽 3시에 일어났다.

윌슨(Wilson) 주교는 이렇게 말했다. 말틴(H. Martyn)의 일기에서 무엇보다도 기도의 정신, 기도에 바친 시간, 기도의 열정을 보고 나(Wilson)는 충격을 받았다.

페이슨(Payson)은 자주 그리고 하도 오랫동안 무릎 꿇고 기도하는 바람에 단단한 마루에 홈이 파였을 정도였다. 페이슨의 전기 작가는 페이슨에 대해 이렇게 가장 두드러진 사실이며 그에 못지않게 탁월하고자 하는 모든 사람들이 해야 할 바가 무엇인지 가르쳐 준다. 그가 계속해서 거둔 두드러진 성공은 그의 열렬하고 끈기 있는 기도 덕분인 것이 틀림없다”.

찰스 스펄전은 “하나님은 항상 큰일을 시작하기에 앞서 하나님의 사람들로 하여금 기도하게 만드신다”고 했다. 스펄전은 그의 사역에 영적 영향력을 미치는 것이 자신의 설교나 선행이 아니라는 사실을 이미 체험했던 것이다. 스펄전은 교회 부흥에 기도만큼 큰 영향을 주는 것은 없다고 했다. 스펄전은 내 기도 동역자들이 내게 이런 말을 한 적이 있었다. “목사님 우리는 예배 시간 동안 우리 주변에 앉아있는 사람들을 위해 계속해서 기도할 것입니다.” 기도 동역자들이 기도를 열심히 해주면 스펄전의 설교에는 놀라운 은혜가 나타났다.

오늘 우리는 기도로 하나님의 뜻을 바꿀 수 있다. 하나님께서 행하시는 일을 저지하거나 변화시키며 하나님의 진노를 거두시게 한 데서 기도의 가능성과 필요, 기도의 능력과 결과들을 명백히 볼 수 있다. 아비멜렉은 벌을 받았다. 아브라함이 하나님께 기도하매 하나님께서 아비멜렉과 그 아내와 여종을 치료하사 생산케 하셨으니 여호와께서 이왕에 아브라함의 아내 사라의 연고로 아비멜렉의 집 모든 태를 닫으셨음이더라고 기록하고 있다.

존 맥스웰이 쓴 "기도 동역자"라는 책에서 한 가지를 발췌한다. '1968년 어느 날 밤 뉴욕으로 가던 여객기의 기장이 착륙기어가 작동되지 않음을 발견했다. 도착지가 다 와서까지 여러 가지 방법을 다 써보았지만 도저히 착륙 바퀴를 움직일 수 없었다. 뉴욕 공항 상공을 선회하면서 기장이 지상관제 탑과 연락을 취했다. 긴박한 상황에 대처하여 공항의 안전 요원들은 활주로에 분말을 뿌리고 소방차와 긴급 호송차량들이 곳곳에 배치되었다. 관제탑은 기장에게 최선을 다해 착륙을 시도하라는 말밖에 달리 도울 수 없었다. 곧 다가올 위험에 대비하여 탑승객들이 몸을 최대한 안전하게 보호하라는 기내 방송이 흘러나왔다. 기장은 다음과 같은 방송을 했다. "이제 마지막으로 공중을 한번 선회한 후 착륙을 시도하겠습니다. 제네바에서 체결된 항공법에 따라 여러 분에게 다음의 사항을 알리는 것이 저의 책임입니다. 승객 여러분 중에 하나님을 믿는 분이 계시면 기도하시기를 바랍니다. 그 비행기는 동체 착륙을 감행 했고 기적적으로 한명의 승객도 부상당하지 않고 안전하게 지상에 착륙할 수 있었다." 오늘 우리는 어떤 환경을 만나도 하나님께 기도하면 항상 안전하게 살 수 있는 것이다.

욥의 변변치 못한 위로자들은 잘 못 판단하여 욥과 논쟁하는 가운데 하나님의 진노를 샀다. 하나님은 "내 종 욥이 너희를 위하여 기도할 것인즉 내가 그를 기쁘게 받겠다"고 하셨다. 하나님은 욥이 친구들을 위해 기도하자 욥을 곤경에서 풀어주셨다.

히스기야에게 하나님은 "너는 집을 정리하라. 네가 죽고 살지 못하리라"는 전갈을 보내셨다. 히스기야는 얼굴을 벽을 향하여 돌리고 여호와께 기도했다. "여호와여! 구하오니 내가 진실과 전심으로 주 앞에 행하며 주님의 보시기에 선하게 행한 것을 기억하옵소서"하고 심히 통곡했다. 여호와께서 이사야에게 이르셨다. "너는 돌아가서 내 백성의 주권자 히스기야에게 이르기를 왕의 조상 다윗의 하나님 여호와의 말씀이 내가 네 기도를 들었고 네 눈물을 보았노라. 내가 너를 낫게 하리니...내가 네 날을 15년을 더 할 것이라."

기도를 더 많이 해야 하는 일들을 살펴보면 저절로는 절대로 이루어지지 않았다. 20세기나 21세기를 위한 사회 운동은 조심하지 않으면 우리의 기도를 방해할 뿐 도움이 되지 않을 것이다. 기도하며 지도하는 일에 특별히 노력을 기울이는 것만이 유용하다. 기도하는 지도자에게만 기도하는 추종자들이 따른다. 기도하는 목회자만이 기도하는 신도들을 낳을 것이다. 우리에게는 성도들로 기도하게 할 수 있는 사람이 절실히 필요하다. 교회로 하여금 기도하게 만드는 사람이야말로 개혁자들과 사도들 가운데 가장 위대한 자가 되었다. 옛날 거룩한 사람들은 기도로서 세상을 바꾸고 사람들의 성품과 나라를 변화시켰다. 오늘 우리들도 그런 일을 할 수 있다. 우리가 위대한 일을 하려면 먼저 자신을 부인하고 예수님의 십자가를 지고 가면서 예수님의 지혜와 능력으로 충만해야 할 것이다(마 16:24). 우리는 많이 기도하는 중에 우리가 무능하며 무지함을 아뢰고 그리스도로 충만해야 한다. 그럴 때 세계를 움직일 수 있는 것이다.

오늘 우리는 예수님을 믿어 구원 받도록 하나님으로부터 부름을 받았으며 동시에 기도해서 열매를 맺도록 사명을 받았다. 사람들이 기도하면 정치가 깨끗해지고 사업이 잘 진행되며 교회가 더욱 거룩해지며 가정은 더욱 복되어진다. 기도하는 사람들과 어린 아이들까지도 하나님께는 무한히 소중하다. 기도하는 마음과 기도하는 손은 매우 귀중하다. 다른 모든 수단이 실패하는 경우에도 기도하는 사람들은 반드시 성공한다.

바울과 루터와 웨슬리는 기도하는 사람들로서 하나님의 택하신 사람들이었는데 이 사람들에게 기도라는 두드러지고 지배적인 요소가 없었다면 어떤 사람들이 되었겠는가? 이들은 기도에 능하였기 때문에 하나님을 위하는 지도자들이었다. 이들은 하나님의 능력을 마음대로 사용할 수 있는 기도의 능력 때문에 지도자가 되었다. 기도하는 사람들이란 강력한 힘으로 하늘을 움직이게 하고 세상에 말로 다 할 수 없는 선한 보물을 쏟아 붓게 하는 힘으로 역사하는 기도를 드리는 사람들이었다.

기도는 세상을 움직인다. 엘리야가 죽은 아이를 위해 기도하자 아이의 생명이 돌아왔다. 엘리사도 같은 일을 했다. 베드로는 죽은 도르가 앞에서 무릎 꿇고 기도하자 도르가가 살아났다. 애통하고 있는 친구들에게 도르가를 살려 보낸 것이다. 바울은 보블리오를 위해 기도하여 병을 고쳐주었다. 야곱의 기도는 에서의 살인적인 마음을 지극히 애정 어린 형제애로 바꾸어 놓았다. 요셉은 라헬이 기도로 얻은 아들이었다. 이삭이 리브가를 위해 기도하자 하나님께서 리브가에게 야곱과 에서를 주셨다. 한나의 기도로 이스라엘이 사무엘을 얻었다. 엘리사의 기도는 구한대로 이스라엘에 기근을 가져오기도 하고 추수기를 가져오기도 했다. 엘리사의 하나님의 영이 예루살렘 온 성의 죄의식을 일깨워 예루살렘이 하나님께 회개의 눈물을 흘리게 했다. 이사야의 기도는 해 그림자가 아하스의 일영표에서 10도나 뒤로 물러가게 했다. 히스기야의 기도에 대한 응답으로 천사가 하루 밤에 산헤립 군대 18만 5천명을 도륙했다.

기도는 아주 강력한 힘으로 하나님으로 하여금 문제를 해결하시게 한다. 우리는 하나님 말씀에서 "항상 기뻐하라" "범사에 감사하라" "쉬지 말고 기도하라"고 하신 말씀에서 응답을 다 받고 있다. 야고보는 이렇게 선언한다. "의인의 간구는 역사하는 힘이 많다"고 말한다. 진정한 기도의 목적은 밥을 달라고 우는 아이가 결국 밥을 얻듯이 기도한 것을 얻게 마련이다.

II. 기도는 부흥을 가져온다.

구하는 목적은 받는 것이다. 찾는 목적은 찾는 것이다. 문을 두드리는 목적은 문 안으로 들어가는 것이다. 기도하고 의심하지 않으면 응답을 받는다. 진정한 부흥운동은 모두 기도로 일어났다. 하나님의 백성들이 신앙 상태에 깊은 관심을 갖고 밤낮으로 엎드려 간절히 탄원하면 틀림없이 복이 임할 것이다. 이것은 모든 시대를 통해 동일하게 적용되는 진리이다. 기록이 남아 있는 부흥운동은 모두가 기도로 충만했다. 1630년 스코트랜드 쇼츠(Shotts)에서 일어난 놀라운 부흥운동의 예를 생각해 보면 당시 박해를 받고 있던 목회자들 가운데 여러 명이 엄숙한 대주교구 회의에 참가할 것이라는 사실이 널리 알려지게 되자 엄청난 수의 경건한 사람들이 이 때 전국 각지에서 모여들었다. 그 때의 예배를 위해 준비하면서 여러 날 동안 합심하여 기도하였다. 저녁에는 물러가 쉬지 않고 무리들이 작은 그룹들로 나뉘어 기도와 찬송으로 밤을 새웠다. 월요일에는 통상적인 경우와 다르게 감사 예배를 드렸는데 큰 절기가 되었다. 오랫동안 기도를 드린 후에 위그타운 백작부인의 예배당 전도사인 죤 리빙스턴이라는 사람이 젊고 아직 목사 안수를 받지 않았지만 사람들의 요청에 따라 설교하게 되었다. 그는 밤을 새워 기도했지만 집회 시간이 다가오자 대단히 나이 많고 경험 많은 설교를 전해야 한다는 생각에 기가 질렸고 그래서 실제로 맡은 일을 하지 않으려고 도망갔다. 그러나 스코트랜드 교회가 시야에서 멀어지고 있었던 순간 마음속에서 "내가 이스라엘에게 광야가 되었느냐 흑암한 땅이 되었느냐"라는 말이 강하게 다시 다가와 다시 설교하러 돌아가지 않을 수 없었다. 이같이 기도로 준비된 상황에서 한번 설교에 500명이 회심하였다는 것이다.

III. 기도는 그리스도께서 명령하신 것이다.

우리는 그리스도께서 기도하라고 명령하셨다는 것을 기억해야 할 것이다. 그리스도께서는 많이 기도하셨고, 기도에 대해 많이 가르치셨다. 주님은 기도를 가르치셨을 뿐 아니라 주님의 생애와 사역 역시 기도의 본질과 필요성을 보여주는 실례였다. 그리스도께서는 기도에 부응하는 삶을 사시기를 노력하셨다. 그러나 기도에 있어 끈질겨야 한다는 것은 그리스도께서 기도에 관해 가르치면서 강조하셨다. 사람이 기도해야 할 뿐 아니라 기도에 끈기가 있어야 할 것 또한 가르치셨다. 그리스도께서는 우리가 더 확신을 가지고 기도하도록 격려하기 위해 기도에 응답하시겠다는 사실을 아주 분명하고 확신 있게 강조하신다. "구하라. 그러면 너희에게 주실 것이요. 찾아라. 그러면 찾을 것이요. 문을 두드리라. 그러면 너희에게 열릴 것이니" 그 확신을 두 배로 갖도록 주께서는 이 말씀을 덧붙이셨다. "구하는 이마다 얻을 것이요 찾는 이가 찾을 것이며 두드리는 이에게 열릴 것이니라." 왜 그리스도께서는 기도가 응답된다는 사실에 관해 두 번에 걸쳐서 굳은 약속과 반복을 되풀이하셨는가? 기도 응답이 지체

될 경우가 많이 있어서 믿음이 무너질 것을 아셨기 때문이다. 우리의 구하는 것이 빨리 응답되지 않을 때는 언제든지 우리의 요청하는 바를 중지할 것이 아니라 오히려 더 강력하고 힘 있게 구해야 한다고 하신다. 우리는 응답을 받을 때까지 인내해야 한다. 우리의 믿음이 확실하면 실패는 없다. 기도에서 우리에게 위대한 모범을 보여주신 주님께서는 첫째 조건으로 사랑을 말씀하신다. 곧 미움, 보복, 악의와 같은 것들을 마음에서 깨끗이 씻어낸 사랑을 이야기 하신다. 사랑이야 말로 기도의 최고의 조건이다. 생활은 사랑에 고무 받아 이루어진다. 고전 13장은 사랑의 법칙일 뿐 아니라 기도의 법칙이기도 하다. 사랑의 법이 곧 기도의 법이므로 고전 13장을 숙달하면 기도의 가장 중요하고 충분한 조건을 익히는 것이다.

IV. 아브라함은 어디를 가나 기도의 단을 쌓았다

아브라함의 성품을 연구할 때 우리가 발견하는 사실이 하나 있다. 미지의 땅으로 떠나라는 하나님의 명령을 받은 아브라함은 모든 가족들을 데리고 여정을 떠나다가 도중에 어느 곳에 머물든지 단 하룻밤을 묵더라도 언제나 단을 쌓았고 "여호와의 이름을 불렀다"는 사실이다. 또 믿음과 기도의 사람 아브라함은 처음으로 가족의 제단을 쌓은 사람 중의 하나였다. 그 제단 주위에 가족을 불러 모으고 경배와 찬양과 기도의 제사를 드렸다. 아브라함이 쌓은 이런 제단들은 무엇보다도 가족들을 한 자리에 모으고 드린 제단으로 은밀하게 드린 제사와 구별된다는 점에서 의미가 있다. 아브라함이 기도로 하나님 앞에 선 것은 그의 습관이었다. 아브라함의 생애는 기도로 충만했고 아브라함의 통치는 기도로 거룩하게 되었다. 순례 기간에 어느 곳에 머무르든지 기도는 아브라함과 떼어놓을 수 없었던 동반자였다. 희생의 제단에는 언제나 기도의 제단이 함께 있었다. 아브라함이 아침 일찍 일어나 찾아간 곳은 이전에 그가 기도로 하나님 앞에 섰던 곳이었다. 이스라엘 민족이 금송아지를 만들어 하나님을 배신했을 때 40일을 밤낮으로 드린 모세의 간절하고도 끈덕진 중보의 기도가 없었더라면 이스라엘이라는 한 민족은 분명히 종말을 맞았을 것이다.

V. 에스라 시대에 이스라엘 민족이 이방을 두려워하여 열심히 번제를 드렸다.

에스라서부터 시작해서 구약 성경 기도 관설 기사를 발췌하여 성도들의 기도 생활에 도움을 주고자 한다. 스 3:1-6에는 귀환민들이 희생 제사를 드린 일을 진술하고 있다. 귀환 민들은 7월에 이르러 예루살렘에 모여 모세의 율법에 기록된 대로 번제를 드렸다. 성전을 건축하지 못한 상태에서 제단을 우선 축조하여 제사를 드린 것이다. 스 3:3은 “무리가 모든 나라 백성을 두려워하여 제단을 그 터에 세우고 그 위에서 아침저녁으로 여호와께 번제를 드렸다.” 무리는 그 땅에 사는 모든 백성들이 두렵기는 했지만 제단이 서 있던 옛 터에 제단을 세우고 거기서 아침저녁으로 주님께 번제를 드렸다. 유대의 무리가 이방 나라 백성들을 두려워한 것은 당연한 일이기도 했다. 두려움이 있었으니 하나님을 의지하게 되었고 또 기도도 했을 것이다. 우리는 두려움이 생길 때 하나님을 의지하고 기도해야 할 것이다. 무리는 아직 성전을 재건하지 못한 상태로 제단을 쌓아 그 단위에서 번제를 드렸다. 우리는 예배를 드리는 일에 최선을 다해야 할 것이다.

스 3:4은 “기록된 규례대로 초막절을 지켜 번제를 매일 정수대로 날마다 드렸다”는 것을 말한다. 초막 절기를 맞이하여 예루살렘에 모인 사람들은 기록된 규례대로 초막 절기[1]를 지켰다. 날마다 법에 정수대로(정해져 있는 수대로) 아침저녁으로 번제를 드렸다. 그들은 규례를 따라서 15일부터 22일까지 날마다 정해진 수대로(레 23:31-42) 초막절 번제를 드렸다. 본 절의 “정수대로”란 절기를 지키는 8일 동안 날마다 똑 같은 숫자의 희생을 드렸다는 뜻이 아니라, 바로 그 날에 드려야할 정수대로 드렸다는 뜻이다. 다시 말해 그날그날 드리는 숫자가 달랐다. 수송아지의 경우 첫날에는 13마리를 드리다가 둘째 날에는 12마리를 드렸다. 이렇게 해서 가축의 숫자는 모두 215마리를 드렸다(민 29:13-38). 스 3:5은 “그 후에는 항상 드리는 번제와 또 초하루와 여호와의 모든 거룩한 절기의 번제와 사람이 여호와께 기쁘게 드리는 예물을 드렸다”는 것이다. 초막절을 지킨 다음부터 그들은 늘 드리는 번제(상번제, 출 29:42; 민 28:3-6)를 드렸고, 초하루 제사(삼상 20:5; 왕하 4:23) 때와 거룩하게 지켜야 하는 주님의 모든 절기를 맞이할 때와 주님께 자원예물을 바칠 때마다 번제를 드렸다. 무리는 한번 바벨론 포로의 쓰라림을 알았기 때문에 하나님께 드리는 모든 제사를 드린 것이다. 스 3:6은 “일곱째 달 초하루부터 비로소 여호와께 번제를 드렸으나 그 때에 여호와의 성

---

1) 초막절: 초막절은 유월절, 칠칠절과 함께 이스라엘 백성들이 반드시 지켜야 할 3대 절기 중 하나로서 율법에 규정되어 있다(출 23:14-16; 34:22; 신 16:13-17). 그 중에 초막절은 이스라엘이 출애굽 후 40년 동안 광야에서 초막에 거했던 사실을 기념하여 집을 떠나 한 주간 동안 초막에 거하면서 지켰고 또 한편 추수를 완료했다는 뜻으로 하나님께 감사하는 절기로서 지켰다. 그리고 7월 22일에는 큰 축하의 날로 지켰다(레 23:36; 민 29:35).

전 지대는 미처 놓지 못했다"고 말한다. 주님의 성전 기초는 아직 놓지 못했지만 그들은 일곱째 달 초하루(나팔 절)부터 주님께 번제를 드리기 시작하였다. 귀환 민들은 이날부터 시작하여 하루도 빠짐없이 여호와께 번제를 드리기 시작했다. 스 4:1-5에는 고레스 치하에서의 사마리아인들의 방해 공작이 진술되어 있다. 예루살렘 성전 재건 방해 운동은 고레스 왕 때 벌써 싹이 터서 그의 아들 캄비세스(Cambyses)를 거쳐 다리오 1세(B.C. 521-486)때까지 계속했고, 아하수에로 1세(B.C. 486-465)의 즉위 때까지 미쳤다(이상근). 오랜 동안의 책략과 방해 운동은 유대인들에게 큰 근심거리가 되었으나 그로 인하여 하나님을 더욱 의지하는 기회가 되었다. 스 4:1은 "사로잡혔던 자들의 자손이 이스라엘의 하나님 여호와의 성전을 건축한다 함을 유다와 베냐민의 대적이 듣고" 방해 공작이 시작되었다는 것이다."사로잡혔던 자들의 자손"이란 말은 유대인들의 별명이 되었다. 그 자손이 이스라엘의 하나님 여호와의 성전을 건축한다 함을 유다와 베냐민의 대적, 즉 사마리아인 산발랏이 주동인물이었고(느 4:1), 그 외 아라비아인, 암몬인, 아스돗인 등이 가세했다(느 4:7,8). 스 4:2은 "스룹바벨과 족장들에게 나아와 이르되 우리도 너희와 함께 건축하게 하라 우리도 너희 같이 너희 하나님을 찾노라 앗수르 왕 에살핫돈이 우리를 이리로 오게 한 날부터 우리가 하나님께 제사를 드리노라"고 했다. 방해꾼들(사마리아인 산발랏, 아라비아인, 암몬인, 아스돗 인 등)이 스룹바벨과 족장들에게 나아와 말하기를 우리도 너희와 함께 성전 재건에 참여하게 해달라. 우리도 너희(스룹바벨과 족장들)와 같이 하늘의 하나님을 찾고 있다. 앗수르 왕 에살핫돈이 우리(방해꾼들)를 이리로 오게 한 날부터 우리가 하나님께 제사를 드리고 있으니 우리도 너희와 함께 건축에 참여하게 해달라는 것이었다. 참으로 그럴듯한 책략을 가지고 나온 것이다. 본 절의 에살핫돈, Esarhaddon(B.C. 681-668재위)은 앗수르 왕 산헤립을 계승한 왕으로 사마리아에 바벨론과 구다와 아와와 하맛과 스발와임인들을 이민시켜 혼혈족속을 만든 왕이었다(왕하 17:24). 스 4:3은 "스룹바벨과 예수아와 기타 이스라엘 족장들이 이르되 우리 하나님의 성전을 건축하는 데 너희는 우리와 상관이 없느니라 바사 왕 고레스가 우리에게 명령하신 대로 우리가 이스라엘의 하나님 여호와를 위하여 홀로 건축하리라 하였다"는 것이다. 스룹바벨과 예수아와 그밖에 이스라엘 각 가문의 우두머리들이 성전 재건 방해자들에게 다음과 같이 대답하였다. "당신들과는 관계가 없는 일이오. 여호와 우리 하나님께 성전을 지어 드리는 것은 우리가 할 일이오. 바사 왕 고레스가 우리에게 명령한 대로 여호와 이스라엘의 하나님의 성전을 짓는 것은 오로지 우리가 할 일이오"라고 잡아뗀다. 아주 명확한 답변이었다. 스 4:4은 "이로부터 그 땅 백성이 유다 백성의 손을 약하게 하여 그 건축을 방해했다"는 것이다. 3절과 같은 말을 들은 그 땅 백성은 성전 짓는 일을 방해하기 시작하여 유대 백성의 손을 약하게 해놓았다. 다시 말해 사기를 잃게 해 놓았다는 것이다. 이방인들은 여러 가지로 성전 짓는 일을 방해했다(삼하 4:1; 사 13:7; 렘 38:4 참조). 성전 재건을 방해한 것은 사탄의 역사로 사로 잡혔던 자들의 사기를 크게 잃게 해 놓는 일이었다. 이런 때를 맞이하면 얼른 하나님께 기도하면 되니 한편 힘을 얻어 재건에 박차를 가할 수도 있는 일인데 귀환 민들이 오래 동안 방해를 받은 것을 보면 하나님께 많은 기도를 드리지 않았다는 것을 알 수 있다. 스 4:5은 "바사 왕 고레스의 시대부터 바사 왕 다리오가 즉위할 때까지 관리들에게 뇌물을 주어 그 계획을 막았다"는 것이다. 본 절은 성전 재건 방해 공작을 진술한 기록이다. 방해꾼들은 관리들을 매수하면서까지 성전을 짓지 못하게 하였다. 이러한 방해는, 바사 왕 고레스가 다스리던 모든 기간(B.C. 559-529)뿐만 아니라 고레스의 아들 캄비세스 II세를 거쳐 다리오 왕 I세(B.C. 521-486)가 통치하던 때까지 이어졌다. 결국 유대 백성은 성전의 기초만을 쌓은 후 B.C. 536-520년까지 16년간 공사를 중단하고 있었다. 이렇게 오래 동안 재건이 중단 된 것은 유대 민족의 기도가 약한 데서 비롯된 것이다. 기도의 힘이 컸더라면 공사가 중단되지 않았을 것이고 또 공사가 중단되더라도 기도하면 힘을 얻어 얼른 공사를 이어갈 수 있었으나 16년의 세월이 허비된 것은 유대 나라 사람들이 아직도 여호와 신앙이 약했고 또 기도가 약했던 것을 보여준다.

VI. 스 4:6-23은 사마리아인들이 끊임없이 성전 건축을 방해했기에 유대인들이 기도하였다는 것을 말한다.

스 4:6-23에는 아하수에로와 아닥사스다 1세 치하에서의 사마리아인들의 책략이 진술되어 있다. 성전 재건을 방해하는 이방인들이 아닥사스다 왕에게 반대 상소문을 올린일(6-16절)과 왕이 그 상소문에 대하여 답변한 일을 진술한다(17-23절). 스 4:6은 "또 아하수에로가 즉위할 때에 그들이 글을 올려 유다와 예루살렘 주민을 고발했다"는 것이다. 문장 초두의 아하수에로 왕이 누구인지 먼저 알아야 할 것이다. 아하수에로는 에스더서에 등장하는 왕(에 1:1) 아하수에로(Ahasuerus, B.C. 486-465 재위)임이 분명하다. 그는 크셀크스(Xerxes)로도 불린다. 아하수에로가 왕위에 오를 때 대적들은 유대 주민과 예루살렘 주민을 고발하는 글을 올렸다. 성전 재건 반대자들은 아하수에로 즉위 때에도 상소문을 올려 성전 공사를 방해한 것이다. 반대자들은 정치가들을 이용하면서까지 예루살렘 성전 재건을 반대한 것이었다. 스 4:7은 "아닥사스다 때에 비슬람과 미드르닷과 다브엘과 그의 동료들이 바사 왕 아닥사스다에게 글을 올렸으니 그

글은 아람 문자와 아람 방언으로 써서 진술하였다"는 것이다. 본 절부터 23절까지는 사마리아 인들이 유대인들에 대한 또 다른 고소 사건을 진술하고 있다. 사마리아인들은 끊임없이 성전 건축을 방해하고 있었다. 오늘 우리 주위에는 언제든지 사마리아 사람들 같은 존재가 있다. 우리 스스로는 그들을 절대로 이길 수 없음을 알아야 한다. 그러나 하나님께 기도하면 간단히 물리칠 수 있다. 그들은 하나님 앞에는 새 발의 피에 지나지 않는 존재들이다. 본 절부터 6:18까지는 히브리어가 아닌 아람어로 기록되어 있다. 이렇게 또 아람어로 기록된 부분이 있는데 그것은 7:12-26절이다. 본 절 해석은 아닥사스다(B.C. 465-424 재위, 아하수에로의 아들) 때에도 비슬람과 미드르닷과 다브엘과 그 밖의 동료 관리들이 바사(페르샤)의 아닥사스다 왕에게 글을 올렸다. 그 편지는 아람 글(히브리어의 변형)로 적었고 아람 방언으로 번역도 되었다. "아닥사스다" 왕은 아하수에로의 아들로서 B.C. 464년부터 424년까지 왕으로 통치한 왕이었다. 이번의 고소는 B.C. 516년에 진행되었던 성전 재건과는 무관한 것이었고, 오히려 3차 귀환 후 느헤미야에 의해 주도되었던 성벽 재건에 대한 방해와 연관 되는 것으로 보아야 한다(느 4:1). "비슬람('평화의 아들'이라는 뜻)과 미드르닷('신의 선물'이라는 뜻)과 다브엘('하나님은 선하시다'는 뜻)과 그 밖의 동료 관리들"은 모두 사마리아인들이었다. 이 사람들은 모두 바사(페르샤)의 관리들이었다. 이들이 써서 올린 글의 내용은 예루살렘 성전 재건에 관한 것이었는데 예루살렘 성전을 재건해서는 안 된다는 내용이었다. 스 4:8은 "백 르훔과 서기관 심새가 아닥사스다 왕에게 올려 예루살렘 백성을 고발한 그 글에 본 절부터 6:18까지는 아람어로 기록되어 있다. 본절의 "르훔"은 '자비롭다'는 뜻이며 사마리아주의 부지사였다. "심새"는 서기관이며 각주의 지사에게는 이런 서기관들이 있었다. 사마리아인들이 올린 상소문(앞 절)은 이들에게 전달되었고 이들은 아닥사스다 왕에게 상소문을 올렸다. 이들이 왕에게 올린 상소문의 내용은 예루살렘 성민들이 건축하는 성곽은 절대로 건축돼서는 안 된다는 내용이었다. 스 4:9-10은 "방백 르훔과 서기관 심새와 그의 동료 디나 사람과 아바삿 사람과 다블래 사람과 아바새 사람과 아렉 사람과 바벨론 사람과 수산 사람과 데해 사람과 엘람 사람과 그 밖에 백성 곧 존귀한 오스납발이 사마리아 성과 유브라데 강 건너편 다른 땅에 옮겨 둔 자들과 함께 고발한다 하였다"는 것이었다.

그 때에 상소를 올린 사람은 "방백 르훔과 서기관 심새와 그의 동료 디나 사람과 아바삿 사람과 디블래 사람과 아바새 사람과 아렉 사람과 바벨론 사람과 수산 사람과 데해 사람과 엘람 사람들"이었다. 이들은 '르훔과 심새와 함께 예루살렘 성벽을 건축해서는 안 된다고 고소한 9지역의 사람들이었다. "디나 사람들"('재판관들'이라는 뜻)은 에스라의 성전 재건을 반대하여 아닥사스다 왕에게 편지한 자들이다(4:9). "아바삿('관리'라는 뜻) 사람들"은 '메대와 바사의 경계지역 사람들'이다. "다블래 사람들"은 앗수르인들이 사마리아로 이주시킨 사람들을 가리킨다(4:9). "아바새 사람들"은 사마리아로 이민시킨 앗수르의 속국 사람들이었다(4:9). "아렉 사람들"은 앗수르 왕에 의해 사마리아로 강제 이주한 자들이며 스룹바벨의 예루살렘 성전 재건을 반대한 사람들이었다(4:9이하). "바벨론 사람"은 말 그대로 바벨론 사람을 지칭한다. "수산 사람들"은 '수산의 주민들'을 지칭한다. "데해 사람들"은 바사 북방 해변의 주민들을 지칭한다. "엘람('하나님께서 꾸미셨다'는 뜻) 사람들"은 엘람 지역의 사람들을 지칭한다(9절). 그리고 귀족 오스납발이 사마리아의 여러 성과 유프라테스 강 서쪽(유브라데 강 서편을 말하는 것으로 수리아, 베니게, 팔레스틴 지역을 지칭한다) 여러 지방에 이주시킨 민족들이었다(이상 10절). 위와 같이 많은 사람들이 예루살렘 성곽 재건을 막기 위해 바사 왕에게 상소했다. 사단의 세력은 점점 커간 것을 볼 수 있다. 이렇게 세상의 세력이 점점 불어간 것은 이스라엘이 하나님을 의지하여 기도하라는 신호였다. 오늘 교회는 문제가 커질수록 간절히 하나님께 기도해야 한다. 사람의 손으로 막으려다가 오히려 문제가 눈 덩이처럼 커지는 것을 경험하게 된다. 스 4:21은 "이제 너희는 명령을 전하여 그 사람들에게 공사를 그치게 하여 그 성을 건축하지 못하게 하고 내가 다시 조서 내리기를 기다리라"고 했다. 이제 바사(페르샤) 왕은 상소문을 올린 사람을 향하여 자신(바사 왕)의 명령을 전하여 예루살렘 성전 재건과 성벽 재건 공사를 그치게 하라고 명령한다. 바사 왕이 이렇게 예루살렘 성전 공사를 급히 중단시킨 것은 상소문에 담긴 사마리아인들의 간교한 공작 때문이었고 또 한 가지 다른 이유는 당시 바사 나라의 변방의 반란 때문에 왕의 신경이 심히 예민해졌기 때문인 것으로 보인다.

바사 왕은 상소문을 올린 사람들에게 일단은 재건 공사를 중단시키고 있으면서 자신의 무슨 다른 조서를 기다리라는 것이었다. 바사 왕이 이렇게 변덕을 부리는 일을 두고 학자들은 주장하기를 바사 왕의 조서에는 없는 일이었는데 본서 저자가 훗날 아닥사스다 왕이 성전 재건 허락을 할 것(느 2:1-9)을 알고 다른 조서를 기다리라는 말을 삽입했다고 주장한다(Galling, Rudolph, Williamson). 그러나 우리는 조서에 저자가 삽입했다는 삽입 설을 지지할 수는 없다. 차라리 하나님의 섭리로 보아야 할 것이다. 하나님은 성도들의 기도를 들으시고 그의 뜻을 변경하시는 것을 성경에서 자주 보게 된다. 하나님은 유대 나라의 성도들의 기도를 들으시고 훗날 아닥사스다 왕의 입을 통하여 공사 재개의 허락을 하신 것이다(느 2:1-9). 오늘 우리는 세상 역사를 바꾸는 것은 성도의 기도 때문인 것으로 알아 부지런히 기도해야 할 것이다. 성도들 주위의 모든 일은 성도들이 기도한 만큼 되는 고로 부지런히 기도해야 할 것이다.

VII. 유대인들은 성전 재건을 사마리아인들이 반대를 못하도록 기도했다.

스 6:6-12에는 다리오가 닷드내에게 보낸 답신이 기록되어 있다. 고레스 왕의 조서를 발견한 다음 다리오는 닷드내에게 예루살렘 성전 재건을 도우라는 조서를 보낸다. 스 6:6은 "이제 유브라데 강 건너편 총독 닷드내와 스달보스내와 너희 동관 유브라데 강 건너편 아바삭 사람들은 성전 공사를 하는 곳을 멀리하라"는 것이었다. 다리오는 고레스의 칙령을 찾았을 뿐 아니라 또 유브라데 강 서쪽 지방의 닷드내 총독과 스달보스내와 동료 관리들과 유브라데 강 서쪽 지방에 있는 관리들에게 건축 공사를 방해하지 말고 적극적으로 도울 것을 명한다. 이는 하나님의 간섭이었다. 스 6:7은 "하나님의 성전 공사를 방해하지 말고 유다 총독과 장로들이 하나님의 이 성전을 제자리에 건축하게 하라"고 명령하는 내용이다. 다리오는 닷드내와 스달보스내와 동료 관리들과 유브라데 강 서쪽 지방에 있는 관리들에게 성전 공사를 막지 말고 유대 총독과 장로들이 일하는 것을 도와 하나님의 성전을 제자리에 건축하게 도우라고 말한다. 스 6:8은 "내가 또 조서를 내려서 하나님의 이 성전을 건축함에 대하여 너희가 유다 사람의 장로들에게 행할 것을 알리노니 왕의 재산 곧 유브라데 강 건너편에서 거둔 세금 중에서 그 경비를 이 사람들에게 끊임없이 주어 그들로 멈추지 않게 하라"고 말한다. 다리오는 또 한 가지를 부탁한다. 유브라데 강 건너편에서 거둔 세금 중에서 그 경비를 유대 총독과 장로들에게 계속해서 주어 그들로 하여금 성전 재건을 하는 데 경비가 부족하지 않도록 하라고 명령한다. 경비까지 염려해 준 것은 큰 도움이 아닐 수 없었다. 이는 하나님의 사랑이었다. 스 6:9은 "또 그들이 필요로 하는 것 곧 하늘의 하나님께 드릴 번제의 수송아지와 숫양과 어린 양과 또 밀과 소금과 포도주와 기름을 예루살렘 세사상의 요구대로 어김없이 날마다 주라"고 명령한다. 다리오 왕은 성전 재건뿐 아니라 예루살렘의 제사장들이 하늘의 하나님께 번제를 드리는 데 필요하다고 하는 것들은 무엇이든지(수송아지, 숫양, 어린 양, 또 밀, 소금, 포도주, 기름 등) 드리라고 명령한다. 예루살렘의 제사장들이 필요하다고 하는 대로 어김없이 날마다 주라고 말한다. 하나님께서 다리오에게 명령하신 것을 다리오는 닷드내에게 명령한다. 스 6:10은 "그들이 하늘의 하나님께 향기로운 제물을 드려 왕과 왕자들의 생명을 위하여 기도하게 하라"고 명령한다. 그렇게 해서 그들이 하늘의 하나님이 기뻐하시는 희생 제사를 드리게 하고, 왕과 왕자들이 잘 살 수 있도록 기도하게 하라고 부탁한다. 고대의 바사의 종교 정책은 여호와 종교를 향해서만 풍성하게 하도록 허락한 것은 아니었고 어떤 종교를 가진 사람이라도 풍성히 하도록 배려했다. 스 6:11은 "내가 또 명령을 내리노니 누구를 막론하고 이 명령을 변조하면 그의 집에서 들보를 빼내고 그를 그 위에 매어달게 하고 그의 집은 이로 말미암아 거름더미가 되게 하라"고 명령한다. 다리오 왕은 자기가 내린 명령을 절대로 변경시키지 말라고 강력하게 말한다. 만일 누구라도 다리오 왕의 명령을 변조하면 그의 집을 부셔버리고 그를 죽이며 그의 집을 거름더미가 되게 만들라고 말한다. 고대 바사 왕의 조서는 그 누구도 변경할 수도 없었고 또 왕 자신도 변경할 수도 없었다(에 1:19; 단 6:8,12). 그러니까 다리오 왕이 예루살렘 성전 관련으로 내린 모든 명령을 절대로 변경할 수 없다는 것이었다. 이는 하나님의 간섭이었다. 스 6:12은 "만일 왕들이나 백성이 이 명령을 변조하고 손을 들어 예루살렘 하나님의 성전을 헐어버린다고 하면 그 곳에 이름을 두신 하나님이 그들을 멸하시기를 원하노라 나 다리오가 조서를 내렸노니 신속히 행할지어다 하였더라". "어떤 왕들이나 어떤 민족이 이 칙령을 거역하여 이것을 고치거나 예루살렘 성전을 파괴하면 거기에 이름을 두신 하나님이 그들을 없애 버릴 것이다. 이것은 나 다리오의 명령이니 당신들은 필히 실시하기 바란다"고 조서를 내렸다. 여기 "그곳에 이름을 두신 하나님"(신 12:11; 14:23; 느 1:9; 렘 7:12)이란 말은 '하나님께서 백성들로부터 경배를 받으시기 위해 그들 중에 임재하신다'는 뜻이다. 하나님은 오늘날 어느 한곳에 이름을 두시지 않고 온 우주에 충만하신 하나님이시고 온 우주에서 경배를 받으신다.

VIII. 스 6:13-15에는 유대인들이 성전 재건을 완성했다는 기사가 나온다.

스 6:13-15에는 성전 재건을 완성한 기사가 기록되어 있다. 하나님께서 정치가들을 주장하셔서 예루살렘 성전 재건을 주장하신 결과 재건을 완성한다. 스 6:13은 "다리오 왕의 조서가 내리매 유브라데 강 건너편 총독 닷드내와 스달보스내와 그들의 동관들이 신속히 준행했다"는 것이다. 유브라데 서쪽 지방의 닷드내 총독과 스달보스내('빛나는 별'이라는 뜻)와 그들의 동료 관리들은, 다리오 왕이 내린 조서의 지시대로 신속하게 도왔다. 유브라데 서쪽 지방의 스달보스내는 바사 왕국의 관리이며(5:3), 다리오 왕 때 성전 재건 공사가 재개되자 총독 닷드내와 함께 공사를 방해하고자 하였으나 오히려 다리오 왕은 그들에게 공사의 자유뿐만 아니라 물질적 후원까지도 하게 하였다(5:3-5; 6:6-8,13). 하나님은 다리오 왕을 사용하신 것이었다. 스 6:14은 "유다 사람의 장로들이 선지자 학개와 잇도의 손자 스가랴의 권면을 따랐으므로 성전 건축하는 일이 형통한지라 이스라엘 하나님의 명령과 바사 왕 고레스와 다리오와 아닥사스다의 조서를 따라 성전을 건축하며 일을 끝냈다"는 것이다. 본 절은 성전 재건 공사가 빨리 진척된 경위에 대해 진술한다. 첫째, 유대의 장로들이 선지자 학개와 잇도의 아들 스가랴의 권면을 따랐다는 점. 둘째, 그들은 이스라엘의 하나님의 명과 바사 왕 고레스(1:1-3)와 다리오(6:6-12)와 아닥사스다(B.C. 465-424 통치)의 칙령(7:12-17; 느 2:1-8)을 힘입어 성전 짓는 일을 빨리 끝낼 수 있었다. 여기 아닥사스다의 칙령은 후대의 것인데 성전 건축과 성곽 건축을 함께 취급하는 본서에서 여기에 함께 취급한 것으로 보인다. 모든 것이 잘 들어맞은 것이다(롬 8:28). 스 6:15은 "다리오 왕 제 육년 아달월 삼일에 성전 일을 끝냈다"고 진술한다. 성전 건축이 끝난 것은 다리오 왕 6년 아달월 삼일이었다. 다리오 왕의 6년은 B.C. 516년이었다. "아달월"은 종교력으로 12월이었다. 성전 재건이 시작된 때는 다리오 왕 2년 6월 24일이었으므로(학 1:15) 성전을 재 착공한 후 4년 5월 10일 만에 완공한 것이다(Rawlinson, 이상근). 예루살렘 성전이 파괴된 때부터 꼭 70년 후에 재건되었다. 오늘 우리는 주님의 일이라면 속히 기도하여 진척시켜야 할 것이다. 늦은 만큼 우리는 복을 덜 받게 되고 하나님의 일은 느려지게 되는 것이다.

IX. 하나님의 사람 에스라가 바벨론에서 올라올 때 기도했다는 것이다.

스 8:21-23에는 에스라가 평탄한 여행을 위해 하나님께 간구한 것이 기록되어 있다. 떠날 준비를 다 해놓은 에스라 일행은 이제 중도의 무사를 위해 하나님께 간구한다. 스 8:21은 "그 때에 내가 아하와 강가에서 금식을 선포하고 우리 하나님 앞에서 스스로 겸비하여 우리와 우리 어린 아이와 모든 소유를 위하여 평탄한 길을 그에게 간구하였다"는 것이다. 그 곳 아하와 강가에서 에스라는 모두에게 금식하라고 선언하였다. 에스라 일행은 하나님 앞에서 우리와 우리 자녀들 모두가 재산을 가지고 안전하게 돌아갈 수 있도록 하나님이 보살펴 주시기를 엎드려서 빌었다. 문장 초두의 "그때에"(then)란 말은 '떠날 준비를 완료하고 떠나려는 순간에'란 뜻이다. "내가 아하와 강가에서 금식을 선포했다"는 말은 '아하와로 흐르는 강가에서 도중에 무사하기를 빌기 위해 함께 금식하면서 기도하자고 금식 령을 선포했다'는 뜻이다. 구약성경은 보통 금식할 때 기도와 함께 했다(삼상 7:5-6; 대하 20:3-13; 에 4:16). 그런데 금식하고 기도할 때 "우리 하나님 앞에서 스스로 겸비했다"는 것이다. 금식기도를 하는 자가 취해야 할 마음의 자세를 낮추었다는 것이다. 우리는 금식기도할 때 언제든지 마음을 낮추어야 할 것이다. 에스라 일행은 "우리와 우리 어린 아이와 모든 소유를 위하여 평탄한 길을 그에게 간구했다". 즉, '우리 자신만 아니라 우리의 어린 아이들, 여자들, 노인들뿐 아니라 우리가 가는 길에 모든 소유를 위하여 안전한 길이 되도록 기도했다'. 준비를 다 해놓고도 하나님의 선한 손이 함께 하시도록 기도하는 것은 당연한 일이다. 어떤 이들은 철저한 준비를 한 다음에는 준비한 것만 믿고 하나님께 기도하지 않는다. 그런 이들은 자기들을 지나치게 믿는 죄에 빠진 것이다. 스 8:22은 "이는 우리가 전에 왕에게 아뢰기를 우리 하나님의 손은 자기를 찾는 모든 자에게 선을 베푸시고 자기를 배반하는 모든 자에게는 권능과 진노를 내리신다 하였으므로 길에서 적군을 막고 우리를 도울 보병과 마병을 왕에게 구하기를 부끄러워하였음이라"고 말한다. 본 절은 에스라 일행이 금식기도한 이유를 말하는 대목이다. 그 이유는 바사를 떠나기 전에 왕에게 큰 소리 치기를 "우리 하나님의 손은 자기를 찾는 모든 자에게 선을 베푸시고 자기를 배반하는 모든 자에게는 권능과 진노를 내리신다 하였기" 때문이었다. 하나님은 하나님 자신을 찾는 모든 사람들에게는 선을 베푸시고 자기를 배반하는 모든 자에게는 진노를 내리신다고 공언했기 때문에 금식하고 기도했다는 것이다. 에스라 일행이 금식하고 기도한 이유는 "길에서 적군을 막고 우리를 도울 보병과 마병을 왕에게 구하기를 부끄러워하였기" 때문이었다. 에스라는 아닥사스다 왕에게 길에서 적군을 막고 에스라 자신과 일행을 도울 보병과 마병을 왕에게 구할 수는 있었으나 하나님의 위대하심을 말해 놓았기 때문에 구하기를 부끄러워했다는 것이다. 느헤미야는 군대의 호위를 받았으나(느 2:9) 에스라는 아닥사스다 왕에게 하나님의 위대하심과 능력을 말해 놓았기에 왕에게 그런 것들을 위해 도움을 요청하지 않고 하나님께 구한 것이다. 우리는 하나님께 구하고 영광을 돌려야 할 것이다. 스 8:23은 "그러므로 우리가 이를 위하여 금식하며 우리 하나님께 간구하였더니 그의 응낙하심을 입었다" 고 말한다. 그러므로 에스라 일행은 금식하면서, 안전하게 귀국할 수 있도록 보살펴 주시기를 하나님께 간절히 기도했으며, 하나님은 우리의 기도에 응답해 주셔서 무사히 예루살렘에 귀환했다는 것이다. 우리의 일생에 기도하는 것만큼 중요한 것은 없다. 먼저 성경을 읽거나 묵상하여 하나님께서 더욱 함께 하시게 하고 우리는 힘을 다하여 기도하면 우리의 앞길이 잘 풀리는 것이다.

X. 에스라가 유대인들이 잡혼을 한 것을 보고 유대인들을 대신해서 사죄를 했다.

스 9:1-5에는 에스라가 종교개혁을 하려고 이스라엘에 왔는데 에스라에게 국민들의 잡혼 소식이 들려왔다. 그래서 에스라는 국민들의 죄를 대신 자백하는 기도를 드렸다. 스 9:1은 "이 일 후에 방백들이 내게 나아와 이르되 이스라엘 백성과 제사장들과 레위 사람들이 이 땅 백성들에게서 떠나지 아니하고 가나안 사람들과 헷 사람들과 브리스 사람들과 여부스 사람들과 암몬 사람들과 모압 사람들과 애굽 사람들과 아모리 사람들의 가증한 일을 행했다"는 것이다. 이러한 일들을 마친 후에 지도자들이 나에게 와서 말하기를 "이스라엘 백성은 제사장들과 레위 사람들마저도 이방 백성과 관계를 끊지 않고 가나안 사람들과 헷 사람들과 브리스 사람들과 여부스 사람들과 암몬 사람들과 모압 사람들과 애굽 사람들과 아모리 사람들이 하는 가증한 일을 따라서 한다"는 소식을 듣게 되었다. 본절 초두의 "이 일 후에"란 말은 '이스라엘 민족이 5월 1일에 예루살렘에 도착한 후에'(7:9)란 뜻이다. 그러나 에스라가 잡혼의 소식을 듣고 회개하며 잡혼한 사람으로 하여금 이방인 여인을 내보낸 것은 9월 20일이었기 때문에(10:1,8-9) 상당한 시간이 지난 후였다. 제사장들과 레위인들 마저도 이방 사람들과 관계를 끊지 않고 가증한 일을 행했다는데 문제의 심각성이 있었다. 이방 사람들과 관계를 끊지 않는 것은 우상 숭배를 뜻하는 말이다. "이방 백성과 관계를 끊지 않았다"는 것은 영적인 죽음을 의미한다. 우리는 이 세대를 본받지 말고 오직 마음을 새롭게 함으로 변화를 받아야 하는 것이다(롬 12:2). 스 9:2은 "그들의 딸을 맞이하여 아내와 며느리로 삼아 거룩한 자손이 그 지방 사람들과 서로 섞이게 하는데 방백들과 고관들이 이 죄에 더욱 으뜸이 되었다" 했다는 것이다. 에스라의 귀에 들려온 소식은 이스라엘 백성들이 이방 사람들의 딸을 맞이하여 아내를 삼고 며느리로 삼아 거룩한 자손이 그 지방 사람들과 서로 섞이는데 지도자들과 고관들이 이방인과 섞이는 죄에 더욱 앞장섰다는 것을 듣게 되었다. 스 9:3은 "내가 이 일을 듣고 속옷과 겉옷을 찢고 머리털과 수염을 뜯으며 기가 막혀 앉아 있었다". "내(에스라)가 이스라엘 사람들이 이방인들과 잡혼을 해서 산다는 소식을 듣고 너무나 기가 막혀서 겉옷과 속옷을 찢고 머리카락과 수염을 뜯으면서 주저앉아 있었다". 여기 "겉옷(속옷 위에 두르는 큰 천이다)과 속옷(통으로 만든 옷)을 찢었다"는 말은 극심한 슬픔이나 마음의 충격이 밖으로 나타나서 보인 태도이다(창 37:29; 왕하 18:37). 그리고 에스라가 "머리털과 수염을 뜯은 것"은 더욱 심한 충격을 표현하는 행위이다. 또 "기가 막혀"(מְשׁוֹמֵם) 란 말은 너무 큰 충격에 빠져 어이없는 상태에 빠진 상태를 가리킨다. 에스라의 반응은 오늘날 사람들의 반응과는 사뭇 다른 반응이다. 오늘날은 전도한다는 뜻으로 불신자와 결혼한다. 그러나 오늘날에도 성경은 결혼은 주안에서만 해야 한다고 말씀하고 있다(고전 7:39).

이 말은 결국 신자와 결혼하라는 뜻이다(Chrysostom, Meyer, Godet, Plummer, 박윤선, 이상근, 이순한). 스 9:4은 "이에 이스라엘의 하나님의 말씀으로 말미암아 떠는 자가 사로잡혔던 이 사람들의 죄 때문에 다 내게로 모여 오더라 내가 저녁 제사 드릴 때까지 기가 막혀 앉았다". "그때에 이스라엘의 하나님의 말씀으로 두려워하는 사람들도 있었다. 내가 저녁 제사 때까지 넋을 잃고 앉아 있는 동안에 그들은 포로로 잡혀 갔다가 되돌아온 백성이 저지른 큰 배신을 보고서 나에게로 모여들었다"는 것이다. "저녁 제사"란 '아침저녁으로 드리는 제사 중에 저녁 제사를 지칭하는 것'으로 오후 3시경에 드리는 제사였다(민 28:3-10). "하나님의 말씀으로 두려워 떠는 자들"이란 '하나님의 말씀을 경외하는 자들'이란 뜻이다. 우리는 하나님의 말씀이나 하나님 앞에서 두려워 떨어야 한다. 에스라는 아침부터 오후 3시까지 기가 막힌 자세로 앉아 있었는데 에스라의 그 태도를 보고 하나님의 말씀 앞에서 떠는 자들이 떠는 심정으로 모여든 것이다. 참으로 세상 사람들은 너무도 다르다. 어떤 이는 포로로 잡혔다가 돌아오고도 정신을 못 차리고 이방 여자와 결혼했고, 또 에스라 같은 이는 그 죄를 두려워하여 기가 막혀 고통 하는 자가 있다는 것이다. 우리는 하나님의 말씀 앞에 두려워 떨어야 한다. 스 9:5은 "저녁 제사를 드릴 때에 내가 근심 중에 일어나서 속옷과 겉옷을 찢은 채 무릎을 꿇고 나의 하나님 여호와를 향하여 손을 들고" 기도하고 있었다. "나(에스라)는 슬픔을 억제하지 못한 채로 앉아 있다가 저녁 제사 때가 되었을 때에 일어나서 찢어진 겉옷과 속옷을 몸에 그대로 걸치고 무릎을 꿇고 나의 하나님 여호와를 향하여 두 손을 들고서" 다음과 같이 회개의 기도를 드렸다. 여기 성경에서 말하는 기도의 태도 중에 하나가 나온다. 즉, 무릎을 꿇고 기도하는 자세이다(엡 3:15).

다른 기도의 자세로는 서서 하는 기도의 자세가 있고(막 11:1; 눅 18:11), 또 엎드려 하는 기도가 있으며(10:1; 눅 18:13), 손을 들고 기도하는 자세가 있다(애 2:19; 눅 18:11; 딤전 2:8). 우리는 어떤 자세로 기도하든지 간절한 기도의 자세를 취하고 기도해야 할 것이다.

스 9:6-15에는 에스라가 죄를 자백하는 기도를 드린 것이 진술되어 있다. 에스라는 1-5절에서는 회개하는 자의 태도를 보여주었고, 이제 이 부분(6-15절)에서는 입으로 국민들의 죄를 대신 자백하는 것을 보여주고 있다. 스 9:6은 "말하기를 나의 하나님이여! 내가 부끄럽고 낯이 뜨거워서 감히 나의 하나님을 향하여 얼굴을 들지 못하오니 이는 우리 죄악이 많아 정수리에 넘치고 우리 허물이 커서 하늘에 미침이니이다". 입으로 말하기를 "나의 하나님이여! 너무나도 부끄럽고 낯이 뜨거워서 감히 나의 하나님 앞에서 얼굴을 들 수 없습니다. 이는 우리의 죄가 커서 머리 끝에 넘치고 저지른 잘못은 하늘에까지 닿았습니다"라고 했다. 에스라는 백성의 죄를 자기 죄로 알고 중보기도를 드리고 있는 것이다. "죄악이 많아 정수리에 넘쳤다"는 말과 "우리 허물이 커서 하늘에 미쳤다"는 말은 동의절이다. 동의절은 뜻을 강조하기 위해 사용한다. 스 9:7은 "우리 조상들의 때로부터 오늘까지 우리의 죄가 심하매 우리의 죄악으로 말미암아 우리와 우리 왕들과 우리 제사장들을 여러 나라 왕들의 손에 넘기사 칼에 죽으며 사로잡히며 노략을 당하며 얼굴을 부끄럽게 하심이 오늘날과 같으니이다". "우리들의 조상 때로부터 오늘에 이르기까지 우리가 저지른 잘못이 너무나도 큽니다. 우리가 지은 죄 때문에 우리뿐만 아니라 우리의 왕들과 제사장들까지도 여러 나라 왕들의 칼에 맞아 죽고 사로잡혀 가며 재산도 다 빼앗기고 온갖 수모를 겪었습니다. 이런 일은 오늘에 와서도 마찬가지입니다"라고 했다. 에스라가 깨달은 이스라엘의 죄(왕하 23:12-14; 24:3-4)는 역사적인 것이었고 또 그 죄는 이스라엘인들로 하여금 칼을 맞게 했고 포로가 되게 했으며 모두를 약탈당하게 했고 온갖 부끄러움을 당하게 했다는 것이다. 그런데도 이스라엘인들은 아직도 정신을 차리지 못하고 계속해서 죄를 짓고 있다는 것이었다. 스 9:8은 "이제 우리 하나님 여호와께서 우리에게 잠시 동안 은혜를 베푸사 얼마를 남겨 두어 피하게 하신 우리를 그 거룩한 처소에 박힌 못과 같게 하시고 우리 하나님이 우리 눈을 밝히사 우리가 종노릇 하는 중에서 조금 소생하게 하셨나이다". "그러나 우리 하나님 여호와께서는 우리에게 잠시 동안 자비를 베푸셔서 우리 가운데서 얼마쯤을 귀환하게 하셨습니다. 또한 주님께서 거룩하게 여기시는 곳에(성전) 우리가 살아갈 든든한 터전을 마련하여 주셨습니다. 하나님께서는 우리 눈에서 생기가 돌게 하시고 잠시나마 종살이에서 벗어나게 하여 주셨습니다"라고 했다. 에스라는 여호와께서 이스라엘 민족에게 귀환의 은총을 베푸신 것을 알았고 또 예루살렘 성전에서 살아갈 은총을 주신 것을 알고 감사한다. 하나님은 이스라엘 민족에게 살아갈 소망을 주신 것을 알고 감사하고 있다. 스 9:9은 "우리가 비록 노예가 되었사오나 우리 하나님이 우리를 그 종살이하는 중에 버려두지 아니하시고 바사 왕들 앞에서 우리가 불쌍히 여김을 입고 소생하여 우리 하나님의 성전을 세우게 하시며 그 무너진 것을 수리하게 하시며 유다와 예루살렘에서 우리에게 울타리를 주셨나이다". "우리가 비록 종살이를 하였지만 하나님께서는 우리를 언제까지나 종살이를 하도록 내버려 두지 않으시고 오히려 바사 왕들 앞에서 사랑을 받게 하여 주시고 또 우리로 하여금 하나님의 성전을 다시 짓게 하셨으며 무너진 곳을 다시 쌓아 올리게 하셔서 유대와 예루살렘에서 우리가 이처럼 보호를 받으면서 살아갈 수 있게 하셨습니다"라고 했다. 에스라의 역사적인 지식은 그로 하여금 감사가 넘치게 했다. 스 9:10은 "우리 하나님이여 이렇게 하신 후에도 우리가 주의 계명을 저버렸사오니 이제 무슨 말씀을 하오리이까". "우리 하나님이여! 하나님께서 우리를 이처럼 사랑하셔서 살게 하신 후에도 우리가 주님의 계명을 저버리게 되었으니 우리가 지금에 와서 무슨 말씀을 더 하겠는가"고 말한다. 입이 100개라도 변명 한마디 할 수 없게 되었다는 것이다. 스 9:11은 "전에 주께서 주의 종 선지자들에게 명령하여 이르시되 너희가 가서 얻으려 하는 땅은 더러운 땅이니 이는 이방 백성들이 더럽고 가증한 일을 행하여 이 끝에서 저 끝까지 그 더러움으로 채웠다"는 것이다. 본절은 이스라엘이 이방인들과의 잡혼을 금해야 할 이유를 말한다. 즉, "전에 주님께서 주님의 종 선지자들에게 경계하여 이르시기를 당신들이 가서 기업으로 얻으려 하는 땅은 더러운 땅이다. 이유는 이방 백성들이 그 땅 위에서 더럽고 가증한 일을 행하여(우상 숭배를 하여) 땅이 끝에서 저 끝까지를 더럽게 만들었기 때문이다"(레 18:25; 20:22; 신 4:5)라고 했다는 것이다. 스 9:12은 "그런즉 너희 여자들을 그들의 아들들에게 주지 말고 그들의 딸들을 너희 아들들을 위하여 데려오지 말며 그들을 위하여 평화와 행복을 영원히 구하지 말라 그리하면 너희가 왕성하여 그 땅의 아름다운 것을 먹으며 그 땅을 자손에게 물려주어 영원한 유산으로 물려주게 되리라 하셨나이다". "우리의 딸들을 그들의 아들들에게 시집보내지도 말고 그들의 딸들을 우리의 며느리로 맞아들이지도 말라(신 7:3)고 하셨습니다[2]. 우리가 강해져

2) 신자들은 불신자와의 통혼이 배격되고 있다(고전 7:39; 고후 6:14).

서 그 땅에서 나는 좋은 것을 먹으며 그 땅을 우리 자손에게 영원한 유산으로 물려주기 위해서는 그 땅에 있는 백성이 번영하거나 성공할 틈을 조금도 주지 말아야 한다"(신 23:6)고 하셨습니다[3]. 스 9:13은 "우리의 악한 행실과 큰 죄로 말미암아 이 모든 일을 당하였사오나 우리 하나님이 우리 죄악보다 형벌을 가볍게 하시고 이만큼 백성을 남겨 주셨다"고 했다. "우리가 당한 일은 모두 우리가 지은 죄와 우리가 저지른 크나큰 잘못 때문입니다. 그렇지만 주 우리의 하나님은 우리가 지은 죄에 비하여 가벼운 벌을 내리셔서 우리 백성을 이만큼이나마 살아남게 하셨습니다"라고 했다. 에스라는 그들이 당한 고난은 그들의 죄 때문인 것을 고백했고(6-7절), 또 하나님의 형벌이 그들의 죄보다 가볍다는 것을 여러 차례 강조한다. 스 9:14은 "우리가 어찌 다시 주의 계명을 거역하고 이 가증한 백성들과 통혼하오리이까. 그리하면 주께서 어찌 우리를 멸하시고 남아 피할 자가 없도록 진노하시지 아니하시리이까". "어찌 다시 우리가 주님의 계명을 어길 수가 있겠습니까. 어찌 역겨운 일을 저지르는 이방 백성들과 다시 통혼할 수가 있겠습니까. 이제 주님께서 분노하셔서 한 명도 남기지 않고 없애 버리신다고 해도 드릴 말씀이 없다"는 것이다. 에스라는 감히 이스라엘이 이방인과 통혼하는 범죄를 저지를 수 있겠는가고 말한다. 통혼하는 범죄가 다시 일어나면 하나님께서 자기들을 치셔서 남는 자가 없도록 치시지 않겠는가고 말한다. 스 9:15은 "이스라엘의 하나님 여호와여 주는 의로우시니 우리가 남아 피한 것이 오늘

---

3) 본 문구는 '그들의 평화와 행복을 바라지 말라'고 번역될 수가 있다. 구체적으로는 이스라엘 백성들이 우상을 섬기는 이방인들과 평화와 행복을 공유하지 말아야 할 것, 즉 그들과 교제하지 말아야 할 것을 뜻한다(Ridderbos).

날과 같사옵거늘 도리어 주께 범죄하였사오니 이로 말미암아 주 앞에 한 사람도 감히 서지 못하겠나이다 하니라". 에스라는 기도의 결론에서 "이스라엘의 하나님 여호와여! 주님은 의로우셔서 우리를 이렇게 살아남게 하셨습니다. 진정으로 우리는 우리의 허물을 주님께 자백합니다. 우리 가운데서 어느 누구도 감히 주님 앞에 나설 수 없습니다"라고 고백했다. 에스라는 하나님께서 의로우셔서 언약을 지키셨기 때문에 이스라엘 민족을 이만큼 살려주셨다고 말한다. 하나님의 의로우심은 우리의 삶의 근거가 된다는 것이다. 에스라는 하나님께서 의로우셔서 인간을 살려주셨는데도 사람들은 도리어 주님께 범죄하게 되어 우리의 허물을 자백할 수밖에 없다고 말한다. 우리는 우리의 죄악 때문에 주님 앞에 한 사람도 나설 수가 없는 존재가 되었다고 고백한다. 오늘 우리가 기도하면 나라를 살릴 수도 있다는 것을 알아야 할 것이다.

XI. 느 1:1-11은 느헤미야가 예루살렘 소식을 듣자 기도했다는 내용이 기록되어 있다.

느 1:1-11에는 느헤미야가 예루살렘 소식을 듣게 되자 곧 기도하는 내용이 진술되어 있다. 느 1:1은 "하가랴의 아들 느헤미야의 말이라. 아닥사스다 왕 제이십년 기슬르월에 내가 수산 궁에 있었는데". 본 절은 두 가지를 진술하고 있다. 하나는 본서의 표제인 "하가랴('하나님이 혼란시킨 자'라는 뜻)의 아들 느헤미야의 말이라"는 말이 제일 앞에 나온다(렘 1:1; 호 1:2; 암 1:1). 이 표제는 본서를 에스라에서부터 독립시키며, 본서의 저자가 느헤미야인 것을 알려준다. 또 하나는 느헤미야가 아닥사스다(B.C. 465-424 재위) 왕 제 20년(B.C. 445년) 기슬르월(교력으로 9월, 민력으로 3월, 양력으로는 11-12월이다)에 수산 궁에 있었다는 것을 말한다. 요세푸스(Josephus)에 의하면 느헤미야의 귀국은 실제로 주전 444년으로 본다. 여기 "수산"이란 말은 '백합'이라는 뜻으로 바사 만에서 대략 240km 북쪽에 위치하며 아닥사스다 왕의 봄여름 궁전이 있던 곳이었다(이상근). 이곳은 바로 구 "엘람"의 왕도였다(스 6:2 주 참조). 느헤미야가 수산 궁에 있었다는 말은 그가 상당한 지위에 있었음을 보여준다. 느 1:2은 "내 형제들 가운데 하나인 하나니가 두어 사람과 함께 유다에서 내게 이르렀기로 내가 그 사로잡힘을 면하고 남아 있는 유다와 예루살렘 사람들의 형편을 물었다"는 것이다. 내 형제들 가운데 하나인 하나니('여호와는 은혜로우시다'라는 뜻, 훗날 예루살렘의 문지기가 되었다)가 다른 사람들과 함께 유대에서 왔기에, 이리로 사로잡혀 오지 않고, 그 곳에 남아 있는 유대 사람들은 어떠한지 그리고 예루살렘 사람들의 형편은 어떠한지를 물어 보았는데 다음 절과 같은 기가 막힌 대답을 들은 것이다. 본 절의 "하나니"는 느헤미야의 친동생으로 추정된다(Fensham, Schultz). 나중에 그는 느헤미야와 함께 예루살렘으로 귀환해서 느헤미야를 돕는 관리로 임명되었다. 하나니가 몇 사람과 함께 멀리 수산 궁까지 찾아온 것은 예루살렘의 비참 상을 바사의 고위직에 있었던 느헤미야에게 알리려는 의도 때문이었다. 느헤미야는 "그 사로잡힘을 면하고 남아 있는 유대와 예루살렘 사람들의 형편을 물었다". 여기 "그 사로잡힘을 면하고 남아 있는 유대와 예루살렘 사람들"이란 말이 누구냐에 대해서는 세 가지 견해가 있다. 1) '결코 포로가 되어 본 적이 없이 유대에 그대로 남아 있는 사람들'을 지칭한다는 견해(Myers, 이상근). 그러나 2절에서 사용되고 있고 또 우리가 스 8:35; 9:8에서 이미 논의한바 있는 용어에 입각해서 살펴볼 때 이런 해석은 적절하지 않은 것으로 보인다(Fensham). 2) 느헤미야는 생존자들과 귀환자들을 구분하지 않고 국가 재건의 역경 속에서 고난 받고 있던 유대 백성 전체의 안부를 묻고 있는 것으로 보아야 한다는 견해(장춘식). 3) 이 말은 이방인의 땅에 계속해서 남아 있었던 이들과 대조하여 "유대로 돌아온 사람들"을 지칭한다는 견해(K.&D., Fensham, Rudolphe, H.G.M. Williamson). 이 세 견해 중에 3번의 견해가 타당하다고 보인다. 다시 말해 "사로잡힘을 면한" 자들은 귀환해서 이제는 더 이상 포로에 사로잡히지 않은, 포로로 잡혔던 자들을 지칭한다는 견해로 보아야 할 것이다. 느헤미야가 안부를 물을 때 어느 한 그룹의 안부를 물었을 것으로 보니 3번의 견해가 타당할 것으로 보는 것으로 보인다. 느 1:3은 "그들이 내게 이르되 사로잡힘을 면하고 남아 있는 자들이 그 지방 거기에서 큰 환난을 당하고 능욕을 받으며 예루살렘 성은 허물어지고 성문들은 불탔다"고 말해주었다. 본 절은 하나니 일행이 느헤미야의 질문에 답한 내용을 기록한 내용이다. 하나니 일행의 대답은 "사로잡힘을 면하고 남아 있는 자들이 그 지방 거기에서 큰 환난을 당하고 능욕을 받으며 예루살렘 성은 허물어지고 성문들은 불탔다"는 것이다. "큰 환난을 당한다"는 말은 '큰 고생을 한다'는 뜻이다. 또 "능욕을 받는다"는 말은 '수치를 당한다'는 뜻이다. 큰 고생을 하는 것은 육체적으로 심한 고난을 받는 것을 말하고, 수치를 당하는 것은 정신적으로 인근 주민들로부터 부끄러움을 당한다는 뜻이다. 육체적으로 정신적으로 고난을 당하는 것은 견디기 힘든 것이다. 그리고 또 한편으로 "예루살렘 성은 허물어졌다"는 말은 '최근 르훔에 의하여 예루살렘 성이 파괴된 것'을 지칭한 것이다(스 4:23-24, Rawlinson). 그리고 "성문들은 불탔다"는 말은 최근에 예루살렘 성을 불태운 사실을 지칭한다. 느 1:4-11에는 느헤미야가 예루살렘의 소식을 듣자 곧 기도하는 내용이 진술되어 있다. 하나니 일행으로부터 예루살렘과 유대의 소식을 들은 느헤미야는 기도한다(스 9장; 단 9장 참조). 느헤미야는 예루살렘과 유대의 비참상을 듣고 민족의 죄를 자복한다. 느 1:4은 "내가 이 말을 듣고 앉아서 울고 수일 동안 슬퍼하며 하늘의 하나님 앞에 금식하며 기도하였다". 느헤미야는 예루살렘과 유대에 대한 소식을 듣고 울고 수일 동안 슬퍼했다. 여기 "수일 동안"이란 말은 '여러 날들'이란 뜻이다. 그는 기슬르월(일반 월력으로 12월)부터 니산월(일반 월력으로 3,4월)까지 슬픔 중에 간절한 기도를 드렸다. 우리는 어떤 슬픈 일을 만나 잠시만 기도할 것이 아니라 하나님의 응답을 받기까지 기도해야 할 것이다. 느헤미야는 "하늘의 하나님 앞에 금식하며 기도했다". 그는 기도할 때 금식 중에 기도했다. 기도를 더욱 깊이 하기 위해 금식한 것이다(5-11절). 우리는 하나님의 사랑을 얻기까지 끊임없이 기도해야 한다. 느 1:5은 "이르되 하늘의 하나님 여호와 크고 두려우신 하나님이여 주를 사랑하고 주의 계명을 지키는 자에게 언약을 지키시며 긍휼을 베푸시는 주여 간구한다"고 말한다. 느헤미야는 본절에서 기도의 대상을 세밀하게 말한다. 하나님은 "하늘의 하나님"이라고 말한다. 다시 말해 '하늘을 지으신 하나님이고 하늘을 통치하시는 하나님'이라는 것이다. 또한 느헤미야는 "크고 두려우신 하나님"이라고 말한다. 하나님은 세상의 그 어떤 세력과도 달리 '크시고 두려우신 하나님'이시다. 하나님은 회개하지 않는 사람에게는 크시고 두려우신 하나님이시지만 "주를 사랑하고 주의 계명을 지키는 자에게 언약을 지키시며 긍휼을 베푸시는 주"이시다. 즉, 여호와를 사랑하고 여호와의 계명을 지키는 자에게는 하나님께서 언약을 지키셔서 긍휼을 베푸시는 하나님이시다. 우리가 죄를 지었을 때 빨리 죄를 자복하면 언약을 빨리 지키셔서 긍휼을 베푸신다. 느 1:6-7은 "이제 종이 주의 종들인 이스라엘 자손을 위하여 주야로 기도하오며 우리 이스라엘 자손이 주께 범죄한 죄들을 자복하오니 주는 귀를 기울이시며 눈을 여시사 종의 기도를 들으시옵소서 나와 내 아버지의 집이 범죄하여 주를 향하여 크게 악을 행하여 주께서 주의 종 모세에게 명령하신 계명과 율례와 규례를 지키지 아니하였나이다". 6절과 7절은 느헤미야 자신과 이스라엘 자손이 주야로 기도하고 범죄한 죄들을 자복하는 것을 보시고 여호와께서는 귀를 기울이시며 눈을 여셔서 기도를 들어주시고 느헤미야 자신과 이스라엘 자손이 범한 죄(주께서 주의 종 모세에게 명령하신 계명과 율례와 규례를 지키지 아니한 것)를 용서해 주시라는 것이다. "주께서 주의 종 모세에게 명령하신 계명과 율례와 규례"란 말은 '모세 율법'을 지칭하는 말이다(신 5:31; 6:1; 11:1). "계명"이란 '율법 조문 하나 하나'를 지칭하는 말이고, "율례"란 '성문화한 율법'을 지칭하는 말이며, "규례"란 '율법을 보충하는 규례'를 뜻한다. 느 1:8은 "옛적에 주께서 주의 종 모세에게 명령하여 이르시되 만일 너희가 범죄하면 내가 너희를 여러 나라 가운데에 흩을 것이요". 느헤미야는 여호와께서 모세를 통하여 옛날에 하신 말씀을 본절과 다음 절에 드러내면서 그 말씀에 근거하여 기도한다. 즉, 일단 범죄하면 여호와께서 이스라엘 민족을 여러 나라에 흩으신다고 하셨다는 것이다(레 26:27-45; 신 30:1-5). 여호와께서 이 말씀에 근거하여 이스라엘 민족을 주전 722년에 앗수르로 포로 되게 하셨고, 또 남쪽 나라 유대를 주전 586년에 바벨론으로 포로가 되게 하셨다는 것이다. 느 1:9은 "만일 내게로 돌아와 내 계명을 지켜 행하면 너희 쫓긴 자가 하늘 끝에 있을지라도 내가 거기서부터 그들을 모아 내 이름을 두려고 택한 곳에 돌아오게 하리라 하신 말씀을 이제 청하건대 기억하옵소서"라고 했다. 본 절은 윗 절과 반대로 하나님의 백성들이 만일 여호와께로 돌아와 여호와의 계명을 지켜 행하면(=언약을 지키면) 하나님의 백성들이 멀리 쫓겨 갔을지라도 여호와께서 거기서부터 하나님의 백성들을 모아서 하나님의 이름을 두시려고 택한 곳 예루살렘에 돌아오게 하리라고 하셨는데 이제 그대로 되게 해주십사고 기도한다. 하나님의 백성은 한번 돌아오고 마는 것이 아니라 매일 하나님 앞에 더욱 죄를 자복하고 돌아올 때 은혜를 넘치게 받는다. 죄인 중 괴수라고 부르짖을 때 큰 은혜 중에 들어가는 것이다(딤전 1:15). 느 1:10은 "이들은 주께서 일찍이 큰 권능과 강한 손으로 구속하신 주의 종들이요 주의 백성이니이다". "그들을 모아 내 이름을 두려고 택한 곳에 돌아오게 하셔야 할(9절)" 이유가 본절에 기록되어 있다. 그 이유는 이스라엘 민족은 주께서 일찍이 "큰 권능과 강한 손으로 구속하신 주의 종들이요 주의 백성"이라는 것이다. 여기 "큰 권능"이란 말과 "강한 손"이란 말은 동의어로 사용되었고(출 6:1; 9:11; 신 3:24; 9:29; 26:8), "주의 종들"이란 말과 "주의 백성"이란 말도 동의어로 사용되었다. 느 1:11은 "주여! 구하오니 귀를 기울이사 종의 기도와 주의 이름을 경외하기를 기뻐하는 종들의 기도를 들으시고 오늘 종이 형통하여 이 사람들 앞에서 은혜를 입게 하옵소서 하였나니 그 때에 내가 왕의 술 관원이 되었느니라". 느헤미야는 자신이 드리는 간구와 또 주님의 이름을 진심으로 두려워하는 주님의 종들(하나니 일행)의 간구를 들어 주시기를 기도한다. 그 기도 응답으로 이제 자신이 하는 모든 일을 형통하게 하여 주시고 왕에게 은혜를 입게 하여 주십사고 기도한다. 그 때에 느헤미야 자신은 왕에게 술잔을 받들어 올리는 일을 맡아 보고 있었다. 느헤미야와 하나니 일행의 기도한 일, 즉 "종이 형통하기"를 빈 것은 자기 개인의 일이 잘 되기를 소원한 것이 아니라 '자기 자신이 예루살렘에 가기를 허락 받는 일이 잘 되기를 기도한 것이었고 또 예루살렘이 잘 되기'를 기도한 것이었다. 오늘 우리는 우리 개인의 형통보다도 교회가 잘 되기를 더욱 기도해야 할 것이다. 교회가 형통하면 내 개인의 일도 잘 된다. 또 여기 "이 사람들"이란 '아닥사스다 왕 자신'을 지칭한다. 느헤미야가 "이 사람(왕) 앞에서 은혜를 입게 하옵소서"라고 기도한 것은 아닥사스다 왕이 느헤미야와 하나니 일행의 소청을 들어줄 수 있는 전권(全權)을 가지고 있었음을 보여준다. 그러나 아닥사스다 왕 자신도 하나님의 손에 의해서 움직여지는 사람이니 "이 사람"이라고 묘사한 것이다. 우리는 세상만사를 하나님께서 주장하시는 줄 알고 항상 하나님을 향하여 기도해야 할 것이다. "그 때에 내가 왕의 술 관원이 되었느니라"는 말을 쓴 것은 두 가지를 말하기 위함이었을 것이다. 하나는 "이 사람"이 누구였는가를 드러내기 위함이었고, 또 하나는 느헤미야가 아닥사스다 왕에게 접근해서 그의 은혜를 입을 수 있도록 해 줄 그의 직책이 무엇이었는지 밝히기 위함이었다(G.Rawlinson). 고대 세계에서 왕의 술 맡은 관원은 술을 선택하는 기술이 있어야 했고 포도주를 드리는 일이나 독이 있는지를 검사하기 위해 술을 맛보는 것만이 아니라 왕에게 쾌활하고 재치 있는 친구가 되어야 하는 일을 감당해야 했다(Williamson). 느헤미야는 술 맡은 관원이었으니 가장 신임이 두터운 관직이었다.

XII. 느헤미야는 싸움을 하는 대신 하나님을 향하여 기도했다.

느 4:4-6에는 느헤미야의 기도가 진술되어 있다. 느헤미야는 산발랏이 자기 동료들과 사마리아 군대 앞에서 유대인들이 하는 성곽 공사를 비웃고 또 암몬 사람 도비야도 함께 맞장구치는 소리를 듣고 대꾸하거나 싸움을 하는 대신 위대하신 하나님을 향하여 기도를 시작한다. 느 4:4은 "우리 하나님이여! 들으시옵소서 우리가 업신여김을 당하나이다. 원하건대 그들이 욕하는 것을 자기들의 머리에 돌리사 노략거리가 되어 이방에 사로잡히게 하시라"고 기도했다. 느헤미야는 "우리 하나님이여! 들으시옵소서. 우리가 업신여김을 당하나이다"(בּוּזָה)라고 기도한다. 그런고로 그 해결책으로 "그들이 욕하는 것을 자기들의 머리에 돌리셔서 노략거리가 되어 이방 땅에 사로잡히게 해 주십시오"라고 기도한다. 본문의 "들으시옵소서"라는 말은 우리도 평소에 많이 사용해야 한다(1:4-11; 5:19; 6:14; 13:14,22). 하나님께서 인생의 소리를 들으셔야 할 이유는 "우리가 업신여김을 당하기 때문이라"는 것이다. "우리가 업신여김을 당했다"란 말은 '모욕당했다'는 뜻이다. 인생이 모욕을 당했기 때문에 돌아보아 주시라는 것이었다. 느헤미야는 그들이 유대인들을 모욕한대로 모욕을 당하도록 기도한다. 이때의 느헤미야의 기도는 이기주의에서 나온 것도 아니고 독선주의에서 나온 것도 아니었다. 그것은 산발랏에게 대한 정당한 심판선언이었다(박윤선). 우리는 우리가 당한대로 정당한 심판 선언을 할 수 있다. 느 4:5은 "주 앞에서 그들의 악을 덮어 두지 마시며 그들의 죄를 도말하지 마옵소서 그들이 건축하는 자 앞에서 주를 노하시게 하였음이니이다"라고 기도한다. 느헤미야는 "주 앞에서 그들의 죄를 용서하지 마시고 그들의 죄를 못 본 것으로 하지 마십시오. 그들이야말로 성을 쌓고 있는 우리 앞에서 주님을 모욕한 자들입니다"라고 기도한다. 하나님께서는 회개하는 자의 죄는 덮어두시기도 하시고 도말해 주시기도 하신다(미 7:18-19). 그러나 그와 반면에 회개하지 않고 죄악을 쌓는 악인의 죄는 도말하시지 않으신다(롬 2:4-5). 느헤미야는 진리대로 기도했다. 오늘 우리도 진리대로 기도해야 할 것이다. 느 4:6은 "이에 우리가 성을 건축하여 전부가 연결되고 높이가 절반에 이르렀으니 이는 백성이 마음 들여 일을 하였음이니라". 우리는 성 쌓는 일을 계속하였다. 백성이 마음을 모아서 열심히 일하였으므로, 성벽 두르기는 마칠 수 있었으나, 높이는 절반에 이르렀다. 문장 초두의 "이에"란 말은 '그래서'(so)란 뜻이다. 다시 말해 느헤미야가 하나님께 기도하니 본 절처럼 성이 건축되어 전부가 연결되고 높이가 절반에 이르렀다는 것이다. 이렇게 된 것은 하나님의 은혜로 공사가 잘 진행되었을 뿐 아니라 또 "백성이 마음 들여 일을 하였기 때문이라"고 한다. 하나님의 은혜가 나타나면 백성들도 마음을 들여 일하게 마련이다. 하나님의 은혜가 아니면 백성들도 힘 있게 일하지 못한다. 느헤미야의 기도는 하나님께만 올리는 기도였다. 원수들의 반대를 당하여 그들과 타협하지 않고 오직 하나님만 의지하여 기도했다.

XIII. 느헤미야는 적들의 적대행위를 두고 하나님께 기도하는 일과 방비하는 일을 했다.

느 4:7-23에는 적들의 계획된 행동과 느헤미야가 취한 행동이 진술되어 있다. 일이 잘 진행되니(6절), 적들은 가만히 있지 않았다. 공사장을 습격하여 공사를 방해했고, 유대인들은 적을 방비도 하고 또 한편으로 공사를 진행시켜 나갔다. 느 4:7은 "산발랏과 도비야와 아라비아 사람들과 암몬 사람들과 아스돗 사람들이 예루살렘 성이 중수되어 그 허물어진 틈이 메꾸어져 간다 함을 듣고 심히 분노했다"는 것이다. 그때에 산발랏과 도비야와 아랍 사람들과 암몬 사람들과 아스돗 사람들은 예루살렘 성벽 재건이 잘 되어가고 있으며, 군데군데 무너진 벽을 다시 잇기 시작하였다는 소식을 듣고 몹시 화를 냈다. 여기 적들의 숫자도 점점 많아지는 것을 보게 된다. "산발랏과 도비야"에 대해서 2:10주해 참조. "아라비아 사람들"은 바사가 중동을 제패했을 때 팔레스틴의 동부 요단 동편과 남부인 네게브 지방을 거주지로 삼았다. 바로 이 족속의 한 분파를 다스리던 자가 '게셈'이었다(2:19). "암몬 사람들"은 그 당시 요단의 동쪽 지역 및 심지어는 요단의 서쪽 강변에서도 살던 민족이었다. “아스돗 사람들”은 블레셋 족속들이 거주했던 지역 어디든지 살고 있었다. 이들 모두는 남이 잘 되어 가는 것을 보고 감사해야 하는데 몹시 화를 냈다는 것은 마귀적이었다. 느 4:8은 “다 함께 꾀하기를 예루살렘으로 가서 치고 그 곳을 요란하게 하자”했다는 것이다. 이들은 다 함께 예루살렘으로 가서 치고 그 곳을 요란하게 하자고 꾀했다. 여기 “꾀했다”는 말은 ‘음모했다’는 뜻으로 집단적인 이기심에 따라 배반하는 행위를 하는 것을 지칭한다(삼상 22:8; 왕상 16:16). 세상 세력은 음모하는 것으로 일을 삼는다. 느 4:9은 “우리가 우리 하나님께 기도하며 그들로 말미암아 파수꾼을 두어 주야로 방비했다”는 것이다. 느헤미야는 “산발랏과 도비야와 아라비아 사람들과 암몬 사람들과 아스돗 사람들”의 방해 공작을 막기 위해 한편으로는 하나님께 기도했고 또 다른 한편으로는 파수꾼을 두어 주야로 방비했다. 사람이 할 수 있는 일을 다 한 것이다(2:4,5, 13절). 느헤미야가 만일 하나님께만 기도하고 전적으로 사람들은 공사에만 전념했더라면 하나님의 이적으로 막아 주셨을 것이다. 느 4:10은 “유다 사람들은 이르기를 흙무더기가 아직도 많거늘 짐을 나르는 자의 힘이 다 빠졌으니 우리가 성을 건축하지 못하리라”고 했다. 그런데 유대 사람들 사이에서 이런 말이 퍼지고 있었다. “흙더미는 아직도 산더미 같은데 짊어지고 나르다 힘이 다 빠졌으니 우리 힘으로는 이 성벽을 다 쌓지 못 하겠네”. 적들이 공사를 방해하니 유대인들 사이에 낙담하는 소리가 들린 것이었다. 여기 “흙무더기”는 성이 앞서 파괴될 때 생긴 것인데 그 무더기도 치워야 하고, 성도 보수해야 하는데 적들이 습격하려 하니 거의 절망상태라는 것이었다. 느 4:11은 “우리의 원수들은 이르기를 그들이 알지 못하고 보지 못하는 사이에 우리가 그들 가운데 달려 들어가서 살륙

하여 역사를 그치게 하리라"고 했다. 유대 사람들은 적들의 방해 때문에 절망하고 있는 중에(앞 절) 우리 유대인들의 원수들은 쥐도 새도 모르게 쳐들어가서 유대인들을 죽여서 일을 못하게 하려고 계획하고 있었다. 그러나 느헤미야는 적들의 비밀계획을 미리 알고 대책을 세우고 있었다. 느 4:12은 "그 원수들의 근처에 거주하는 유다 사람들도 그 각처에서 와서 열 번이나 우리에게 말하기를 너희가 우리에게로 와야 하리라"고 했다. 그 원수들 가까이에서 사는 유대 사람들(외곽에서 살고 있는 유대 사람들)이 우리에게 올라와서 열 번이나 우리에게 말하기를 너희(유다 중심에 살고 있는 유대인들)가 우리에게로(유대 땅 외곽에 살고 있는 우리에게로) 와야 하리라고 했다. 원수들 가까이서 살고 있는 유대인들은 산발랏 등의 군사적 움직임에 불안을 느낀 나머지 원수들의 공세를 방어할 목적으로 성벽 재건에 참여해서 일을 하고 있는 유대 사람들을 자신들이 사는 곳으로 데려가려고 한 것이다. 그러나 이것은 사실 산발랏 일당의 계략이었다. 결국 유대인들의 의견은 둘로 갈라지고 만 것이다. 본절의 "원수들"이란 '북쪽의 산발랏을 위시한 사마리아 사람들, 동쪽의 암몬 사람들, 남쪽의 아라비아 사람들, 또 서쪽의 아스돗 사람들'(7절)을 지칭한다. 그들의 "근처에 거주하는 유대 사람들"은 '유대 땅의 외곽 지역에 거주하던 유대인들'을 지칭한다. 민족이 이렇게 분열되었을 때는 성령으로 하나가 되어야 한다(엡 4:3). 느 4:13은 "내가 성벽 뒤의 낮고 넓은 곳에 백성이 그들의 종족을 따라 칼과 창과 활을 가지고 서 있게" 했다. 그래서 나(느헤미야)는 백성 가운데서 얼마를 가문별로, 칼과 창과 활로 무장시켜서, 성벽 뒤의 낮고 넓은 빈터에 배치하였다. 느헤미야가 유대인 중 얼마를 종족별로 성벽 뒤의 낮고 넓은 빈터에 무장시켜 놓은 이유는 가문별로 혹은 씨족별로 무장시켜 놓는 경우 협조가 잘 되는 것을 목표하고 가문별로 뭉쳐놓았을 것이다. 느헤미야는 한편으로 기도했고 또 한편으로는 방비하는데 심혈을 기울였다. 느 4:14은 "내가 돌아본 후에 일어나서 귀족들과 민장들과 남은 백성에게 말하기를 너희는 그들을 두려워하지 말고 지극히 크시고 두려우신 주를 기억하고 너희 형제와 자녀와 아내와 집을 위하여 싸우라"고 격려하였다는 것이다. 느헤미야는 백성이 두려워하는 것을 보고 그들의 염려를 살피고 난 후 그는 귀족들과 관리들과 그 밖의 백성들을 격려하여 말하기를 "그들을 두려워하지 마시오. 위대하시고 두려우신 주님을 기억하고, 당신들의 형제자매와 자식과 아내와 가정을 위하여 힘써 싸우시오"라고 격려했다. 문장 초두의 "돌아보다"란 말의 뜻이 무엇이냐에 대해서는 몇 가지 견해가 있다. 1) 주변을 돌아보았다는 뜻이라고 보는 견해. 다시 말해 느헤미야가 산발랏 등의 동정을 살피기 위해 주변을 살폈다는 뜻이라고 한다(Rawlinson). 2) 느헤미야가 백성들의 무장 상태를 살폈다는 뜻으로 보는 견해(K.&D.). 3) 느헤미야가 백성들의 염려를 살폈다는 뜻으로 보는 견해(Fensham, Schultz). 문맥으로 보아 3번의 견해가 가장 타당한 것으로 볼 수 있다. 느 4:15은 "우리의 대적이 우리가 그들의 의도를 눈치 챘다 함을 들으니라. 하나님이 그들의 꾀를 폐하셨으므로 우리가 다 성에 돌아와서 각각 일하였다"는 것이다. 드디어 우리의 원수들은 자기들의 음모가 우리에게 새나갔다는 것을 알게 되었다. 하나님이 그들의 음모를 헛되게 하셨으므로 우리는 모두 성벽으로 돌아와서 저마다 하던 일을 계속하였다. 우리의 대적이 자기들의 공격 계획을 우리(느헤미야 등)가 미리 알게 되고 또 우리가 그 방비에 나섰다는 것을 미리 알게 되어 원수들의 계획은 수포로 돌아가서 예루살렘 시민은 다시 성으로 돌아와 건축

일도 계속한 것이었다. 느 4:16은 "그 때로부터 내 수하 사람들의 절반은 일하고 절반은 갑옷을 입고 창과 방패와 활을 가졌고 민장은 유다 온 족속의 뒤에 있었다"는 것이다. 그 날부터는 내가 데리고 있는 젊은이 가운데서 반은 일을 하게 했고, 나머지 반은 창(공격무기)과 방패(방패무기)와 활(공격무기)과 갑옷으로 무장을 하였다. 관리들은 성벽을 쌓고 있는 유대 백성 뒤에 진을 쳤다. 산발랏의 계획이 일단 중단되기는 했으나 아직 완전히 방심할 수는 없기 때문에 이날부터 느헤미야는 자신이 데리고 일하는 젊은이를 두 반으로 나누어 한반은 전적으로 공사에 종사하게 했고, 한반은 공격무기와 방어무기를 가지고 방비하게 했다. 민장들도 유대 온 족속의 배후에서 공사를 독려했다. 느 4:17은 "성을 건축하는 자와 짐을 나르는 자는 다 각각 한 손으로 일을 하며 한 손에는 병기를 잡았다". 성을 건축하는 자들은 앞장서서 건축을 했고, 짐을 나르는 이들은 다 한 손으로는 일을 하며 다른 한 손으로는 무기를 잡고 일을 했다. 짐을 나르는 자가 한 손으로 일을 하며 한 손에는 병기를 잡은 이유는 1) 그들은 자신들의 직업의 성격상 성 밖에서도 일을 해야 했던 관계로 호신을 위한 노력이 필요했다. 2) 또 그 일의 성격상 한 손에 병기를 잡을 수 있었기 때문이었다(Fensham, Rawlinson). 그리고 본 절의 "병기"란 말은 '돌을 날려 보낼 수 있는 무기'를 의미한다. 느 4:18은 "건축하는 자는 각각 허리에 칼을 차고 건축하며 나팔 부는 자는 내 곁에 섰었느니라". 성벽을 쌓는 이들은 저마다 허리에 칼을 차고 일을 하였다. 나팔수는 느헤미야의 곁에 있게 하였다. 여기 "건축하는 자"는 '짐을 나르는 자'와는 달리 성곽을 쌓는 일을 담당했던 자들이었다. 그들은 두 손을 모두 사용해야만 하는 일의 성격 때문에 칼을 허리에 찰 수밖에 없었다. "나팔 부는 자가 내(느헤미야) 곁에 섰었던" 이유는 위급한 상황이 벌어졌을 경우 그 사실을 예루살렘 외곽에 흩어져서 성을 쌓고 있는 모든 사람에게 알릴 수 있도록 하기 위함이었다(19,20절). 느 4:19-20은 "내가 귀족들과 민장들과 남은 백성에게 이르기를 이 공사는 크고 넓으므로 우리가 성에서 떨어져 거리가 먼즉 너희는 어디서든지 나팔 소리를 듣거든 그리로 모여서 우리에게로 나아오라 우리 하나님이 우리를 위하여 싸우시리라 하였느니라"고 했다. 느헤미야는 나팔수를 바로 자기 곁에 둔 이유를 말한다. 즉, 느헤미야는 귀족들과 관리들과 그 밖의 백성(백성 전체)에게 지시하였다. "하여야 할 일이 많은데다 일하는 지역이 넓으므로, 우리는 성벽을 따라서 서로 멀리 떨어져 있다. 당신들은 어디에서든지 나팔 소리를 들으면 그 소리가 나는 곳으로 모여와서, 우리와 합세합시다. 우리 하나님이 우리 편이 되어서 싸워 주실 것이라"고 했다. 느 4:21은 "우리가 이같이 공사하는데 무리의 절반은 동틀 때부터 별이 나기까지 창을 잡았다"는 것이다. 본 절은 16절의 내용이 약간 다른 모양으로 다시 언급되고 있음을 볼 수 있다. 즉, 우리는 이른 새벽부터 밤이 되어 별이 보일 때까지 일을 했는데, 우리 가운데 반수는 성을 쌓고, 반수는 창을 들고 그들을 호위했다. 이들은 하나님께 대하여 충성을 다했다. 느 4:22은 "그 때에 내가 또 백성에게 말하기를 사람마다 그 종자와 함께 예루살렘 안에서 잘지니 밤에는 우리를 위하여 파수하겠고 낮에는 일하리라"고 했다. 그 때에 나는 또 백성에게 명령하기를 "밤에는 사람마다 자기가 데리고 있는 부하들(종들)과 함께 집으로 돌아가지 말고 예루살렘 성 안으로 들어와 지내면서 경계를 서고, 낮에는 일을 하기 바란다"고 했다. 느 4:23은 "나(느헤미야)나 내 형제들이나 나를 따르는 종자들이나 나를 따라 파수하는 사람들이나 우리가 다 우리의 옷을 벗지 아니하였으며 물을 길러 갈 때에도 각각 병기를 잡았느니라". 느헤미야도, 느헤미야의 형제들 곧 하나니를 비롯한 그의 형제들도, 느헤미야가 데리고 있는 젊은이들도, 나를 따르는 경비병들도, 우리 가운데 어느 누구도 잘 때에도 옷을 벗지 않았으며, 물을 길으러 갈 때에도 무기를 들고 다녔다. 하루 24시간 임전태세였다. 느헤미야는 훌륭한 지도자였다. 기도와 인간적인 방비를 겸했으니 말이다. 우리는 어려운 일을 앞에 두고 하나님께 기도하는 일과 인간으로서 할 일을 감당해야 할 것이다.

XIV. 느헤미야는 외적들의 위협을 받고 하나님께 기도했다.

느 6:5-9에는 외적들이 느헤미야를 위협하고 고발한 일이 진술되었다. 산발랏과 게셈은 느헤미야에게 네 번까지 사람을 보내어 오노 평지에서 만나자고 했으나 느헤미야가 듣지 않자 산발랏이 다섯 번째는 편지를 보내어 위협한다. 느 6:5은 "산발랏이 다섯 번째는 그 종자의 손에 봉하지 않은 편지를 들려 내게 보냈다"는 것이다. 다섯 번째는 산발랏이 자기의 심부름꾼의 손에 봉하지 않은 편지(양피지나 파피루스 종이에 써서 봉하지 않은 채 보내어 온 편지)를 들려 느헤미야에게 보냈다. 편지를 보낸 것은 분명한 위협이었다. 더욱이 편지를 봉하지 않은 것은 백성들을 위협하고 선동하려는 의도였다(왕하 18:27-33). 산발랏은 백성을 위협하는 수단으로 다섯 번째로 편지를 보내왔다. 느 6:6은 "그 글에 이르기를 이방 중에도 소문이 있고 가스무도 말하기를 너와 유다 사람들이 모반하려 하여 성벽을 건축한다 하나니 네가 그 말과 같이 왕이 되려 하는도다"라고 썼다. 그 편지 내용에 "당신과 유대 사람들이 반역을 모의하고 있고, 당신이 성벽을 쌓는 것도 그 때문이라는 소문이 여러 민족 사이에 퍼져

있소. 가스무도 이 사실을 확인하였소. 더구나 이 보고에 따르면, 당신은 그들의 왕이 되려고 하고 있다는 것이오"라고 썼다. 본절의 "가스무"(Gashum)는 아라비아인 "게셈"(Geshem)의 아라비아 음(音)일 것이다(1절; 2:19, Rawlinson, Bowman). 느헤미야가 성을 쌓는 이유는 두 가지 이유라는 것이다. 하나는 유대인들이 바사 왕을 반역하여 독립하려는 것이었고 또 하나는 느헤미야가 왕이 되려는 심산이라는 것이었다. 느 6:7은 "또 네가 선지자를 세워 예루살렘에서 너를 들어 선전하기를 유다에 왕이 있다 하게 하였으니 지금 이 말이 왕에게 들린지라 그런즉 너는 이제 오라 함께 의논하자 하였다"는 것이다. 산발랏이 느헤미야에게 보낸 편지 내용에 "예루살렘에서 당신을 왕으로 떠받들고서 '유대에 왕이 있다'고 선포하게 할 예언자들까지 이미 임명하였다는 말을 들었소. 이러한 일은 이제 곧 바사 왕에게까지 들릴 것이니 만나서 함께 이야기합시다"고 쓰여 있었다. 느 6:8은 "내가 사람을 보내어 그에게 이르기를 네가 말한바 이런 일은 없는 일이요 네 마음에서 지어낸 것이라 하였다"는 것이다. 느헤미야는 사람을 그에게 보내어 "당신이 말한 것은 사실이 아니오. 당신이 마음대로 생각하여 꾸며낸 것일 뿐이오"라고 했다. 느헤미야의 담대한 이 같은 말은 느헤미야가 신앙인이기 때문에 가능했던 것이고, 또 아닥사스다 왕의 그에 대한 신임도 두터웠기 때문이었을 것이다(이상근). 느 6:9은 "이는 그들이 다 우리를 두렵게 하고자 하여 말하기를 그들의 손이 피곤하여 역사를 중지하고 이루지 못하리라 함이라 이제 내 손을 힘 있게 하옵소서 하였노라"(For they all wanted to frighten us, thinking, "Their hands will drop from the work, and it will not be done." But now, O God, strengthen thou my hands-ESV). 이런 편지를 보낸 것은 그들 모두가 우리를 놀라게 하기를 원했기 때문이었다. 그렇게 하면 우리가 겁을 먹고 공사를 중단하여, 끝내 완성하지 못할 것이라고 생각한 것이다. "하나님! 나에게 힘을 주십시오!" 느헤미야는 기회 있을 때마다 먼저 기도했다(1:4; 4:4 주해 참조). 오늘 우리도 항상 기도하는 중에 참으로 사탄의 궤계에 말려들지 않고 담대하게 살아야 할 것이다.

XV. 느헤미야는 주위에 거짓 선지자들이 활동하는 것을 알고 기도했다.

느 6:10-14에는 적들이 거짓 선지자를 이용하여 장난친 일이 진술되었는데 적들의 외부적 위협이 실패하자 적들은 거짓 예언자에게 뇌물을 주어 거짓 예언을 하여 우리의 내부적인 분열을 꾀했으나 이 분열책동도 실패하고 만다. 성령님의 인도 따라 가는 자 앞에서는 마귀의 계획은 모두 실패하기 마련이다. 느 6:10은 “이 후에 므헤다벨의 손자 들라야의 아들 스마야가 두문불출하기로 내가 그 집에 가니 그가 이르기를 그들이 너를 죽이러 올 터이니 우리가 하나님의 전으로 가서 외소 안에 머물고 그 문을 닫자. 저들이 반드시 밤에 와서 너를 죽이리라”고 말했다. 하루는 느헤미야가 스마야(‘듣는 자’라는 뜻)를 만나려고 그의 집으로 찾아갔다. 그는 들라야의 아들이며, 므헤다벨의 손자인데, 문밖출입을 하지 않고 있었다. 스마야가 느헤미야에게 이렇게 말한다. “하나님의 성전으로 갑시다. 성소 안으로 들어가서 성소 출입문들을 닫읍시다. 자객들이 그대를 죽이러 올 것입니다. 그들이 밤에 와서 반드시 그대를 죽일 것입니다”라고 떠들어댔다. 스마야는 거짓 선지자였는데 그는 도비야와 산발랏에게서 뇌물을 받고 느헤미야를 속여 죄를 짓게 하려고 계책을 꾸민 것이었다. 그가 자기 집에서 "두문불출"(עָצוּר)한 것은 느헤미야도 '갇혀 있으라'는 뜻인데 느헤미야가 성전 안에 들어가 숨으라는 뜻이었을 것이다(K.&D.). 스마야가 느헤미야에게 "우리가 하나님의 전으로 가서 외소 안에 머물고 그 문을 닫자"고 말한 것은 느헤미야로 하여금 '율법의 규례를 범하게 하려고 유도'한 행위였다(Gesenius). 느 6:11은 "내가 이르기를 나 같은 자가 어찌 도망하며 나 같은 몸이면 누가 외소에 들어가서 생명을 보존하겠느냐. 나는 들어가지 않겠노라"고 했다(But I said, "Should such a man as I flee? And what man such as I could go into the temple and live? I will not go in"-ESV). 느헤미야는 스마야의 숨으라는 말(10절)을 듣지 않았다. 다시 말해 자기가 피신한다는 것은 절대로 생각할 수 없다고 대답했다. 첫째, "나(느헤미야) 같은 자가 어찌 사명을 버리고 숨겠느냐"고 말하면서 숨으라는 권고를 거부한다. 바사왕의 명령으로 유대 총독의 사명을 맡은 느헤미야는 총독의 신분으로 숨을 수는 없다고 말한다. 우리가 사명을 맡았다면 그 사명을 버리고 개인의 안녕을 도모해서는 안 될 것이다. 둘째, "나 같은 몸이면 누가 외소에 들어가서 생명을 보존하겠느냐. 나는 들어가지 않겠노라"고 말한다. 총독의 신분으로서 성소에 들어가는 것은 있을 수가 없다고 한 것이다. 성소에는 제사장만이 들어갈 수 있기 때문이었다(Lange, Ewald). 따라서 제사장이 아닌 느헤미야는 성소에 들어가서 죽음을 피할 생각은 없었다. 느헤미야는 자기의 사명과 신분에 알맞게 행동했다. 느헤미야가 이렇게 굳건히 서 있었던 것은 끊임없이 하나님께 기도했기 때문이었다. 6:12은 "깨달은즉 그는 하나님께서 보내신 바가 아니라 도비야와 산발랏에게 뇌물을 받고 내게 이런 예언을 한 것이니라". 느헤미야는 그 때에 스마야의 말을 듣고 그가 하나님이 보내신 예언자가 아니라는 것을 얼른 깨달았다. 성령님의 인도를 받는 사람들은 다른 이의 메시지와 행위를 보자 곧 그가 참 선지자인지 거짓 선지자인지를 알아 볼 수가 있다. 스마야는 도비야와 산발랏에게 뇌물을 받고 느헤미야를 해치는 예언을 하였다. 여기 "뇌물을 받고"(שְׂכָרוֹ)란 말이 원래 '고용하다' 혹은 '보답하다'는 의미로서 어떤 악한 일을 애써 해주는 대신 그에 대한 삯을 받는 것을 가리킨다(신 23:4; 삿 9:4; 왕하 7:6). 그런데 혹자는 이 단어가 단수라는 점을 들어 도비야와 산발랏 두 사람 중에 뒷 단어 산발랏이 필사자의 실수로 기록됐다고 보고 그 이름을 탈락시켜야 할 것을 주장한다(Rudolph). 그러나 휀샴(Fensham)은 주어를 두 사람 언급하면서 단수 어미의 동사를 사용한 것은 두 사람 중 먼저 언급된 사람의 역할을 특별히 강조하려는 의도 때문인 듯하다는 것이다. 그렇다면 도비야는 거짓 선지자 스마야를 매수하는데 있어서 계획부터 실행 과정까지 직접 담당했으며, 산발랏은 그것을 후원했다고 볼 수 있다. 느 6:13은 "그들이 뇌물을 준 까닭은 나를 두렵게 하고 이렇게 함으로 범죄하게 하고 악한 말을 지어 나를 비방하려 함이었다"는 것이다. 그들이 스마야에게 뇌물을 주어 매수한 이유는 첫째, "나(느헤미야)를 두렵게 하고 이렇게 함으로 범죄 하게 하려 함이었다". 다시 말해 느헤미야를 두렵게 하여 범죄하게 하려 한 것이었다. 둘째, "악한 말을 지어 나를 비방하려 함이었다". 제사장도 아니면서 성소에 들어가게 하여 범죄함으로 백성의 비방을 받아 공사를 중단하게 하려는 것이었다. 느 6:14은 "내 하나님이여! 도비야와 산발랏과 여선지 노아댜와 그 남은 선지자들 곧 나를 두렵게 하고자 한 자들의 소행을 기억하옵소서 하였노라". 느헤미야는 "도비야와 산발랏과 여선지 노아댜('증거'라는 뜻)와 그 남은 선지자들 곧 나(느헤미야)를 두렵게 하고자 한 자들의 소행을 기억하옵소서"라고 기도했다. 본 절에 "그 남은 선지자들"이란 말은 당시에 노아댜 외에 남은 가짜 선지자들이 있었다는 뜻이다. 어느 시대에나 가짜 선지자들이 있다. 이렇게 여러 사람이 동원된 것은 느헤미야가 큰 사람이었다는 것을 보여준다. 느헤미야가 이들 도비야와 산발랏 그리고 노아댜와 일행 가짜 선지자들과 직접 싸우지 않고 이들의 소행을 기억하시기를 위해 하나님께 기도한 것은 느헤미야가 큰 신앙가였음을 보여준다. 우리는 세상의 세력이 아무리 커도 하나님께 기도함으로 해결해야 하는 것이다. 우리는 어떻게 처치해 주십사고 구체적으로 기도하지 말고 하나님께서 기억만 하시면 될 줄 알아야 한다.

XVI. 느헤미야는 위험이 닥쳐오는 것을 알고 금식기도했다.

느 9:1-4에는 금식 일을 가지고 금식기도한 일이 진술되었다. 이 부분(1-4절)은 백성이 모여 금식한 일을 진술한다. 느 9:1은 "그 달 스무나흗 날에 이스라엘 자손이 다 모여 금식하며 굵은 베 옷을 입고 티끌을 무릅쓰며" 죄를 자백했다. 그 달 24일에 이스라엘 자손이 다 모여서 금식하면서 굵은 베 옷을 입고 티끌을 뒤집어썼다. 여기 "그 달"은 '7월'이고, "24일"은 초막절(15-22일)이 끝난 후 이틀이 지난날이다. 그날 이스라엘 자손이 "다 모여 금식하며 굵은 베옷을 입고 티끌"을 뒤집어썼다. 그날의 금식은 나팔절과는 무관한 것이었다. "다 모여 금식한 것은" 죄를 자복하기 위함이었다. 그리고 "굵은 베옷을 입고 티끌을 뒤집어 쓴 것"은 애통의 표시인데 속에 있는 통회하는 심정을 외부에 나타낸 것이었다(창 37:34; 삼상 4:12; 삼하 1:2; 3:31; 왕상 21:27; 욥 2:12 참조). 그들은 중심에 있는 통회하는 마음을 외부로 표시했다. 느 9:2은 "모든 이방 사람들과 절교하고 서서 자기의 죄와 조상들의 허물을 자복했다"는 것이다. 이스라엘 자손은 모든 이방 사람과 절교한 채 그들은 제자리에 선 채로 자신들의 허물과 조상의 죄를 자백하였다. 모든 이방 사람과 관계를 아주 끊어버린 것은 이방 여인들과의 혼인관계를 끊은 것으로 이방 여인들을 내보낸 것을 뜻한다. 스 10:5-17. 이렇게 이방 여인과의 단교는 그들 스스로의 결단이었다(K.&D.). 이스라엘 자손은 이방 여인과의 혼인 관계를 끊고 선채(여기 "선채로"란 말은 기도의 한 가지 자세였다) 자기들이 이방여인을 맞아들여 함께 살은 죄와 조상들이 지은 죄를 자복했다. 느 9:3은 "이 날에 낮 사분의 일은 그 제자리에 서서 그들의 하나님 여호와의 율법 책을 낭독하고 낮 사분의 일은 죄를 자복하며 그들의 하나님 여호와께 경배했다". 모두들 제자리에서 일어나서 낮의 4분의 1(새벽 6시부터 9시까지 3시간 동안)은 주 하나님의 율법 책을 읽고 또 낮의 4분의 1(오전 9시부터 정오까지 3시간 동안)은 자기들의 죄를 자백하며, 주 하나님께 경배하였다. 하나님 말씀을 읽고 죄를 자복하는 일은 경배 중에 가장 핵심적인 일이다. 죄를 자백하는 일이야 말로 심령을 정결케 하고 일이 성사되게 하는 일이었다. 느 9:4은 "레위 사람 예수아와 바니와 갓미엘과 스바냐와 분니와 세레뱌와 바니와 그나니는 단에 올라서서 큰 소리로 그들의 하나님 여호와께 부르짖어" 기도했다. 레위 사람의 강단(8:4) 위에는 레위 사람인 예수아와 바니와 갓미엘과 스바냐와 분니와 세레뱌와 바니와 그나니 등 8명이 올라서서 주 하나님께 큰소리로 부르짖었다. 여기 8인이 "여호와께 부르짖은 것"은 '고난을 당하는 중에 하나님께 도움을 구하기 위해 소리 내어 간구한 것'을 가리킨다(삿 6:7; 삼상 8:18; 대상 5:20; 시 22:5). 우리는 죄 문제를 해결하기 위해 힘 있게 부르짖는 삶을 살아야 할 것이다.

XVII. 느 9:6-37은 8인의 레위인이 길게 회개했다는 내용이 진술되었다.

느 9:6-37에는 길게 회개 기도를 하는 것을 진술한다. 레위인 8인은 기도하고(4절) 찬양하며(5절) 이제 이 부분(6-37절)에서는 길게 회개를 한다. 느 9:6은 "오직 주는 여호와시라. 하늘과 하늘들의 하늘과 일월성신과 땅과 땅 위의 만물과 바다와 그 가운데 모든 것을 지으시고 다 보존하시오니 모든 천군이 주께 경배하나이다"라고 기도한다. 본절부터 37절까지는 8인의 레위인이 길게 회개하는 내용이다. 8인은 주님만이 홀로 우리의 여호와[4](스스로 계시는 분, 출 3:14)라고 고백한다. 여호와께서는 하늘(궁창, 창 1:8)과 하늘들의 하늘(우주, 신 10:14; 왕상 8:27; 시 148:4)과 해와 달과 별들과 땅과 그 위에 있는 온갖 바다와 그 안에 있는 온갖 것들을 지으셨으며 또 이 모든 것들을 보존하시니 하늘과 땅의 모든 것들이 주님께 경배하

4) "여호와": '스스로 계신 분'이라는 뜻이다(출 3:14). 하나님은 세상의 우상과는 천양의 차이가 있다. 세상의 우상은 인간이 만들어 세운 것인데 여호와는 스스로 계신 분이시다.

고 있다고 고백한다. 회개하는 사람들은 1) 본 절에서 하나님께서 창조해주시고 보존하여 주셔서 천지 만물이 다 여호와를 경배해야 하는데 인간들이 경배하지 않았다는 것을 회개하는 것이다. 2) 자기들의 믿음의 조상 아브라함을 우상의 나라에서 끌어내어 아브라함이라는 이름을 주셨는데도 바로 살지 않은 것을 회개하는 것이다(7절). 3) 하나님께서 약속의 땅을 이스라엘에게 주셨는데 계속해서 지키지 못했다는 것(8절)을 회개한다. 4) 애굽과 홍해에서 이스라엘을 돌보신 하나님 앞에 보답하지 못한 것을 회개한다(9-11절). 5) 광야와 시내에서 베푸신 은혜를 보답하지 못한 것을 회개한다(12-21절). 6) 가나안 정복을 넉넉히 해주신 은혜를 보답하지 못한 것을 회개한다(22-25절). 7) 사사들을 통해서 다스려주신 것을 회고하면서 회개한다(26-28절). 8) 선지자들을 통해서 말씀 주신 것을 회고하면서 회개한다(29-31절). 9) 현재 은혜 주신 것을 돌아보면서 회개한다(32-37절). 우리가 회개하려고 할 때 과거를 회고하면서 회개를 해야 할 것이다. "하늘과 하늘들의 하늘"이란 '궁창'(창 1:8)과 '우주'(신 10:14; 왕상 8:27)를 지칭한다. "지으시고"(עֹשִׂיתָ)란 말은 '창조하시다'(창 16)란 의미이다. "보존하시오니"란 말은 '생명을 주어 보존한다'(K.&D.)는 뜻이다. 느 9:7은 "주는 하나님 여호와시라 옛적에 아브람을 택하시고 갈대아 우르에서 인도하여 내시고 아브라함이라는 이름을 주신 것"을 회고한다. 회개하는 8인은 "주님은 하나님 여호와이십니다. 아브람을 택하셔서 갈대아(바벨론)의 우르에서 이끌어 내시고 그의 이름을 아브라함이라고 고쳐서 부르셨습니다"라고 회고한다. 본 절의 "하나님"이란 말은 참 하나님으로서의 엘로힘(אֱלֹהִים)을 말한다. 인간에게 계시된 모든 신적 활동의 주체이자, 인간에게 받는 모든 참된 존경과 경외의 대상이시다. 이 한분의 신외에는 어떤 신도 있을 수 없다(사 41:4; 42:8; 43:10 이하). 이방신은 신이 아니다. 그는 우주의 전능한 창조주(사 45:18), 우주를 지배하는 주권자(창 24:3; 창 24:9; 신 4:39; 신 10:17), 심판자 하나님(시50:6; 시 58:11; 시 75:7), 구원자 하나님(시 18:46; 신 8:15; 렘 20:24 등), 위엄과 영광의 하나님(사 30:18; 사 65:16; 렘 10:10; 삼상 6:20)등으로 나타난다. 하나님(אֱלֹהִים)은 또한 아브라함의 하나님, 이삭의 하나님, 야곱의 하나님(출 3:6등)이 되시는 것처럼 또한 우리의 하나님이 되신다(바이블렉스 8.0). 본절의 "여호와"(יהוה)란 말은 이스라엘의 하나님을 나타내는 고유명사이며, '여호와, 야훼'로 음역한다. 우리가 "여호와"라고 부르는 하나님의 명칭은 본래 히브리어 4자음 문자 '요드, 헤, 와우, 헤'(יהוה)로 구성되어 있다. 이 신성 4문자(Tetragammaton)는 하나님의 인격적 이름으로 성경에서 창 2:4에 처음으로 나타나며, 구약성경 전체에서 총 6,000여회(cf. BDB) 나타난다. 이 하나님의 이름은 한글 번역본의 개역에서 "여호와", 공동번역에서 "야웨", 영역 본에 Jehovah 라고 음역하고 있지만 그 정확한 발음을 알 수가 없다. 중세 어느 때에 그 정확한 발음을 잃어버린 것이다. 그러므로 신성 4문자에 대한 정확한 발음과 기원 및 의미는 상당한 논의의 주제가 되어왔다(Freedman. TDNT, 바이블렉스 8.0). 더욱 간단히 말해서 "하나님"은 '능력', '권능' 면을 드러내는 호칭이고, "여호와"는 '자비'나 '구원'을 드러내는 호칭이라고 할 수 있다. 회개하는 사람들은 "옛적에 아브람을 택하시고 갈대아 우르에서 인도하여 내시고 아브라함이라는 이름을 주셨다"고 회고한다. 여기 "택하시고"란 말은 하나님께서 그 일가를 택하신 것을 뜻한다. 이 택함은 하나님께서 만세 전에 택하신 것을 의미한다(엡 1:4). 하나님께서 아브람을 만세 전에 택하셨기 때문에 우상의 도시 "갈대아[5](바벨론) 우르"에서 인도하여 내셨다. 그리고 하나님은 "아브람"('고귀한 아버지'라는 뜻)에게 "아브라함"('열국의 아버지'라는 뜻)이라는 이름을 주셨다(창 17:1-8). 하나님의 택함을 받아 한 가정이 갈대아 우루에서 나왔는데 아브라함은 열국의 아버지가 되었다. 느 9:8은 "그의 마음이 주 앞에서 충성됨을 보시고 그와 더불어 언약을 세우사 가나안 족속과 헷 족속과 아모리 족속과 브리스 족속과 여부스 족속과 기르가스 족속의 땅을 그의 씨에게 주리라 하시더니 그 말씀대로 이루셨사오매 주는 의로우심이로소이다"라고 회고한다. 회개하는 사람들은 "아브라함의 마음이 주님 앞에서 충성됨을 아시고 가나안 사람과 헷 사람과 아모리 사람과 브리스 사람과 여부스 사람과 기르가스 사람의 땅을 그 자손에게 주시겠다고 그와 언약을 세우셨습니다. 주님께서는 의로우셔서 말씀하신 것을 지키셨습니다"라고 회고한다. "아브라함의 마음이 주 앞에서 충성됨을 보셨다"는 말씀은 '아브라함의 마음이 주님 보시기에 진실함(faithful)을 보셨다'는 뜻이다. 아브라함이 갈대아 우르에서 주님의 음성을 듣고 갈대아 우르를 떠날 때에 하나님의 명령을 받는 중 그는 성령의 역사로 진실한 사람이 되었다. 누구든지 하나님의 말씀을 받을 때 성령의 역사로 신실한 사람이 된다. 하나님은 아브라함과 언약(스 10:3)을 세우셔서 "가나안 족속과 헷 족속과 아모리 족속과 브리스 족속과 여부스 족속과 기르가스 족속의 땅을 그의 씨에게 주리라"고 하셨다. 여기 가나안 7족 중에 "히위 족속"이 빠졌다(스 9:1; 신 6:1 주해 참조). 하나님은 아브라함에게 언약하신 대로 이루셨다. 그가 약속하신 대로 이루

---

5) "갈대아": 유프라테스 강과 티그리스 강 사이의 메소포다미아 전체를 일컫는 말이다.

셨으니 그는 의로우신 분이시다. 느 9:9은 “주께서 우리 조상들이 애굽에서 고난 받는 것을 감찰하시며 홍해에서 그들의 부르짖음을 들으셨다”는 것이다. 회개 자들은 “주님께서는 우리 조상들이 애굽에서 고난 받는 것을 보시고 애굽을 탈출하게 하셨으며 홍해에서 부르짖을 때에(출 14:10-14) 들어주셨다”(출 14:15-31)라고 회고한다. 애굽에서만 돌아보신 것이 아니라 홍해에서도 그들의 부르짖음을 들어주셨다. 하나님은 우리가 어려움을 당할 때마다 우리의 기도를 들으시고 돌아보신다. 느 9:10은 “이적과 기사를 베푸사 바로와 그의 모든 신하와 그의 나라 온 백성을 치셨사오니 이는 그들이 우리의 조상들에게 교만하게 행함을 아셨음이라 주께서 오늘과 같이 명예를 얻으셨나이다”. “이적과 기사”(אֹתֹת וּמֹפְתִים)는 동의어로 쓰였는데 “이적”이란 말은 “이적 또는 표적”으로 번역되는데 “이적”이란 말은 ‘이적 자체’를 가리킨다. “기사”란 말은 외적으로 나타나는 현상을 가리키는데 이 “기사”란 말은 홀로 나타나지 않는다. 하나님은 이적과 기사를 나타내셔서 애굽에 10차례의 재앙을 내리셔서 교만한 애굽 왕 바로와 강팍한 애굽인들의 마음을 깨뜨리셔서 하나님의 위대하심을 드러내셨다. 하나님의 이적과 기사는 하나님의 위대하심을 드러내신다. 느 9:11은 “또 주께서 우리 조상들 앞에서 바다를 갈라지게 하사 그들이 바다 가운데를 육지 같이 통과하게 하시고 쫓아오는 자들을 돌을 큰물에 던짐 같이 깊은 물에 던지셨다”고 회고한다. 본 절에서 회개 자들은 하나님께서 우리 조상들 앞에서 바다를 갈라지게 하셔서 두 가지 일을 하신 것을 말씀한다. 하나는 “이스라엘 민족이 바다 가운데를 육지 같이 통과하게 하셨다는 것”, 또 다른 하나는 “쫓아오는 자들을 돌을 큰물에 던짐 같이 깊은 물에 던지셨다는 것”을 말씀한다. 한 가지 이적으로 하나님은 두 가지 일을 하신 것이다. 느 9:12은 "낮에는 구름 기둥으로 인도하시고 밤에는 불기둥으로 그들이 행할 길을 그들에게 비추셨다"고 회고한다. 본절은 이스라엘 민족이 일단 홍해를 건넌 다음에 하나님께서 이스라엘 민족을 계속해서 인도하셨다는 것을 말씀한다. 낮에는 구름 기둥으로 인도하셨고 밤에는 불기둥으로 비추셨다는 것을 말씀한다. 여기 구름 기둥이나 불기둥은 모두 하나님의 임재의 표시였다(민 9:15-23). 오늘은 예수님께서 인도하시고 말씀으로 인도하시며 성령으로 인도하시고 환경으로 인도하신다. 환경으로 인도하신다는 말씀은 우리가 환경을 보고 하나님의 뜻을 알아서 인도를 받는다는 뜻이다. 느 9:13은 "또 시내 산에 강림하시고 하늘에서부터 그들과 말씀하사 정직한 규례와 진정한 율법과 선한 율례와 계명을 그들에게 주셨다"고 회고한다. 본절과 다음 절은 같은 내용이다. 본 절은 하나님께서 시내산에 강림하신 것을 드러냈고 다음 절은 하나님께서 모세를 통하여 안식일을 가르쳐 주신 것을 드러냈다. 회개 자들은 하나님께서 친히 시내산에 내려오셔서(출 19:16-18,20; 21:1) 하늘에서 그들에게 율법을 주신 것, 즉 "그들과 말씀하사 바른 규례와 참된 율법, 좋은 율례와 계명을 주셨다"고 회고한다. 율법에 대한 수식어, 즉 "정직한"(יְשָׁרִים, 바른), "진정한"(אֱמֶת, 참된), "선한"(טוֹבִים, 좋은)이란 수식어 등은 저자가 율법을 체험하고 붙인 형용사이다(시 19:9; 119:39,142). 참으로 율법은 바른 것이고 참된 것이며 좋은 것이다. 하나님께서 이렇게 바른 율법을 주시고 참된 율법을 주시며 좋은 율법을 주셨는데 이스라엘 민족은 그 율법을 잘 지키지 못했기에 죄를 자백하는 것이다. 느 9:14은 "거룩한 안식일을 그들에게 알리시며 주의 종 모세를 통하여 계명과 율례와 율법을 그들에게 명령하셨다"고. 회고한다. 회개 자들은 본 절에서 하나님께서 그들에게 거룩한 안식일을 주신 것을 회고한다. 거룩한 안식일을 주셔서 그 안식일을 지킴으로 선민의 복을 누리게 된 것이었다. 그런데도 그들은 그 거룩한 안식일을 지키지 않아서 복을 잃어버린 채 오래 살았다. 이제 그들은 그 사실을 회고하면서 죄를 자복한다. 여기 "거룩한 안식일"이란 말은 '구별된 안식일'이란 뜻이다. 다시 말해 토요일은 다른 날들(일요일, 월요일, 화요일, 수요일, 목요일, 금요일)과 달리 구별되게 지켜야 하는 날이란 뜻이다. 그날은 하나님께서 쉬심과 같이 인생들도 쉬면서 주님과 교제하는 날로 지켜야 하는 날이었다. 그러나 안식일이 주일로 바뀐 것은 예수님께서 부활하심으로부터 생겨난 제도이다. 예수님은 죽은 자 가운데서 안식일(토요일) 다음날 주일에 부활하셨고(요 20:1-10) 또 그 때부터 8일이 지나서 제자들이 도마와 함께 집안에 있을 때 예수님께서 오셔서 자신을 보이시며 제자들로부터 경배를 받으셨다(요 20:26-29). 그리고 아마도 한 주간이 지난 후 세 번째로 예수님께서 디베랴 바다에서 제자들에게 자기를 나타내셔서 경배를 받으시며 큰 사명을 주신데서(요 21:1-23) 주일 성수는 시작된 것이다. 오늘은 철저하게 주일 성수를 하는 사람을 이상한 눈초리로 보는 시대를 만났다. 주일을 평일과 똑같이 여기기도 하고 혹은 주일에 예배는 하면서도 다른 시간에는 평일에나 할 일을 아무 의식 없이 행한다. 우리는 주일을 성수(聖守)해야 할 것이다. 주일 성수를 잘 하여 큰 은총을 받아 살아야 할 것이다. 느 9:15상반 절은 "그들의 굶주림 때문에 그들에게 양식을 주시며 그들의 목마름 때문에 그들에게 반석에서 물을 내셨다"고 회고한다. 본 절까지는 하나님께서 이스라엘 민족에게 베푸신 은혜를 회고한다. 하나님께서 이스라엘 민족에게 하늘에서 만나를 주셔서 굶주린 문제를 해결해 주신 일(출 16:4)과 또 반석에서 물을 내셔서 목마름을 해결해 주신 일을 거론한다(출 16:6). 하나님은 우리의 일상의 문제를 해결해 주신다. 자연인들은 산에서 혼자 살면서 산이 모든 먹거리를 해결해 준다고 믿는 것처럼 오늘 우리에게는 하나님께서 모든 일용양식을 공급해 주심을 믿어야 한다. 자연인들은 점심 때 거리나, 저녁 먹거리가 없어도 염려하지 않는다. 이유는 산이나 집 앞의 밭에 모든 것이 다 있기 때문이다. 우리 신앙인들은 하나님의 창고에 무수히 쌓여있는 필수품들을 보면서 전혀 염려하지 않는다. 느 9:15b-31 이 부분은 이스라엘 민족이 범죄한 것을 회개하는 부분이다. 느 9:15하반 절은 "주께서 옛적에 손을 들어 맹세하시고 주겠다고 하신 땅에 들어가서 차지하라 말씀하셨다"는 것이다. 15절 하반 절부터는 이스라엘 민족이 하나님 앞에 불순종한 사실을 진술한다. 이스라엘 민족은 주님께서 옛적, 즉 아브라함 때에(창 15:18-21; 26:3), 그리고 야곱 때에(28:13), 그리고 모세 때에(출 3:8; 23:31; 민 34:2-12; 신 11:24) 손을 들어 맹세하시고(손을 들어 맹세하셨다는 말은 단단히 맹세하셨다는 뜻이다) 주겠다고 하신 땅"은 가나안 땅을 지칭하는 말이다. 하나님께서 이렇게 맹세하시면서 주겠다고 하신 가나안 땅에 이스라엘 민족은 얼른 들어가지 못하고 불순종을 했다. 들어가지 않고 불순종한 이유는 다음 절들(16-31절)에 기록되어 있다. 불순종은 인간들 속에 아주 철저히 있는 것이다. 느 9:16-17은 "그들과 우리 조상들이 교만하고 목을 굳게 하여 주의 명령을 듣지 아니하고 거역하며 주께서 그들 가운데에서 행하신 기사를 기억하지 아니하고 목을 굳게 하며 패역하여 스스로 한 우두머리를 세우고 종 되었던 땅으로 돌아가고자 하였나이다. 그러나 주께서는 용서하시는 하나님이시라 은혜로우시며 긍휼히 여기시며 더디 노하시며 인자가 풍부하시므로 그들을 버리지 아니하셨다"는 것이다. 16절 초두의 "그들"과 "우리 조상들"은 동격으로 쓰였다. 다시 말해 ‘그들’ 이 ‘우리 조상들’이란 뜻이다. “교만하고”란 말과 “목을 굳게 하여”란 말도 동격으로 쓰였다. 여기 “목을 굳게 하여”란 말은 말을 듣지 않고 뻗대는 완고한 황소의 모습에서 빌려온 말(출 32:9; 신 10:16; 왕하 17:14; 대하 36:13; 렘 7:26)로서 하나님의 뜻을 거듭 거스르는 백성들의 모습을 뜻하는 말이다. 아무튼 교만과 완고함은 망하도록 작정된 사람들의 속내이다. 17절의 “거역하며”(יְמָאֲנוּ)란 말은 ‘거절하다’, 혹은 ‘싫어하다’란 뜻으로, 16절의 “교만하고”와 “목을 굳게 하여”와 동의어로 쓰였다. 이는 각자에게 부과된 어떤 의무를 거절한 것을 지칭한다(출 7:14; 신 25:7; 삼상 8:19; 시 77:2). 이스라엘 백성들이 주의 명령을 듣지 아니하고 거역한 이유는 “주님께서 그들 가운데에서 행하신 기사를 기억하지 아니한” 데서 시작된 것이다. 여기 “기사”란 말은 복수로서 “기사들”이란 말로 하나님께서 베푸신 사랑의 기사들을 지칭하는 말이다. 하나님의 사랑의 기사들을 기억하지 아니하면 반드시 하나님을 거역하기 마련이다. 그런고로 성도들은 성경을 펴놓고 항상 하나님의 사랑의 행위를 기억해야 할 것이다. 사람들이 하나님의 “기사를 기억하지 아니하고 목을 굳게 하며 패역하여 스스로 한 우두머리를 세우고 종 되었던 땅으로 돌아가고자 했다”는 것이다. 사람들이 하나님의 사랑으로 베푸신 이적을 기억하지 않은 결과 교만해지고 패역해져서 하나님께서 세운 사람이 아닌, 자기들이 세운 한 우두머리를 세우고 종살이하던 애굽 땅으로 돌아가고자 했다(민 14:4). 회개자들은 “그러나 주께서는 용서하시는 하나님이시라 은혜로우시며 긍휼히 여기시며 더디 노하시며 인자가 풍부하시므로 그들을 버리지 아니하셨다”고 감사한다. 죄를 지었으면 벌을 내리시는 것이 정칙인데 하나님은 항상 용서하실 준비가 되어 있으시다. 여기 “용서하신다"란 말은 마지막 말인 "버리지 아니하셨다"는 말과 동의어이다. 하나님은 용서하실 정도로 은혜로우시며 긍휼히 여기시며 더디 노하시며 인자가 풍부하시기에 버리시지 않으셨다는 것이다. 느 9:18-19은 "또 그들이 자기들을 위하여 송아지를 부어 만들고 이르기를 이는 곧 너희를 인도하여 애굽에서 나오게 한 신이라 하여 하나님을 크게 모독하였사오나 주께서는 주의 크신 긍휼로 그들을 광야에 버리지 아니하시고 낮에는 구름 기둥이 그들에게서 떠나지 아니하고 길을 인도하며 밤에는 불기둥이 그들이 갈 길을 비추게 하셨다"고 말한다. 느 9:18-19은 16-17절과 마찬가지로 이스라엘이 지은 엄청난 죄에도 불구하고 하나님께서 용서하신 사실을 말한다. 이스라엘 민족이 금송아지를 만들어 섬긴 것은 모세가 율법을 받으러 시내 산에 올라가 40일이 지나도 내려오지 않으니 하나님께 대한 반역의 심리가 발동하여 저지른 죄악이었다(출 32:1-6). 그들이 만든 금송아지는 그들이 애굽에서 섬기던 동물숭배의 영향이었다. 이 영향은 훗날 북쪽 이스라엘의 우상숭배에 크게 영향을 주었다(왕상 12:28). 이스라엘이 이렇게 우상을 만들어 섬긴 것은 하나님을 크게 모독한 행위였다. 그럼에도 주님께서는 주님의 크신 긍휼로 그들을 광야에 버리지 아니하시고 낮에는 구름 기둥으로 그들을 인도하시며 밤에는 불기둥으로 그들을 인도해주셨다. 하나님께서 그들을 사유하신 것은 모세의 기도를 하나님께서 들으셨기 때문이었다(출 32:7-14, 30-35). 느 9:20-21은 "또 주의 선한 영을 주사 그들을 가르치시며 주의 만나가 그들의 입에서 끊어지지 않게 하시고 그들의 목마름을 인하여 그들에게 물을 주어 40 년 동안 들에서 기르시되 부족함이 없게 하시므로 그 옷이 해어지지 아니하였고 발이 부르트지 아니하였다"는 것이다. 여기 주의 "선한 영"(רוּחֲךָ הַטּוֹבָה)이란 말은 주님께서 주시는 '선하신 성령님'이란 뜻으로 민 11:17,25에 기록되어 있는 사건을 가리킨다. 그곳을 보면 하나님께서 모세의 권위를 확증시키기 위하여 70장로에게 '예언의 신'을 임하게 하셨다. 시 32:8; 143:10. 하나님은 이스라엘의 심령을 선한 방향으로 인도해 주셨다. 우리는 항상 성령을 충만히 받아 선하게 살아야 한다. 20절 상반 절에서는 하나님께서 이스라엘인들을 성령으로 인도하신 것을 말씀했고, 이제 20절 하반절과 21절에서는 육신을 기르신 것을 말씀하고 있다. 즉, "주의 만나가 그들의 입에서 끊어지지 않게 하시고 그들의 목마름을 인하여 그들에게 물을 주어(이상 20절) 사십 년 동안 들에서 기르셨다". 육신을 기르시기를 40년 동안 하셨다. 여기 40년이란 세월은 우리의 일생을 상징하는 말이다. 40년 동안 기르시되 "부족함이 없게 하셨다". 하나님은 오늘 우리의 한 생애동안도 부족함이 없이 돌보아 주신다. "그 옷이 해어지지 아니하였고 발이 부르트지 아니하였다"는 말은 의복과 신발을 때를 때라 공급해주셨다는 뜻이다. 우리의 일상 은혜도 하나님께서 공급해주시는 것이다. 느 9:22은 "또 나라들과 족속들을 그들에게 각각 나누어 주시매 그들이 시혼의 땅 곧 헤스본 왕의 땅과 바산 왕 옥의 땅을 차지하였나이다". 이스라엘이 시혼의 땅 곧 헤스본 왕의 땅과 바산 왕 옥의 땅을 차지한 것은 이스라엘 자신이 차지한 것은 그들의 힘으로 차지한 것이 아니라 하나님께서 그들에게 각각 나누어 주신 것이었다(민 21:21-35). 하나님은 오늘 우리 한국에도 다른 나라들에게 나누어주시는 것을 볼 수가 있다. 우리의 한류가 세계로 퍼져나가는 것을 보게 된다. 오늘 우리 한국의 영향력이 세계 곳곳으로 퍼져나가 그 나라들에게 큰 영향을 주는 것을 보게 된다. 이것은 우리 성도들이 믿음으로 진실한 기도를 드릴 때 하나님께서 역사하시는 것이다. 느 9:23은 "주께서 그들의 자손을 하늘의 별같이 많게 하시고 전에 그들의 열조에게 들어가서 차지하라고 말씀하신 땅으로 인도하여 이르게 하셨다"는 것이다. 본 절도 역시 하나님께서 이스라엘을 위하여 하신 일을 두 가지로 말씀한다. 즉, 주님께서 이스라엘의 자손을 하늘의 별같이 많게 해 주셨다. 이스라엘이 야곱과 함께 애굽으로 들어갈 때는 불과 70명에 불과했었으나 애굽에서 나올 때는 남자 장정만 60만 명이 넘었다. 그래서 이제는 이스라엘이 가나안에 들어갈 때는 아이들까지 합하여 2-300만 명이 넘었다. 둘째, 하나님은 이스라엘의 열조에게 들어가서 차지하라고 말씀하신 가나안 땅으로 이르게 해주셨다. 이 모든 일은 하나님께서 이룩해 주신 일들이었다. 느 9:24은 "그 자손이 들어가서 땅을 차지하되 주께서 그 땅 가나안 주민들이 그들 앞에 복종하게 하실 때에 가나안 사람들과 그들의 왕들과 본토 여러 족속들을 그들의 손에 넘겨 임의로 행하게 하셨다". 본 절도 역시 하나님께서 하신 일을 기록한다. 하나님은 이스라엘로 하여금 가나안 땅에 들어가게 하신 다음 가나안 왕 31왕이 이스라엘 앞에 복종하게 하셨고(수 12:24), 가나안 사람들과 또 그 왕들과 본토 여러 족속들을 이스라엘 사람들의 손에 넘겨 임의로 행하게 해 주셨다는 것이다. 이런 일은 오늘도 가능한 일이다. 우리 대한민국이 비록 작은 나라이지만 주위 열강들 앞에서 꿇릴 것 없이 주위 열강들 앞에서 큰 영향력을 가지고 살아갈 수 있는 것이다. 느 9:25은 "그들이 견고한 성읍들과 기름진 땅을 점령하고 모든 아름다운 물건이 가득한 집과 판 우물과 포도원과 감람원과 허다한 과목을 차지하여 배불리 먹어 살찌고 주의 큰 복을 즐겼다". 본 절의 여러 가지 일도 하나님께서 해주신 일이었다. 이스라엘 사람들이 가나안의 견고한 성읍들과 기름진 땅을 점령해서 살았고 또 모든 아름다운 물건이 가득한 집과 판 우물(가나안은 메마른 땅이니 우물 관련 이야기는 중요한 것이었다)과 포도원과 감람원과 허다한 과목을 차지하여 배불리 먹어 살찌고 주의 큰 복을 즐기며 살게 하셨다. 느 9:26은 "그들은 순종하지 아니하고 주를 거역하며 주의 율법을 등지고 주께로 돌아오기를 권면하는 선지자들을 죽여 주를 심히 모독하였다"는 것이다. 이스라엘이 하나님의 큰 복을 받아 살게 되었음에도 하나님 앞에 순종하지 아니하고 주님을 거역하며 주님의 율법을 등져서 주 앞으로 돌아오기를 권면하는 선지자들을 죽여서 주님을 심히 모독했다(왕상 18:4,13; 19:10,14; 대하 24:21; 36:15-16). 사람은 이렇게 은혜 중에 살면서도 하나님의 은혜를 기억하지 못하고 거역하는 것이 특징이다. 느 9:27은 "그러므로 주께서 그들을 대적의 손에 넘기사 그들이 곤고를 당하게 하시매 그들이 환난을 당하여 주께 부르짖을 때에 주께서 하늘에서 들으시고 주의 크신 긍휼로 그들에게 구원자들을 주어 그들을 대적의 손에서 구원해내셨다"는 것이다. 이스라엘이 26절의 행위를 하므로 주님께서 그들을 대적의 손에 넘기셔서 그들로 하여금 곤고를 당하게 하셨다. 그들이 환난을 당하여 주님께 부르짖을 때에 주님께서 하늘에서 들으시고 주님의 크신 긍휼로 이스라엘에게 구원자 사사들을 보내어 대적의 손에서 구원해 주셨다. 그러니까 주님께서 이스라엘로 하여금 대적의 손에서 곤고를 당하게 하신 것은 이스라엘로 하여금 주님께로 돌아오게 하려 하심이었다. 느 9:28은 "그들이 평강을 얻은 후에 다시 주 앞에서 악을 행하므로 주께서 그들을 원수들의 손에 버려두셔서 원수들에게 지배를 당하게 하시다가 그들이 돌이켜 주께 부르짖으매 주께서 하늘에서 들으시고 여러 번 주의 긍휼로 건져내셨다"는 것이다. 이스라엘이 주님께 부르짖으니 주님께서 하늘에서 들으셔서(27절) 이스라엘에게 평강을 주셔서 그들이 평안한 후에 다시 주 앞에서 악을 행하였음으로 주님은 그들을 원수들의 손에 버려두셔서 원수들의 지배를 당하게 하셨다. 이스라엘은 고난을 당하는 중에 돌이켜 주께 부르짖으니 주님께서 하늘에서 들으시고 여러 번(일곱 번, 즉 옷니엘, 에훗, 삼갈, 드보라, 기드온, 입다, 삼손 때) 주님의 긍휼로 건져내셨다. 느 9:29은 "다시 주의 율법을 복종하게 하시려고 그들에게 경계하셨으나 그들이 교만하여 사람이 준행하면 그 가운데에서 삶을 얻는 주의 계명을 듣지 아니하며 주의 규례를 범하여 고집하는 어깨를 내밀며 목을 굳게 하여 듣지 아니하였나이다". 다시 주님은 이스라엘로 하여금 주님의 율법을 복종하게 하시려고 그들을 경계하셨으나 그들은 교만하여 주님의 계명을 듣지 아니하며 주님의 규례를 범하여 고집하는 어깨를 내밀며[6] 목을 굳게 해서 주님의 음성을 듣지 아니했다. 사람의 불순종을 짐승의 불순종(34번의 footnote를 보라)과 비교하는 것은 사람에게는 부끄러운 일이 아닐 수 없다. 느 9:30은 "그러나 주께서 그들을 여러 해 동안 참으시고 또 주의 선지자들을 통하여 주의 영으로 그들을 경계하시되 그들이 듣지 아니하므로 열방 사람들의 손에 넘기셨다"는 것이다. 본 절은 이스라엘이 짐승이 뻗대는 것처럼 불순종하는 것(앞 절)을 보시고 하나님께서 취하신 행위이다. 1) 이스라엘의 불순종에 대해 여러 해 동안 참아주셨다는 것. 하나님은 이스라엘의 열왕기 시대에 오래 동안 참아주셨다. 2) "주의 선지자들을 통하여 주의 영으로

---

6) "고집하는 어깨를 내밀다"는 비유는 1) 짐을 잔뜩 실은 짐승이 앞으로 끄는 주인의 뜻을 거슬러 그 자리에서 꼼짝하지 않으려 하는 자세를 가리키기도 하고(Rawlinson), 2) 황소가 멍에를 메지 않으려고 뒤로 뻗대는 행위를 뜻하기도 한다(Keil). 아무튼 심한 고집을 묘사하는 말이다.

그들을 경계하시되 그들이 듣지 않았다"는 것. 이스라엘의 열왕기 시대에 하나님은 선지자들을 보내셔서(여기 선지자들을 보내신 것은 성령을 보내신 것과 같은 것이다) 경계하셨지만 이스라엘이 듣지 않았다는 것이다. 3) 이스라엘이 계속해서 불순종함으로 하나님은 결국 이스라엘을 외국의 포로가 되게 하셨다. 북쪽 이스라엘은 주전 722년에 앗수르의 포로가 되게 하셨고, 남쪽 유대는 주전 586년에 바벨론의 포로가 되게 하셨다. 포로가 되게 하시면 정결하게 되고 회개하게 될까 해서 포로의 신세가 되게 하셨다. 하나님은 우리가 포로가 되게 만드셔서라도 돌아오게 하신다. 여러 가지 재앙(지진, 태풍, 가뭄, 홍수 등)도 큰 고통이지만 포로가 되는 것은 더 큰 고난인 것이다. 느 9:31은 "주의 크신 긍휼로 그들을 아주 멸하지 아니하시며 버리지도 아니하셨사오니 주는 은혜로우시고 불쌍히 여기시는 하나님이심이니이다". 하나님은 이스라엘의 불순종으로 외국의 포로가 되게 하셨으나(앞 절) 주님의 놀라운 긍휼 때문에 이스라엘을 아주 멸하지 아니하시며 버리시지도 아니하셨다. 본서의 저자는 주님의 긍휼을 더 자세히 설명한다. 즉, "은혜로우시고 불쌍히 여기시는 하나님이시라"고 말한다. 이스라엘의 회개 자들은 아무튼 하나님의 긍휼을 한껏 높이면서 회개한다. 우리 역시 범사에 주님의 긍휼을 바라보면서 간구해야 할 것이다. 우리는 주님의 놀라운 긍휼을 의지하여 기도해야 한다. 느 9:32-38은 회개자들은 하나님의 무한한 긍휼을 의지하고 회개한다. 느 9:32은 "우리 하나님이여! 광대하시고 능하시고 두려우시며 언약과 인자하심을 지키시는 하나님이여! 우리와 우리 왕들과 방백들과 제사장들과 선지자들과 조상들과 주의 모든 백성이 앗수르 왕들의 때로부터 오늘까지 당한 모든 환난을 이제 작게 여기지 마옵소서"라고 부르짖는다("Now, therefore, our God, the great, the mighty and awesome God, who keeps covenant and steadfast love, let not all the hardship seem little to you that has come upon us, upon our kings, our princes, our priests, our prophets, our fathers, and all your people, since the time of the kings of Assyria until this day"-ESV). 본서 저자는 우리 하나님을 네 가지로 묘사한다. 첫째, "광대하신 분"이라고 말한다. 이 우주 안에는 하나님보다 위대하신 분은 없다. 둘째, "능하신 분"(신 10:17: 사 9:6)이라고 말한다. 하나님께서 못하실 것이 없는 분이시라는 뜻이다. 셋째, "두려우신 분"(awesome God)이라고 한다. 신 10:17에 의하면 "너희의 하나님 여호와는 신 가운데 신이시며 주 가운데 주시요 크고 능하시며 두려우신 하나님이시라"고 묘사하고 있다. 그런고로 "두려우신 분"이란 말은 하나님께서 능하신 분인 고로 무시무시하신 분이시라는 뜻이다. 넷째, "언약과 인자하심을 지키시는 하나님"이라고 한다. 하나님은 이스라엘의 열조들과 세우신 언약을 파기 하시지 않고 지키시는 하나님이라는 것이다. 회개 자들은 하나님께서 열조들과 세우신 언약을 파기하시지 않고 지켜주시기를 바라고 이 말씀을 하는 것이다. 그리고 회개자들은 하나님께서 언약을 파기하시지 않고 그 언약을 지켜주시는 하나님께서 자기들의 고난 중에도 사랑하여주시기를 바라고 있다. 회개 자들은 "우리와 우리 왕들과 방백들과 제사장들과 선지자들과 조상들과 주의 모든 백성이 앗수르 왕들의 때로부터 오늘까지 당한 모든 환난을 이제 작게 여기지 마옵소서"라고 기도한다. 이스라엘 전체가 앗수르 왕들의 때로부터 오늘까지 당한 모든 환난을 작게 여기지 말아주시기를 기도하고 있다. 다시 말해 긍휼히 여겨주시기를 기도하고 있다. 우리는 항상 하나님에게 긍휼을 호소해야 할 것이다. 느 9:33은 "그러나 우리가 당한 모든 일에 주는 공의로우시니 우리는 악을 행하였사오나 주께서는 진실하게 행하셨음이니이다". 회개 자들이 우리 백성이 앗수르 왕에 의해 당한 모든 환난을 작게 여기지 마시라는 기도를 했으니(앞 절) 혹시 이스라엘이 지은 죄보다도 하나님께서 더 심하게 이스라엘에게 고통을 주신 것이 아닌가 하는 의구심이 들지 않을까 두려워 "우리가 당한 모든 일에 주는 공의로우시다"고 해설한다. 이스라엘이 아무리 심한 고난을 당했다 해도 하나님이 주신 고난이 더 크지는 않고 하나님은 공의롭게 심판하셨음을 말하고 있다. "우리는 악을 행하였사오나 주께서는 진실하게 행하셨다"고 말씀한다. 하나님은 우리가 행한 죄보다 더 심하게 심판하시지는 않는다는 것이다. 하나님은 항상 공의로우시다. 오늘 우리가 당하는 고난도 공의로우신 하나님께서 주시는 것으로 알아야 할 것이다. 느 9:34은 "우리 왕들과 방백들과 제사장들과 조상들이 주의 율법을 지키지 아니하며 주의 명령과 주께서 그들에게 경계하신 말씀을 순종하지 아니했다"고 말한다. 느 9:34-37은 주님의 공의로우심에 대해 역설한다. 본 절은 우리 왕들과 지도자들과 제사장들과 조상들이 주님의 율법을 지키지 아니하며 주님의 명령과 주님께서 그들에게 경계하신 말씀을 순종하지 아니했기 때문에 환난이 왔다는 것을 말한다. 느 9:35은 "그들이 그 나라와 주께서 그들에게 베푸신 큰 복과 자기 앞에 주신 넓고 기름진 땅을 누리면서도 주를 섬기지 아니하며 악행을 그치지 아니하였다"는 것이다. 본 절도 역시 하나님께서 베푸신 여러 은혜(큰 복을 누리고 넓고 기름진 땅을 누림)에도 불구하고 주를 섬기지 아니하였다는 것을 말씀한다. 느 9:36은 "우리가 오늘날 종이 되었는데 곧 주께서 우리 조상들에게 주사 그것의 열매를 먹고 그것의 아름다운 소산을 누리게 하신 땅에서 우리가 종이 되었나이다". 유대인들이 바사로부터 조상들이 살고 있던 고국으로 돌아왔지만 여전히 바사의 통치하에 종노릇을 하고 있다는 것이다. 몸은 풀려났지만 여전히 종의 신세로 살고 있다는 것이다. 느 9:37은 “우리의 죄로 말미암아 주께서 우리 위에 세우신 이방 왕들이 이 땅의 많은 소산을 얻고 그들이 우리의 몸과 가축을 임의로 관할하오니 우리의 곤란이 심하다”는 것이다. 회개 자들은 우리 민족의 죄로 인해 주님께서 우리 위에 세우신 이방 왕들이 이 땅의 많은 소산을 얻고 이방 왕들이 우리의 몸과 가축을 마음대로 관할하니 우리의 곤란이 심하다고 호소한다. 우리의 죄는 우리의 몸을 주관하고 우리의 심령을 주관하고 있다는 것이었다. 우리는 우리의 죄를 회개하되 우리의 몸이 달아나고 팔다리가 빠져나가는 아픔을 가지고 회개해야 한다. 그리고 우리의 영육이 십자가의 피로 젖어야 한다.

XVIII. 에스더서는 금식기도의 위력을 보여준다.

에스더 5:1-4에 나타난 금식기도의 위력

에 5:1-4에는 에스더가 주연을 베푼 일을 진술했는데 먼저 에스더가 안뜰로 나아간 일을 진술한다. 에 5:1은 "제 삼일에 에스더가 왕후의 예복을 입고 왕궁 안 뜰 곧 어전 맞은편에 서니 왕이 어전에서 전 문을 대하여 왕좌에 앉아 있었다"는 것이다. 에스더가 왕후의 예복을 입고 왕궁 안 뜰 곧 어전 맞은편에 선 그 때가 제 3일에 된 일이라고 말한다. 여기 "제 3일"이라고 진술하는 것은 에스더와 유대 민족이 금식기도를 시작한 지 3일이 지난 시기를 말하는 것이다. 3일이 되어 하나님께서 기도에 응답하실만한 시기가 되었음을 말하는 것이다. 에스더는 내시들과 함께 금식했고 또 도성 유대인들도 함께 금식을 시작한지 3일이 지났을 때, 다시 말해 하나님께서 기도 응답을 하실 시간이 되었을 때 에스더는 왕후의 예복을 입고 왕궁 안뜰 곧 어전 맞은편에 선 것이다. 때마침 왕이 어전에서 전문을 대하여 왕좌에 앉아 있다가 왕후 에스더가 뜰에 선 것을 발견한 것이다(다음 절). 이 때 왕이 어전에서 전문을 대하여 왕좌에 앉아 있다가 왕후 에스더를 발견하게 된 것도 하나님의 섭리였다. 에 5:2에는 “왕후 에스더가 뜰에 선 것을 본즉 매우 사랑스러움으로 손에 잡았던 금규를 그에게 내미니 에스더가 가까이 가서 금규 끝을 만졌다”는 것이다. 마침 아하수에로 왕이 에스더 왕후가 뜰에 서 있는 것을 보니 매우 사랑스럽게 보여 손에 잡고 있던 금규를 에스더에게 내밀자 에스더가 가까이 다가가서 그 금규의 끝에 손을 대었다. 이 때 왕의 눈에 에스더가 아주 사랑스럽게 보인 것은 그녀가 금식 끝에 나타났기 때문이었다. 하나님을 믿는 자가 금식을 하면 첫째로 하나님께서 극히 아름답게 보시고, 둘째 주위 사람들도 아름답게 보게 되는 것이다. 오늘 우리가 하나님께 아름답게 보이는 두 가지 방법이 있으니 첫째, 하나님께서 세워놓으신 십자가를 사랑하는 것이고, 둘째, 하나님 앞에 기도하는 것이다. 하나님께서 사랑하는 자에게는 하나님께서 금규를 내미신다. 그 때 우리는 하나님께서 내미시는 금규를 잡아야 한다. 우리가 금규 끝을 잡는 것은 하나님의 사랑에 반응하는 것이다. 에 5:3은 “왕이 이르되 왕후 에스더여! 그대의 소원이 무엇이며 요구가 무엇이냐. 나라의 절반이라도 그대에게 주겠노라”고 말했다. 아하수에로 왕은 자기의 금규 끝을 만진 에스더를 향하여 “그대의 소원이 무엇이며 요구가 무엇이냐 나라의 절반이라도 그대에게 주겠노라”고 말한다. “나라의 절반이라도 그대에게 주겠다”는 말은 무슨 요청이라도 허락하겠다는 왕의 총애를 표시하는 관용구였다(왕상 13:8; 막 6:23). 아하수에로 왕이 나라의 절반까지라도 주겠다며 에스더에게 말을 했으니 에스더에게는 천년에 한번 올까 말까하는 기회가 온 것이었다. 오늘 우리가 예수님의 십자가를 사랑하고 우리의 죄악을 깊이 고백할 때 이런 기회가 오는 것을 알고 항상 죄를 고백하며 살아야 할 것이다. 에 5:4은 “에스더가 이르되 오늘 내가 왕을 위하여 잔치를 베풀었사오니 왕이 좋게 여기시거든 하만과 함께 오소서"라고 말했다. 아하수에로 왕이 에스더에게 나라의 절반이라도 주겠다고 하는 약속을 듣고 에스더는 "오늘 내가 왕을 위하여 잔치를 베풀었사오니 왕이 좋게 여기시거든 하만과 함께 오소서"라고 부탁한다. 에스더는 왕에게 하만과 함께 잔치에 참여하여 달라고 부탁한다. 잔치에 참여하면 거기에서 부드러운 분위기 속에서 말을 하겠다는 것이었다. 에스더는 참으로 침착하고 계획적인 여인이었다. 사람은 침착할수록 좋다. 금식기도의 위력은 참으로 놀라운 것이다. 금식기도는 독재자의 마음도 움직이고 민족을 멸망에서 구해낼 수도 있게 하는 것이다. 에 5:5은 "왕이 이르되 에스더가 말한 대로 하도록 하만을 급히 부르라 하고 이에 왕이 하만과 함께 에스더가 베푼 잔치에 갔다"는 것이다. 왕은 즉시 명령을 내려 에스더의 말대로 하도록 곧 하만을 급히 부르라 하여 왕과 하만은 에스더가 베푼 잔치에 갔다. 왕이 이처럼 에스더가 베푼 잔치에 즉시 참석한 것은 에스더의 요구가 무엇인지 궁금해서였다. 에스더가 왕에게 나아가서 잔치 참석을 요청한 일은 결코 즉흥적이 아니었다. 에스더가 왕에게 나아가기 전에 이미 잔치를 베풀 것을 시녀들에게 준비시켰을 것이다. 에스더는 이미 금식기도를 해놓았기 때문에 그 마음이 급하지 않았고 차분하게 일을 처리해 나갔다. 금식기도를 하면 일이 잘 진척되는 법이다. 하나님을 믿는 자가 금식을 하면 첫째로 하나님께서 극히 아름답게 보시고, 둘째 주위 사람들도 아름답게 보게 되는 것이다. 오늘 우리가 하나님께 아름답게 보이는 두 가지 방법이 있으니 첫째, 하나님께서 세워놓으신 십자가를 사랑하는 것이고, 둘째, 하나님 앞에 기도하는 것이다.

에스더 6:10-14에 나타난 금식기도의 위력

에 6:10-14에는 하만이 에스더에게 패배당한 일이 진술되어 있다. 하만은 자기가 건의한 대로 모르드개에게 왕복을 입히고 왕의 말에 태워서 자신이 모르드개가 탄 말을 몰고 수산 성중을 다니며 외침으로 분명히 패배를 당한 것을 보여주었다. 에 6:10은 "이에 왕이 하만에게 이르되 너는 네 말대로 속히 왕복과 말을 가져다가 대궐 문에 앉은 유다 사람 모르드개에게 행하되 무릇 네가 말한 것에서 조금도 빠짐이 없이 하라"고 명령한다. 아하수에로 왕은 하만이 말한 대로(9절) 하나도 빼지 않고 모르드개에게 하도록 명령한다. 즉, 대궐 문에서 근무하는 유대 사람 모르드개에게 내 옷과 말을 가지고 가서 경(임금이 이품 이상의 관원을 부를 때 일컫던 호칭)이 말한 대로 하여 주시오. 경이 말한 것들 가운데서, 하나도 빠뜨리지 말고 그대로 하도록 하라고 주문한다. 하만은 왕의 주문하는 것을 듣자마자 청천벽력 같은 느낌을 느꼈을 것이다. 세상의 악인들은 세상에서 종종 청천벽력 같은 일을 당하면서 산다. 에 6:11은 "하만이 왕복과 말을 가져다가 모르드개에게 옷을 입히고 말을 태워 성중 거리로 다니며 그 앞에서 반포하되 왕이 존귀하게 하시기를 원하시는 사람에게는 이같이 할 것이라"고 했다. 하만이 왕의 옷과 말을 가지고 가서 모르드개에게 옷을 입히고 또 그를 말에 태워 성 안 거리로 데리고 다니면서 "임금님께서 높이고 싶어 하시는 사람에게는 이렇게까지 대우하신다!" 하며 외치고 다녔다. 하만은 그 얼굴이 붉으락푸르락 했을 것이다. 에 6:12은 "모르드개는 다시 대궐 문으로 돌아오고 하만은 번뇌하여 머리를 싸고 급히 집으로 돌아갔다". 성중 거리를 다닌 다음에 모르드개는 대궐 문으로 복귀했고 하만은 근심이 가득한 얼굴을 하고서 달아나듯이 자기 집으로 가버렸다. 하만이 급히 집으로 간 것은 자기 아내의 위로를 기대하고 갔다. 사실 이 때의 사람의 위로란 아무 위로가 되지 못하는 정도였을 것이다. 에 6:13은 "자기가 당한 모든 일을 그의 아내 세레스와 모든 친구에게 말하매 그 중 지혜로운 자와 그의 아내 세레스가 이르되 모르드개가 과연 유다 사람의 후손이면 당신이 그 앞에서 굴욕을 당하기 시작하였으니 능히 그를 이기지 못하고 분명히 그 앞에 엎드러지리이다"고 말해주었다. 하만은 모르드개를 임금의 말에 태워 수산 성을 돌며 모르드개를 높이고 난후 마음에 큰 상처를 받고 자기 아내와 측근들의 위로를 받으러 빨리 집으로 가서 그의 아내 세레스와 모든 친구에게 말하니 "그 중 지혜로운 자와 그의 아내 세레스가 이르되 모르드개가 과연 유대 사람의 후손이면 당신이 그 앞에서 굴욕을 당하기 시작하였으니 능히 그를 이기지 못하고 분명히 그 앞에 엎드러지게" 될 것이라고 예고한다. 모르드개를 넘어뜨리려던 하만은 금식기도를 한 모르드개와 유대인에게 이제 패하고 만 것이다. 에 6:14은 "아직 말이 그치지 아니하여서 왕의 내시들이 이르러 하만을 데리고 에스더가 베푼 잔치에 빨리 나아가니라". 말이 채 끝나기도(대책을 의논하기도) 전에 내시들이 와서 에스더가 차린 잔치에 하만을 급히 데리고 갔다. 이제는 정신 차릴 여유도 없이 에스더와 모르드개에게 패하게 된 것이다. 금식기도를 한 사람들에게는 하나님께서 특별히 역사하시니 하만은 여지없이 패하고 만 것이었다. 우리가 세상에서 위급한 상황을 만날 때는 금식기도를 하여 그 위급한 상황을 뚫고 나가야 할 것이다.

XIX. 에 8:3-8은 금식기도의 응답으로 왕이 유대인을 구원하는 것을 보여준다.

에 8:3-8에는 왕이 유대인을 구원하라는 조서를 내린 사실이 진술되어 있다. 에스더나 모르드개는 새로운 위치에 서게 되어 왕에게 하만이 내린 유대인 말살의 조서를 취소하기를 청했기에 왕은 에스더의 간곡한 애원을 허락하여 새로운 조서를 내리게 했다. 에 8:3은 "에스더가 다시 왕 앞에서 말씀하며 왕의 발아래 엎드려 아각 사람 하만이 유다인을 해하려 한 악한 꾀를 제거하기를 울며 구했다". 에스더는 또다시 왕의 발 앞에 엎드려 울면서 간청한다. 아각 사람 하만(3:1주 참조)이 유대 사람을 치려고 꾸민 악한 음모를 제거해 달라는 것이었다. 하만의 죽음(7:10)으로 모든 것이 끝난 게 아니라 그가 유대인을 해하려 한 악한 꾀를 제거해야만 했다. 우리는 세상에 남아있는 악을 그리스도에 의해 제거하면서 살아야 할 것이다. 그리스도께 기도하면 모든 악을 제거할 수 있는 것이다. 에 8:4상반 절은 "왕이 에스더를 향하여 금규를 내밀었다"는 것이다. 왕이 금규를 내미는 것은 때로는 용서한다는 뜻이고 또 때로는 승낙한다는 뜻이다(K.&D.). 지금 왕이 에스더에게 금규를 내민 것은 승락을 뜻하는 것이다. 에스더는 왕의 허락을 받은 시점에서 일어나(다음 절) 자세히 자기의 요구사항을 설명한다. 에 8:4b-5은 "에스더가 일어나 왕 앞에 서서 이르되 왕이 만일 즐거워하시며 내가 왕의 목전에 은혜를 입었고 또 왕이 이 일을 좋게 여기시며 나를 좋게 보실진대 조서를 내리사 아각 사람 함므다다의 아들 하만이 왕의 각 지방에 있는 유다인을 진멸하려고 꾀하여 쓴 조서를 철회하소서"라고 애원했다. 이 부분(4b-5)에 보면 에스더는 네 가지 동의어를 사용하여 강조한다. 즉,"왕이 만일 즐거워하시며, 내가 왕의 목전에 은혜를 입었고, 또 왕이 이 일을 좋게 여기시며, 나를 좋게 보신다면" 조서를 내리셔서 "아각 사람 함므다다의 아들 하만이 왕의 각 지방에 있는 유대인을 진멸하려고 꾀하여 쓴 조서를 철회해" 주십사 하는 것이었다. 다시 말해 하만이 저질러 놓은 조서를 아주 철회해 주시라는 것이었다. 그가 죽었다고 조서가 없어지는 것이 아니라 따로 조서를 취소해야 했다. 에 8:6은 "내가 어찌 내 민족이 화 당함을 차마 보며 내 친척의 멸망함을 차마 보리이까"라고 했다. 본절은 하만이 내린 조서를 왕이 취소해야 할 이유를 제공한다. 그 조서를 취소하지 않으면 유대 민족이 화를 당한다는 것이었다. 유대 민족이 화를 당하는 것을 에스더가 차마 볼 수 없으며 에스더의 친척이 망하는 것을 차마 볼 수가 없다는 것이었다(7:4). 에 8:7은 "아하수에로 왕이 왕후 에스더와 유다인 모르드개에게 이르되 하만이 유다인을 살해하려 하므로 나무에 매달렸고 내가 하만의 집을 에스더에게 주었다"고 말한다. 본 절은 에스더가 울면서 유대인을 구원해 달라고 애원한 (3절) 데 대한 아하수에로 왕의 대답이다. 이미 두 가지가 해결되었는데 무슨 걱정이냐는 것이다. 즉, 유대인을 살해하려한 하만이 나무에 달려 죽었고 또 하만의 집을 에스더에게 주었는데 무슨 걱정이 있어서 야단이냐는 것이다. 이제 에스더와 모르드개가 할 일은 아주 쉬운 일만 남았다고 왕은 말한다(다음 절).

에 8:8은 “너희는 왕의 명의로 유다인에게 조서를 뜻대로 쓰고 왕의 반지로 인을 칠지어다. 왕의 이름을 쓰고 왕의 반지로 인친 조서는 누구든지 철회할 수 없음이니라”고 했다. 아하수에로 왕은 에스더와 모르드개에게 두 가지를 하라고 말한다. 하나는 왕의 이름으로 유대인들에게 조서를 꾸미라고 말하고 또 하나는 왕의 반지로 도장을 치라고 말한다. 왕의 이름으로 조서를 쓰고 왕의 반지로 도장을 쳐서 관계 기관에 보내놓으면 누구든지 변경시킬 수 없다고 말한다. 금식기도를 하면 모든 것이 잘 풀린다. 세상에서 아무리 어려운 문제도 술술 풀려 잘 돌아가게 마련이다.

XX. 에 9:11-19은 유대인의 금식기도가 원수를 쳐 죽인 결과를 낳았다는 것을 말한다.

에 9:11-19에는 유대인의 대적이 멸망당한 것이 진술되어 있다. 에 9:11은 “그 날에 도성 수산에서 도륙한 자의 수효를 왕께 아뢰었다”고 말한다. 도성 수산에서 죽은 사람의 수가 그 날로 왕에게 보고되었다. 도성 수산에서 죽은 사람의 숫자가 왕에게 보고된 것은 국가의 중요한 사건들이 왕에게 보고되어야 했기 때문이었고 또한 궁중일기에 기록되어야 했기 때문이었다. 에 9:12은 “왕이 왕후 에스더에게 이르되 유다인이 도성 수산에서 이미 오백 명을 죽여 멸하고 또 하만의 열 아들을 죽였으니 왕의 다른 지방에서는 어떠하였겠느냐 이제 그대의 소청이 무엇이냐 곧 허락하겠노라. 그대의 요구가 무엇이냐 또한 시행하겠노라”고 말했다. 왕이 에스더 왕후에게 말하기를 ‘유대 사람들이 도성 수산에서만도 그들의 원수를 오백 명이나 죽였고 하만의 열 아들도 다 죽였으니 나머지 다른 지방에서야 오죽하였겠소? 이제 당신의 남은 소청이 무엇이오? 내가 그대로 들어 주리이다. 당신의 요구가 또 무엇이오? 당신이 바라는 대로 하여 주겠소’라고 한다. 아하수에로 왕이 이토록 에스더에게 후했던 이유는 하나님의 섭리였다. 에스더와 유대인들이 하나님 앞에 금식기도를 했기 때문이었다. 에 9:13은 "에스더가 이르되 왕이 만일 좋게 여기시면 수산에 사는 유다인들이 내일도 오늘 조서대로 행하게 하시고 하만의 열 아들의 시체를 나무에 매달게 하소서"라고 부탁했다. 본 절은 에스더의 마지막 소원이었다. 즉, 에스더의 소원은 두 가지였다. 하나는 내일도 오늘 조서대로 행하게 해달라는 것이었고, 또 하나는 하만의 열 아들의 시체를 나무에 매달기를 바란 것이었다. 첫째 소원은 왕의 조서가 12월 13일 하루 동안만 유대인이 그 적들을 멸하는 것으로 되어 있으므로(8:12; 9:11), 수산에서는 하루 더 연장하여 14일에도 대적을 치게 해달라는 것이었다. 에 9:14은 "왕이 그대로 행하기를 허락하고 조서를 수산에 내리니 하만의 열 아들의 시체가 매달렸다"는 것이다. 왕은 에스더의 소원대로 하라고 명령을 내렸다. 왕은 도성 수산에 에스더의 소원대로 조서를 내렸고, 하만의 열 아들의 주검을 장대에 매달았다. 에스더는 유대 민족을 하만의 손에서 완전히 구해 냈다. 에 9:15은 "아달월 십사일에도 수산에 있는 유다인이 모여 또 삼백 명을 수산에서 도륙하되 그들의 재산에는 손을 대지 아니하였다"는 것이다. 수산성의 유대 사람들은 아달월 14일에 모여 도성 수산에서만도 300 명을 죽였으나 역시 재산은 빼앗지 않았다. 죽인 사람의 숫자는 800명이었고 역시 재산에는 전날처럼 손을 대지 않았다(10절 주해 참조). 에 9:16은 "왕의 각 지방에 있는 다른 유다인들이 모여 스스로 생명을 보호하여 대적들에게서 벗어나며 자기들을 미워하는 자 칠만 오천 명을 도륙하되 그들의 재산에는 손을 대지 아니하였다"는 것이다. 도성 수산에서 2일 동안 유대인이 800명을 죽이는 동안에, 왕이 다스리는 각 지방에 있는 나머지 유대 사람들도 지방별로 함께 모여서 조직을 정비하고, 자체 방어에 들어

갔다. 그들은 원수들을 무려 75,000 명이나 죽였으나, 역시 재산에는 손을 대지 않았다. 에 9:17은 "아달월 13일에 그 일을 행하였고 14일에 쉬며 그 날에 잔치를 베풀어 즐겼다"는 것이다. 본 절은 수산성 이외의 다른 곳에서 벌어진 유대인의 이야기를 기록한다. 다른 곳에서의 유대인들은 아달월 13일에 원수들을 죽였고 14일에 잔치를 하면서 기뻐하는 날로 삼았는데 이것이 곧 부림절의 기원이 된 것이다(20-32절). 에 9:18은 "수산에 사는 유다인들은 13일과 14일에 모였고 15일에 쉬며 이 날에 잔치를 베풀어 즐겼다"는 것이다. 본 절은 수산에 사는 유대인들이 원수를 갚은 것을 말한다. 수산에서는 원수 갚는 날이 이틀이 되었으므로 13일과 14일에 원수를 갚았고 15일에 쉬면서 잔치를 베풀었다(15절 주 참조). 금식기도의 결과는 엄청난 것이었다. 에 9:19은 "그러므로 시골의 유다인 곧 성이 없는 고을고을에 사는 자들이 아달월 14일을 명절로 삼아 잔치를 베풀고 즐기며 서로 예물을 주었다"는 것이다. 다시 수산 성 이외의 다른 지방들의 축제가 벌어진 것을 말한다(17절). 성벽이 없는 여러 고을들에 사는 유대 사람들이 아달월 13일 하루만 적을 쳤고 아달월 14일을 명절로 정하고 즐겁게 잔치를 벌이면서 서로 음식을 나누어 먹었다. 그러니까 14일을 경절로 삼은 것이다. 오늘 우리는 금식기도의 위력을 알고 기도에 힘을 써서 평강 중에 살아야 할 것이다.

XXI. 에 9:20-30은 금식기도의 결과 생긴 부림절의 기원을 기록하고 있다.

에 9:20-30에는 금식기도의 결과 생긴 부림절의 기원이 기록되고 있다.

모르드개와 에스더는 부림절을 만들어 아하수에로 왕의 바사 전국에 보내어 지키게 했다. 에 9:20은 "모르드개가 이 일을 기록하고 아하수에로 왕의 각 지방에 있는 모든 유다인에게 원근을 막론하고 글을 보내어 일렀다"는 것이다. 모르드개는 이 모든 사건(1-19절)을 다 기록하여 두었다. 그리고 그는 또 원근을 막론하고 아하수에로 왕이 다스리는 모든 지방에 사는 유대 사람들에게 21-22절과 같은 글을 보냈다. 에 9:21은 "한 규례를 세워 해마다 아달월 십사일과 십오일을 지키라"고 명령한다. 한 규례를 세워서(새로운 절기를 제정하라는 뜻, 즉 지방에서는 12월 14일에, 수산에서는 15일에 지키라는 것이었음, 17-18절) 해마다 아달월 14일과 15일을 명절로 지키라는 것이었다. 에 9:22은 "이 달 이 날에 유다인들이 대적에게서 벗어나서 평안함을 얻어 슬픔이 변하여 기쁨이 되고 애통이 변하여 길한 날이 되었으니 이 두 날을 지켜 잔치를 베풀고 즐기며 서로 예물을 주며 가난한 자를 구제하라"고 했다. 본절은 부림절(지방에서는 14일, 수산에서는 15일에 지켜야 하는 일)을 제정하여 지켜야 하는 이유를 말한다. 즉, 그 날들에 유대 사람이 원수들의 손에서 벗어났으며, 그 날들에 유다 사람의 슬픔이 기쁨으로 바뀌었고 애통의 날이 잔칫날로 바뀌었으므로 모르드개는 그 이틀(지방은 14일, 수산은 15일) 동안을 잔치를 벌이면서 기뻐하는 명절로 정하고 서로 음식을 나누어 먹고 가난한 사람들에게 선물을 주는 날로 지키도록 지시하였다. 가난한 사람들에게 선물을 주는 날로 지키도록 지시한 것은 자기들도 과거의 곤경에서 구원을 받았으니 지금도 가난하여 곤경에 있는 자들을 구제하라는 것이었다. 에 9:23은 "유다인이 자기들이 이미 시작한 대로 또한 모르드개가 보낸 글대로 계속하여 행하였다"는 것이다. 그래서 유대 사람들은 자기들이 이미 자원해서 시작한 대로 그리고 다음해부터는 모르드개가 보낸 글대로 그 명절을 해마다 지켰다. 처음에는 자원한 대로, 다음부터는 모르드개가 지시한 대로 부림절을 지킨 것이다. 에 9:24은 "곧 아각 사람 함므다다의 아들 모든 유다인의 대적 하만이 유다인을 진멸하기를 꾀하고 부르 곧 제비를 뽑아 그들을 죽이고 멸하려 하였다"는 것이다. 본절부터 26절까지는 22절처럼 부림절이 제정되기까지의 과정을 언급한다. 즉, 부림절이 시작된 것은 "아각 사람 함므다다의 아들 곧 모든 유대인의 대적 하만이 유대인을 진멸하기를 꾀하고 부르 곧 제비를 뽑아 그들을 죽이고 멸하려" 한데서 시작되었다. 하만이 처음에 유대인을 모두 죽이는 날짜를 정할 때 "부르"(제비)를 뽑은 데서 시작되었다. 아무 날이나 정해서 유대인들을 죽이는 것이 아니라 부르(제비)를 뽑아서 12월 13일을 뽑은 것이었다. 에 9:25은 "에스더가 왕 앞에 나아감으로 말미암아 왕이 조서를 내려 하만이 유다인을 해하려던 악한 꾀를 그의 머리에 돌려보내어 하만과 그의 여러 아들을 나무에 달게 하였기" 때문에 생긴 것이었다. 위와 같이(24절) 제비를 뽑아서 12월 13일 날 하루를 택해서 죽이기로 했는데 그것이 유대인들에게 알려져 에스더가 왕 앞에 나아감으로 말미암아 왕이 조서를 내려 하만이 유대인을 해하려던 악한 꾀를 그의 머리에 돌려보내어 하만과 그의 여러 아들을 나무에 달게 해서 하만 측이 죽게 되었다. 이렇게 유대인들 측이 하만 측을 죽이게 되었지만 그 날짜는 변경시키지 않고 그대로 두고 부림절을 정했다. 오늘 우리가 사태를 완전히 뒤집으려면 하나님을 믿고 금식기도를 하면 된다는 것을 보여주고 있다. 에 9:26은 "무리가 부르의 이름을 따라 이 두 날을 부림이라 하고 유다인이 이 글의 모든 말과 이 일에 보고 당한 것으로 말미암아" 부림절이라고 했다. 히브리 원전에는 문장 초두에 "그러므로(עַל־כֵּן)"라는 말이 나와 있다. 따라서 본절부터 28절까지의 말은 앞부분의 결과를 드러내는 말이 된다. 그 중에도 본 절은 어떻게 해서 부림절이라는 절기 명칭이 생겼는지를 말하고 있다. 즉, 무리가 "부르"(제비)라는 말을 따라 이 두 날(지방을 위하여 14일, 수산을 위하여 15일)을 부림절이라고 하였다는 것이다. 이 모든 사건은 유대사람 스스로가 직접 보고 겪은 것이며 모르드개의 글에도 적혀 있는 것이다. 에 9:27은 "뜻을 정하고 자기들과 자손과 자기들과 화합한 자들이 해마다 그 기록하고 정해 놓은 때 이 두 날을 이어서 지켜 폐하지 아니하기로 작정했다". 그래서 유대인들은 대대로 이 두 날(14일과 15일)을 그들과 자손과 또 그들에게 귀화하는 모든 사람이 해마다 정해진 때에 글에 적혀 있는 대로 반드시 지켜야 하는 명절로 세웠다. 문장 초두의 "뜻을 정하고"(קִיְּמוּ)란 말은 21절의 "한 규례를 세워"란 말과 같은 말이다. 유대인들은 부림절의 법을 세워 단합해서 지방에서는 12월 14일, 수산에서는 12월 15일을 부림절로 정하여 대대로 지키면서 폐지하지 않기로 한 것이다. 에 9:28은 "각 지방, 각 읍, 각 집에서 대대로 이 두 날을 기념하여 지키되 이 부림일을 유다인 중에서 폐하지 않게 하고 그들의 후손들이 계속해서 기념하게 하였더라"고 한다. 본 절은 바로 윗 절(27절)과 같은 뜻이다. 즉, 이 명절은 지방이나 도시나 할 것 없이 어느 가문에서나 다 지키게 되었다는 이야기이다. 이리하여 부림절은 대대로 잊지 못할 날이 되었다. 다시 말해 부림절은 유대인들 중에서 자자손손 지키고 폐하지 않게 했다는 것이다. 학자들은 요 5:1의 절기를 부림절로 보고 부림절은 신약 시대에까지 폐하지 않고 지키게 되었다고 주장한다. 에 9:29은 "아비하일의 딸 왕후 에스더와 유다인 모르드개가 전권으로 글을 쓰고 부림에 대한 이 둘째 편지를 굳게 지키게 했다"는 것이다. 아비하일의 딸 에스더 왕후와 유대 사람 모르드개는 함께 전권을 가지고 두 번째로 편지를 써서 부림절을 확정하였다. 본절의 "전권"(תֹּקֶף)이란 말은 '권위', '권력', 혹은 '힘'이라는 뜻인데, 본절에서는 '힘을 드려', '정성을 드려'라는 뜻으로 해석하는 것이 문맥에 맞는다. 그리고 "글을 쓰고"(תִּכְתֹּב)란 말은 '글을 쓴다'는 뜻으로 여성 3인칭 단수이다. 사실은 주어가 에스더와 모르드개이니 복수를 써야 했으나 여성 단수가 되었으니 에스더가 정성을 드려 쓴 것으로 보아야 할 것이다. 그리고 "이 둘째 편지"란 말은 앞서 보낸 모르드개의 편지(20절)에 이은 것을 뜻할 것이다. "이 둘째 편지"는 모르드개가 첫째 편지를 보낸(20절) 후 몇 개월이 지난 어느 시점에서 보냈을 것이다. 다시 말해 첫째 편지(20절)를 보낸 후 얼마의 세월이 지난 후 두 번째 부림절이 돌아오기 전에 보내졌을 것으로 보인다. 그리고 "굳게 지키게 했다"는 말은 21절의 "한 규례를 세워서"와 동일한

어휘와 같은 의미의 말이다. 에 9:30은 “화평하고 진실한 말로 편지를 써서 아하수에로의 나라 127 지방에 있는 유다 모든 사람에게 보냈다(Letters were sent to all the Jews, to the 127 provinces of the kingdom of Ahasuerus, in words of peace and truth-ESV). “화평하고 진실한 말로 편지를 써서”란 말은 ‘화평과 진실을 소원하는 편지를 써서’ 아하수에로의 나라 127지방(이 표현은 팔레스틴 지방도 포함하는 말이다. 3:13)에 있는 유대의 모든 사람에게 보냈다는 뜻이다. 29절에는 에스더가 ‘힘을 드려’ 혹은 ‘정성을 드려’ 편지를 썼다고 했는데 본 절에서는 화평과 진실을 비는 말을 담아서 편지를 써서 보냈다고 말한다. 에스더는 과거의 불안하게 살았던 경험을 가지고 살았으니 이제는 유대인들에게 평화가 있기를 소원하는 말로 편지를 쓴 것이다. 그리고 그 편지에는 진실을 담아 유대인들에게 써서 보냈다. 유대 모든 사람에게 “보내어”(יִשְׁלַח)라는 말은 3인칭 남성 단수로 모르드개가 보냈다는 것을 보여준다. 편지를 쓴 것은 에스더였지만(29절) 편지를 보낸 것은 모르드개였음을 알 수 있다. 9:20-30을 살필 때 금식기도의 결과 하나의 절기가 생긴 것을 볼 수 있다. 금식기도는 기도의 위력을 드러내 준다.

XXII. 에 10:1-3은 금식기도의 위대한 결과가 나타나 유대인들이 즐거움을 가지게 되었다는 것을 기록하고 있다.

에 10:1-3에는 모르드개의 위대함이 드러난 것을 보여주고 있다. 에 10:1은 "아하수에로 왕이 그의 본토와 바다 섬들로 하여금 조공을 바치게 하였더라"고 말하고 있다. 본 절에 아하수에로 왕이 위대한 일을 한 것을 기록한 것은 모르드개로 말미암아 그렇게 위대하게 되었다는 것을 밝히기 위함이다. 다시 말해 모르드개가 2인자로 활약한 아하수에로 왕의 바사제국의 위용을 말하는 것이다. 결코 모르드개와 관련 없이 기록된 것은 아니다. "본토"란 바사의 인도로부터 구스에 이르는 127도에 달하는 바사의 본 영토를 말하는 것이다(1:1). "바다 섬들"이란 지중해 연안의 나라들과 싸이프러스(Cyprus)와 크레테(Crete)등을 위시한 도서(섬)들을 칭한다. "조공"이란 '세금'을 의미한다. 왕은 처음에는 현물로 바치게 했으나 고레스가 화폐제도를 실행한 후로는 화폐로 바치게 했다(이상근). 아하수에로 왕이 그의 본토와 바다 섬들에게서 세금을 받았다는 것은 그의 행정력이 심히 강했다는 것을 보여준다. 에 10:2은 "왕의 능력 있는 모든 행적과 모르드개를 높여 존귀하게 한 사적이 메대와 바사 왕들의 일기에 기록되었다"는 것을 말한다. "왕의 능력 있는 모든 행적"이란 말은 '아하수에로 왕의 능력 있는 모든 행적'이란 뜻인데 그러나 아하수에로 왕이 모든 행적이 다 승리로 끝난 것은 아니었다[7]. 그는 그의 부친 다리오 대왕(Darius I, 521-486 B.C. 통치)의 아들로 부왕을 계승하여 세 번째로 그리스 원정을 시도했으나 주전 479년 살라미 전투에서 대패했다. 그러나 기타 지역에서는 영토를 넓혔다. 그리고 또 내치에서도 공적이 컸다. 그는 모르드개를 높였고, 유대인들을 후대했다. 본 절의 "메대" "바사"란 말에서 바사는 원래 메대의 속국이었으나 독립하고, 도리어 메대를 지배했으나 메대국을 우대하여 바사와 같이 취급하여 대제국도 "메대, 바사 제국"이라 부르게 되었다(이상근). 에 10:3은 "유다인 모르드개가 아하수에로 왕의 다음이 되고 유다인 중에 크게 존경받고 그의 허다한 형제에게 사랑을 받고 그의 백성의 이익을 도모하며 그의 모든 종족을 안위하였더라"는 말을 한다. 본 절은 모르드개의 지위와 공적을 서술한다. 유대인 모르드개가 아하수에로 왕의 다음이 되었다는 것이다. 모르드개가 나라의 제 2인자로 총리가 되었다는 뜻이다. 모르드개는 "유대인 중에 크게 존경받고 그의 허다한 형제에게 사랑을 받았다". "유대인 중에 크게 존경받았다"는 말과 "그의 허다한 형제에게 사랑을 받았다"는 말은 동의 절이다. 그가 나라의 제 2인자가 되었으니 존경도 받았으며 허다한 형제에게 사랑을 받았다. 모르드개는 높은 자리, 그리고

---

7) 아하수에로 왕은 그리스와의 살라미 전투에서 패배한(B.C.479년) 후부터는 헤로도투스의 역사 기록에 더 이상 나타나지 않는다. 그래서 그의 행적 중 그 이후의 것에 대해서는 잘 알 수 없다. 그러나 그는 당대의 가장 강력한 군주였음이 너무도 분명하다.

사랑받는 자리에 있을 때 그의 백성의 이익을 도모했고 그의 종족(유대 민족)을 도왔다. 누구든지 자신이 잘 되었다고 생각할 때 다른 사람들을 돌보는 일을 잊지 말아야 할 것이다. 우리가 영적으로 크게 부흥할 때 다른 이들을 위하여 기도해 주어야 하며 경제적으로 여유가 있을 때 다른 이들에게 구제의 손길을 뻗쳐야 할 것이다. 금식기도의 결과는 인물의 위대함에도 크게 영향을 끼친다. 아무튼 사람은 기도한 만큼 되는 것이다.

XXIII. 욥 1:13-22은 욥에게 닥친 첫 번째 고난이 진술되었는데 이는 하나님께서 욥에게 엄청난 은혜를 주시기 위함이었다.

욥 1:13-22에는 욥에게 닥친 첫 번째 고난이 진술되어 있다. 천상 회의에서 여호와의 허락을 받고 지상으로 내려온 사탄은 욥의 생명을 건드리지 않는 범위에서 욥의 자녀들과 소유물을 쳤다. 욥 1:13은 "하루는 욥의 자녀들이 그 맏아들의 집에서 음식을 먹으며 포도주를 마실 때에" 사탄이 14-15절과 같은 사건을 일으켰다. 어느 날 욥의 맏아들이 생일을 맞이하여 음식을 먹으며 포도주를 마시고 있을 때에 사탄이 14-15절과 같은 사건을 일으켰다. 이런 즐거운 날에 사탄은 고난을 가져다주었다. 사탄은 이런 날에 분위기를 깨뜨린 것이다. 욥 1:14은 "사환이 욥에게 와서 아뢰되 소는 밭을 갈고 나귀는 그 곁에서 풀을 먹는데" 사탄이 15절과 같은 사건을 일으켰다. 일꾼 하나가 욥에게 달려와서 다급하게 알려준다. "우리가 소를 몰아 밭을 갈고 있었고 나귀들은 그 근처에서 풀을 뜯고 있었는데 다음 절(15절)과 같은 사건이 벌어졌다는 것이다. 사람이 소를 몰아 밭을 갈고 있었고 나귀들이 풀밭에서 풀을 뜯고 있는 고요한 농촌 풍경 속에서 사탄이 일을 일으킨 것이다. 욥 1:15은 "스바 사람이 갑자기 이르러 그것들을 빼앗고 칼로 종들을 죽였나이다 나만 홀로 피하였으므로 주인께 아뢰러 왔나이다"고 보고한다. 사탄은 스바 사람들(에돔에서 바사만까지에 살던 베드윈 족이었다)을 동원하여 욥의 일꾼이 밭을 갈고 있는 곳에서 가축들을 빼앗고 칼로 종들을 죽였다는 것이다. 그런데 그 현상들을 목격한 종 하나가 홀로 피했기 때문에 주인께 보고하러 왔다는 것이다. 이렇게 보고를 해주는 사람이 있는 것은 욥을 시험하기 위함이었다. 교회에서도 문제가 발생했을 때 반드시 그 현상을 보고해주는 한 사람이 있다. 그것은 사탄이 해놓은 것을 목사로 하여금 알아서 기도하라는 하나님의 섭리인 것이다. 욥 1:16은 "그가 아직 말하는 동안에 또 한 사람이 와서 아뢰되 하나님의 불이 하늘에서 떨어져서 양과 종들을 살라 버렸나이다 나만 홀로 피하였으므로 주인께 아뢰러 왔나이다"라고 보고한다. 본 절은 둘째 보고로 하늘에서 내려온 불로 말미암은 고난을 말하는 것이었다. 첫째 보고자의 말이 채 끝나기 전에 둘째 보고자가 와서 "하나님의 불이 하늘에서 떨어져서 양과 종들을 살라 버렸다"고 보고한다. 그 보고자는 "나만 홀로 피하였으므로 주인께 아뢰러 왔다"고 말한다. 둘째 보고자가 반드시 와서 보고해야 했던 이유는 욥에게 닥친 고난이 그대로 보고되어야 했기 때문이다. 본절의 "하늘의 불"이란 '벼락'을 지칭하는 것으로 보인다(민 11:1-3; 왕하 1:10; 시 21편, Rawlinson). 욥 1:17은 "그가 아직 말하는 동안에 또 한 사람이 와서 아뢰되 갈대아 사람이 세 무리를 지어 갑자기 낙타에게 달려들어 그것을 빼앗으며 칼로 종들을 죽였나이다 나만 홀로 피하였으므로 주인께 아뢰러 왔나이다"라고 보고한다. 본 절은 욥에게 내린 셋째 고난이다. 둘째 보고자가 아직 보고하고 있는 동안에 또 한 사람 곧 셋째 보고자가 나타나서 말하기를 "갈대아 사람이 세 무리를 지어 갑자기 낙타에게 달려들어 그것을 빼앗으며 칼로 종들을 죽였나이다. 나만 홀로 피하였으므로 주인께 아뢰러 왔다"고 전해준다. 여기 "갈대아 사람"이란 '앗수르와 바벨론 백성'을 일컫는 말이다. 이들은 호전적인 민족으로 사탄이 이때 이들을 사용했다. 셋째 보고자도 역시 그 난리 통에 한 사람만 남게 되었다. 사탄이 한 사람을 남긴 것은 욥에게 보고하기 위함이었다. 욥 1:18-19은 "그가 아직 말하는 동안에 또 한 사람이 와서 아뢰되 주인의 자녀들이 그들의 맏아들의 집에서 음식을 먹으며 포도주를 마시는데 거친 들에서 큰 바람이 와서 집 네 모퉁이를 치매 그 청년들 위에 무너지므로 그들이 죽었나이다 나만 홀로 피하였으므로 주인께 아뢰러 왔나이다"고 했다. 18-19절은 넷째 고난으로 들에서 토네이도(tornado-대선풍)가 일어나서 10명의 자녀가 압사 당했다는 것을 말한다. 이 토네이도도 앞 고난을 보고 하러 온 자가 아직 욥에게 말하는 동안에 일어난 고난이다. 이 바람은 아라비아 동남쪽에서 불어오는 매우 강한 바람으로 2월부터 6월까지 불고 무서운 열기를 동반하여 공중을 먼지로 채우는 선풍이다. 이 큰 바람이 집을 무너지게 해서 욥의 자녀들을 압사시킨 것이었다. 이렇게 네 가지 고난이 연거푸 닥쳐와서 욥의 소유물과 자녀들에게 덮쳤다는 것을 보고하는 사람들의 연속적인 보고 내용은 욥을 기절시키기에 충분했다. 그러나 욥은 기절하지 않았고, 오히려 차분히 하나님께 경배 드리며, 하나님을 찬송했다(20-22절). 욥 1:20은 "욥이 일어나 겉옷을 찢고 머리털을 밀고 땅에 엎드려 예배했다". 욥은 엄청난 고난에 대한 소식을 듣고 하나님을 원망하지 않고 "겉옷을 찢고 머리털을 밀고 땅에 엎드려 예배"했다. 여기 "겉옷"이란 상류층 사람들(삼상 15:27; 24:5)이나, 제사장들(삼상 28:14)이 입던 옷이었다. "겉옷을 찢은 것"은 지극한 슬픔을 표현하는 것이다(창

37:34; 수 7:6; 삼하 1:11; 3:31; 13:31; 스 9:3-5; 에 4:1). 또 "머리털을 민 것" 역시 큰 슬픔의 표시였다(스 9:3). 욥은 이렇게 엄청난 슬픔의 표시를 하고 "땅에 엎드려 예배"했다. 욥은 하나님께서 주신 시련을 겸허하게 받아드리겠다는 표시로 땅에 엎드려 예배했다. 모든 것이 하나님께로부터 온 것을 아는 자는 하나님께 엎드려 예배하는 법이었다. 욥 1:21은 "이르되 내가 모태에서 알몸으로 나왔사온즉 또한 알몸이 그리로 돌아가올지라 주신 이도 여호와시요 거두신 이도 여호와시오니 여호와의 이름이 찬송을 받으실지니이다"라고 했다는 것이다. 욥은 땅에 엎드려 하나님께 예배하며 이르기를 "내가 모태에서 알몸으로 나왔사온즉 또한 알몸이 그리로 돌아가올지라"고 말한다. 욥은 과거에 모태로부터 알몸으로 나온 것을 알고 있었다. 이제는 알몸이 그리로 돌아갈 것이라고 고백하고 있다. 그의 자녀들도 다 갔고 소유물도 다 없어졌으니 자신도 알몸이 되어 그리로 돌아가게 될 것을 말한다. 쉽게 말해 알몸으로 났으니 알몸으로 죽는다는 것이다. 그리고 욥은 자기의 죽음을 "주신 이도 여호와시요 거두신 이도 여호와시오니 여호와의 이름이 찬송을 받으실지니이다"라고 고백한다. 다시 말해 자기의 탄생과 죽음이 전적으로 하나님의 손에 의해 주장되어진다는 고백이다. 즉, 자신의 삶과 죽음에 세상의 그 어떤 것도 개입할 수 없음을 말하는 것이다. 그런고로 욥은 "여호와의 이름이 찬송을 받으실지니이다"라고 고백하고 있다. 사탄은 하나님께서 욥을 치시면 욥이 분명히 하나님을 욕할 것이라고 했으나(11절) 욥은 모든 것을 주장하시는 하나님께 찬양을 돌리고 있다. 사탄은 욥의 사건에서 실패하고 만 것이다. 우리는 항상 하나님께 감사하고 찬양하는 삶을 살아야 할 것이다. 욥 1:22은 "이 모든 일에 욥이 범죄하지 아니하고 하나님을 향하여 원망하지 아니하니라". 욥은

네 번의 큰 고난(소유물을 잃는 일, 자녀들을 잃는 일)을 만나 범죄하지 않았다. 그리고 하나님을 향하여 원망하지 아니했다. 우리가 하나님을 향하여 원망하는 일은 크게 범죄하는 것이다. 어떤 이들은 범사에 하나님을 향하여 원망한다. 큰 범죄인 것이다. 요나는 물고기 뱃속에서도 원망하지 않고 감사했다(욘 2:1-9). 우리는 어떤 환경을 만나도 그 환경에서 기도하면 하나님의 뜻이 훤히 풀려 나감을 실감할 수 있다.

XXIV. 욥 2:1-6은 욥을 위해 하늘에서 열려진 두 번째 회의에 대해서 기록한다.

욥 2:1-6에는 하늘에서 이루어진 두 번째 회의가 기록된 것을 보인다. 하나님은 왜 하늘에서 두 번째 회의를 여셨을까. 한번으로 끝내도 되시지 않았을까 하는 생각이다. 이는 아마도 하나님께서 일차 회의만으로도 욥이 실패하는 경우 거기서 멈출 의향이 있었음을 보여주는 것 같다. 욥이 1차 회의 끝에 시행된 고난에서 하나님을 욕하고 원망했더라면 하늘에서의 제 2차 회의는 필요 없었을 것이다. 그러나 욥이 그의 자녀들과 모든 소유물을 잃은 뒤에도 하나님을 원망하지 않고 감사하고 찬양했기에 하나님은 제 2차 회의를 여신 것이다. 2차 회의 결과는 욥에게 더 심한 고난이 주어진다. 우리는 어떤 고난이 닥쳐와도 하나님 앞에 감사 기도를 해야 할 것이다. 욥 2:1은 "또 하루는 하나님의 아들들이 와서 여호와 앞에 서고 사탄도 그들 가운데에 와서 여호와 앞에 서서" 회의에 참석했다는 것이다. 여기 "하루"란 말은 하늘 회의를 다 끝내고 사탄의 고난이 실패로 돌아간 후의 어느 날을 지칭하는 것으로 보인다. 여기 "하나님의 아들들이 와서 여호와 앞에 섰다"는 말은 제 1차 회의 때나 마찬가지로 천사들이 하늘 회의에 참석한 것을 드러내는 말이다. 그리고 "사탄도 그들 가운데에 와서 여호와 앞에 섰다"는 말도 제 1차 회의 때와 마찬가지로 사탄도 참석한 것을 말한다(1:6 참조). 욥 2:2은 "여호와께서 사탄에게 이르시되 네가 어디서 왔느냐 사탄이 여호와께 대답하여 이르되 땅을 두루 돌아 여기 저기 다녀왔나이다"라고 고백한다. 하나님의 질문과 사탄의 대답이 제 1차 회의 때와 똑같다(1:7 주해 참조). 욥 2:3은 "여호와께서 사탄에게 이르시되 네가 내 종 욥을 주의하여 보았느냐 그와 같이 온전하고 정직하여 하나님을 경외하며 악에서 떠난 자가 세상에 없느니라 네가 나를 충동하여 까닭 없이 그를 치게 하였어도 그가 여전히 자기의 온전함을 굳게 지켰느니라"고 하신다. 하나님은 제 2차 천상회의에서 사탄에게 "네가 내 종 욥을 주의하여 보았느냐 그와 같이 온전하고 정직하여 하나님을 경외하며 악에서 떠난 자가 세상에 없느니라"고 하시면서 사탄을 책망하신다. 하나님은 사탄에게 "네가 나를 충동하여 까닭 없이 그를 치게 하였어도 그가 여전히 자기의 온전함을 굳게 지켰느니라"고 하신다. 첫 번째 고난(욥의 소유물을 친 재난과 자녀들을 친 고난)은 공연한 고난이었다. 다시 말해 까닭 없는 고난이었다. 욥 2:4은 "사탄이 여호와께 대답하여 이르되 가죽으로 가죽을 바꾸오니 사람이 그의 모든 소유물로 자기의 생명을 바꾸올지라"고 말한다(Then Satan answered the LORD and said, "Skin for skin! All that a man has he will give for his life-ESV). 본절의 말씀은 사탄이 앞절에서 하나님으로부터 책망을 받고 대답한 말이다. 즉, 사탄이 주님께 "가죽은 가죽으로 대신할 수 있습니다. 사람은 자기 생명을 지키는 일이라면 자기가 가진 모든 것을 버립니다"라고 아뢴다. 이는 물물 교환이 통했던 당시의 상거래에서 먹혔던 격언인 듯하다. "가죽으로 가죽을 바꾼다"는 말은 심히 난해한 어구로서 두 가지 견해가 있다. 1) 하나님께서 욥의 생명을 다치지 않게 하셨음으로 욥도 하나님을 저주하지 않았다는 견해. 2) 또 다른 견해는 뒷말(사람은 자기 생명을 지키는 일이라면 자기가 가진 모든 것을 버립니다)과 연결하여 해석하면 한쪽의 것을 얻기 위해서는 그만한 값어치의 다른 것을 지불해야 한다는 것으로 욥이 자기의 생명을 다치지 않게 하기 위하여 모든 다른 자기의 소유를 희생시켰다는 것이다. 그러니 욥에게 더 강도 높은 시험을 하여 욥으로 하여금 하나님을 욕하기를 바라고 있다. 사탄은 언제나 사람이 하나님을 원망하고 불평하기를 간절히 바라고 있다. 문맥의 흐름으로 보아 2번의 견해가 더 바른 것으로 보인다(그랜드 종합 주석). 오늘도 사탄은 온 세상 사람들이 하나님을 원망하고 욕하기를 간절히 소원하고 있다. 욥 2:5은 "이제 주의 손을 펴서 그의 뼈와 살을 치소서 그리하시면 틀림없이 주를 향하여 욕하지 않겠나이까"라고 말한다. 사탄의 계속되는 대답이다. 이제 주님의 손을 펴서 욥의 뼈와 살을 치소서. 즉, 욥에게 죽을 지경의 병을 주시라는 제안이다. 그렇게 하시면 틀림없이 욥이 주님을 향하여 욕할 것이라고 부추긴다. 욥 2:6은 "여호와께서 사탄에게 이르시되 내가 그를 네 손에 맡기노라 다만 그의 생명은 해하지 말지니라"고 부탁하신다. 여호와께서 사탄의 말(3-4절)을 들으시고 사탄에게 이르시기를 "내가 그를 네 손에 맡기노라. 다만 그의 생명은 해하지 말라"고 명령하신다. 여호와께서는 사탄을 향하여 욥을 죽게 하지는 말되 큰 고난을 주라고 하신다. 오늘 우리는 여호와께서 사탄에게 무슨 일을 허락하시든지 여호와께 계속해서 기도하는 일을 쉬어서는 안 될 것이다

XXV. 욥 9:14-24은 욥이 하나님의 입장에서 논하지 말자고 주장한다.

욥 9:14-24에는 욥이 하나님의 입장에서 논하지 말자고 주장한다. 욥은 본 단락(14-24절)에서 하나님을 재판관, 자신을 재판을 받는 자로 보고 있다. 욥은 자신을 시험하고 심판하는 권능이 오직 하나님께만 있으며 욥 자신은 하나님께 대하여 항변할 권리를 가지지 못한 자로 보고 있다. 또한 지금껏 하나님께 탄원과 질문을 쏟아 부었으나 아무런 해답을 얻지 못한 자신의 처지에 대하여 한탄을 토로한 것으로도 볼 수 있겠다. 욥 9:14은 "하물며 내가 감히 대답하겠으며 그 앞에서 무슨 말을 택하랴"고 말한다. 욥은 본절에서 사탄의 큰 세력도 굴복시키는 크신 하나님에게 미미한 자신이 어찌 감히 항변을 하겠느냐고 말한다. 욥 9:15은 "가령 내가 의로울지라도 대답하지 못하겠고 나를 심판하실 그에게 기도할 뿐이라"고 말한다. 욥은 본절에서 그 자신이 아무런 죄가 없다고 할지라도 하나님에게 항변하지는 못하겠고 자기를 심판하실 하나님에게 할 일이 있다면 그것은 단지 기도할 뿐이라고 한다. 하나님에게 오직 죄를 용서해 달라는 기도밖에 다른 그 무엇을 할 수 있겠느냐고 말한다. 욥 9:16은 "가령 내가 그를 부르므로 그가 내게 대답하셨을지라도 내 음성을 들으셨다고는 내가 믿지 아니하리라"고 말한다. 욥이 하나님께 기도함으로 하나님께서 욥에게 응답하셨다고 해도 욥 자신으로서는 하나님께서 욥을 의롭게 여겨서 욥의 음성을 들으셨다고 믿지는 않겠다는 것이다. 다시 말해 욥은 기도 응답을 받는 일에 있어서도 자신의 어떤 의(義)를 전혀 인정하지 않았다. 욥은 자신이 하나님 앞에서 아무 가치도 없는 것으로 알았다. 필자 역시 하루에 2시간 정도 기도로 하나님께 드리고 있다. 그래도 필자 자신이 의롭다고 믿지 못하고 오히려 필자 자신이 죄인 중에 괴수임을 더욱 느끼며 몸부림 치고 있는 실정이다. 우리가 하나님께 기도하여 의롭게 되었으므로 하나님께서 우리에게 응답하시는 것이 아니라 우리를 불쌍히 여기셔서 응답하시는 것이다. 욥 9:17은 "그가 폭풍으로 나를 치시고 까닭 없이 내 상처를 깊게 하셨다"는 것이다. 욥은 본 절에서 '하나님께서는 조그마한 일로도 폭풍과 같이 큰 바람으로 욥 자신을 치셨고 또 욥이 알지 못하는 일로(까닭 없이) 욥의 상처를 깊게 하셨다'는 것이다. 욥은 하나님께서 왜 자기를 이렇게 치시는지 알지 못한다고 말한다. 욥 9:18은 "나를 숨 쉬지 못하게 하시며 괴로움을 내게 채우시는구나"라고 말한다. 욥은 하나님께서 자기를 숨 쉬지 못하게 하셔서 한 순간 한 순간 지내기 힘들게 하시며 또 오직 괴로움만으로 욥에게 채우셔서 지내기 힘들게 만들어주고 계신다고 말한다(7:3-6, 3-19). 그러나 그는 하나님께 항변하지 못하고 지낸다는 것이다. 욥 9:19은 "힘으로 말하면 그가 강하시고 심판으로 말하면 누가 그를 소환하겠느냐"고 말한다. 욥은 여전히 하나님의 강하심과 심판에 있어서 하나님께서 절대자이심을 말하면서 아무도 하나님에게 대항하지 못한다고 말한다. 힘으로 비교한다면 욥 자신은 아무 것도 아니고 하나님은 절대 강자이시고 또 심판으로 말하면 하나님은 절대 완전한 심판자이시니 누가 하나님을 심판장에 불러내겠느냐고 말한다. 욥 9:20은 "가령 내가 의로울지라도 내 입이 나를 정죄하리니 가령 내가 온전할지라도 나를 정죄하시리라"고 말한다. 욥은 자신이 의로울지라도 하나님께서 욥의 입을 주장하셔서 욥 자신을 정죄 하실 것이며 가령 욥 자신이 온전할지라도 하나님께서 욥을 정죄하실 것이라고 말한다. 욥은 결코 하나님의 힘에 눌려서 자신을 죄인으로 인정하는 것이 아니라 자신이 죄인인줄 알고 스스로 죄인임을 고백한다는 것이다. 욥 9:21은 "나는 온전하다마는 내가 나를 돌아보지 아니하고 내 생명을 천히 여긴다"고 말한다. 욥은 '내가 비록 흠이 없다(범죄를 저지르지 않았다)고 하더라도 무엇이 무엇인지 모르겠다. 살아 있다는 것이 구역질 날 뿐이다'고 말한다. 본 절의 "나는 온전하다마는"이란 말은 '내가 범죄를 저지르지 아니해서 온전하다고 말할 수 있지마는'이란 뜻이다. 그리고 본절의 "내가 나를 돌아보지 아니한다"(לֹא־ אֵדַע נַפְשִׁי)는 말은 '내가 나의 영혼의 형편을 잘 모르겠다'는 뜻이다(고전 4:4-5 참조). 다시 말해 '내가 무엇이 무엇인지 모르겠다'는 것이다. 욥이 이렇게 말한 것은 회복의 가능성이 없는 자신의 병세에 회의를 느끼고 체념적으로 말한 것으로 보인다. 그리고 "내 생명을 천히 여기는구나"라는 말은 욥이 언제나 자기를 근본적 의미에서는 죄인으로 알고 있기 때문에 그가 이 세상에서 반드시 의(義)에 대한 상급을 하나님에게서 받으리라고 기대하지 않는다. 선(善)에 대한 하나님의 상급을 이 세상에서 다 받는다는 것은 욥의 세 친구의 사상이다. 욥은 그런 사상을 계속해서 반대하고 있었다. 이런 이유에서도 욥은 자기 생명을 천히 여긴다는 말을 하고 있다(박윤선). 욥이 자기의 생명을 천히 여긴다는 말은 더 살기를 원하지 않는다는 뜻으로 본다. 욥 9:22은 "일이 다 같은 것이라 그러므로 나는 말하기를 하나님이 온전한 자나 악한 자나 멸망시키신다"고 결론 지을 수밖에 없다고 말한다. 욥은 '내가 보기에는 모든 것이 한 가지로만 여겨진다. 그러므로 나는 하나님께서는 흠이 없는 사람(무죄한 자, 다음 절)이나, 흠이 있어 악한 사람이나 모두 한 가지로 멸망시키신다고 결론지을 수밖에 없다'고 말한다. 그러나 사실은 모든 것이 다 똑같은 것은 아니다. 하나님께서는 욥을 특별한 사람으로 만드시려고 고난을 주신 것인데, 욥은 그 고난을 받으면서 하나님께서 온전한 자나 악한 자를 똑같이 멸망시키시는 것으로 본 것이다. 그러므로 오늘날 우리는 고난을 받는 일이 있을 때 예수님을 더욱 가까이하여 잘 믿어야 할 것이다. 욥 9:23은 "갑자기 재난이 닥쳐 죽을지라도 무죄한 자의 절망도 그가 비웃으시리라"고 말한다. 본 절은 욥이 보기에 '갑작스러운 재앙으로 온전한 자나 악한 자가 죽게 되었을 때에도 죄 없는 자가 재앙을 받는 것을 보시고 하나님께서 비웃으실 것이라'고 말한다. '죄 없는 자가 재앙을 받는 것을 보시고 하나님께서 비웃으실 것이라'고 했는데 이런 현상은 욥이 보기에 그런 것처럼 보인 것이고 실제로 하나님은 성도가 죽는 것을 보시고 아주 귀하게 여기신다(시 116:15). 욥은 훗날 잘 되었다. 욥 9:24은 "세상이 악인의 손에 넘어갔고 재판관의 얼굴도 가려졌나니 그렇게 되게 한 이가 그가 아니시면 누구냐"고 말한다. 세상이 악한 권세자의 손에 넘어갔고 주님께서 재판관의 눈을 가려서 제대로 판결하지 못하게 하셨다. 이 두 가지 일(세상이 악인의 손에 넘어간 일, 재판관의 눈이 가려진 일)을 하나님께서 안 하셨다면 누가 했다는 말이냐? 다시 말해 순전한 의인이 악인의 손에 붙인 바 되어 탄압을 받고 있고(합 1:3 참조), 이런 부정을 바로 잡아 줄 재판장도 얼굴을 가려 방관시하고 있으니 이런 부정한 사태의 궁극적 책임자는 하나님이 아니시냐는 회의론이다. 이 세상의 공의의 질서가 무너지고(22절), 하나님은 의인의 고난을 냉소하시니(23절), 하나님이야말로 이 부정한 세상의 책임자가 아니냐는 강한 항변이다(이상근). 욥이 한참 고난을 받을 때 앞으로 소망이 없을 것 같이 보여 본절과 같은 말을 한 것이다. 실제는 하나님께서 모두 판단하고 계신다. 오늘 우리는 하나님께서 어떻게 처리하신다 해도 우리는 기도할 뿐이라는 것이다. 우리가 할 일이 무엇이 있겠는가? 그저 기도할 뿐인 것이다.

XXVI. 욥 9:25-10:6은 욥의 생애가 너무 빠르니 기도해야 한다는 것을 말한다.

욥 9:25-10:6에는 욥이 탄식하는 말이 기록되어 있다. 욥은 이제 자신이 죽게 되었다고 생각하면서 이제는 모두 끝난 것으로 알아 탄식에 빠진다. 욥 9:25은 "나의 날이 경주자보다 빨리 사라져 버리니 복을 볼 수 없다"고 말한다. 본 절의 "경주자"(רָץ)란 말은 '전령자'(傳令子)란 뜻이다. 고대 바사에는 빠른 전령자들이 있어 왕의 조서 같은 것을 교대로 달려 아주 빨리 전달했다는 것이다(대하 30:6; 에 3:13; 8:10,14). 욥은 자신의 생애의 나날이 경주자보다 더 빨리 지나가 버리니 복을 볼 수 없다고 말한다. 욥 9:26은 "그 지나가는 것이 빠른 배 같고 먹이에 날아 내리는 독수리와도 같다"고 말한다. 욥은 자기의 한 생애의 빠른 속도가 경주자보다 더 빠를 뿐(앞 절) 아니라 "빠른 배"와 같고 "먹이를 잡으려 내려오는 독수리" 같이 빠르다고 말한다. 욥은 인생의 빠름을 육지의 전령자와 강의 배와 공중의 독수리에 비하고 있다. 오늘 우리의 날들도 욥이 느꼈던 것처럼 아주 빨리 지나가고 있다. 그래서 성경은 우리를 향하여 세월을 아끼라고 권고한다(엡 5:16). 우리는 이렇게 빠른 세월에서 기도로 일관해야 할 것이다. 욥 9:27-28은 “가령 내가 말하기를 내 불평을 잊고 얼굴빛을 고쳐 즐거운 모양을 하자 할지라도 내 모든 고통을 두려워하오니 주께서 나를 죄 없다고 여기지 않으실 줄을 아나이다”라고 말할 것이다. 본 절은 욥이 무슨 일을 가상해 보려 해도 하나님 때문에 실패로 돌아간다는 것을 말한다. 즉, 욥 자신이 지금까지 있었던 모든 불평을 잊어버리고 또 얼굴빛을 완전히 고쳐 환하게 만들어 아주 기쁜 체 한다고 하더라도 욥에게 있는 고통을 두려워한다는 것이다. 욥에게 있는 그 고통은 바로 여호와께서 욥 자신을 죄 없다고 여기지 않으시는 증거이기 때문이었다. 오늘 우리는 하나님 앞에서 죄가 있음을 알아도 우리가 예수 그리스도의 십자가 대속을 믿으면 하나님께서 죄 없다고 취급해주시고 의롭다고 여겨 주시니 얼마나 감사한지 형언할 길이 없다(요 14:27; 16:33; 빌 4:1). 욥 9:29은 “내가 정죄하심을 당할진대 어찌 헛되이 수고하리이까”라고 말한다. 욥의 고통이 계속되는 것은 그가 정죄를 받는 것과 같은 것이니(28절) 욥 자신이 애써 불평을 잊어보고 또 얼굴을 고쳐 기쁜 체 하는 일 같은 것을 포기한다는 것이다. 애써 수고해도 헛되다는 것이었다. 인위적인 노력은 헛되다는 것이다. 욥은 자기 고통의 이유를 하나님의 정죄의 표시로 알았다. 하지만 하나님께서는 그에게 놀라운 영적 경험을 통해 큰 복을 주시고자 하셨다. 그러나 아직 그는 그 사실을 알지 못했다. 욥은 훗날에 가서야 알게 되었다(42장). 욥 9:30은 “내가 눈 녹은 물로 몸을 씻고 잿물로 손을 깨끗하게 할지라도” 소용없다는 것이다. 본 절은 욥이 자기의 죄를 완전히 씻기 위하여 “눈 녹은 물로 몸을 씻고 잿물로 손을 깨끗하게 할지라도” 소용없다(다음 절)는 것이다. 여기 “눈 녹은 물”도 깨끗한 물이고, “잿물”도 역시 깨끗하게 씻기는 세제(洗劑)이다. 그러나 이런 세제들로 손을 깨끗하게 씻어보아도 아무 소용없다는 것이다. 하나님께서 욥을 개천에 빠지게 하시면 손보다 더 더러워진다는 것이다. 그러니까 인위적인 정결법은 모두 헛되다는 것이다. 욥 9:31은 "주께서 나를 개천에 빠지게 하시리니 내 옷이라도 나를 싫어하리이다"라고 말한다. 본 절의 "주께서 나를 개천에 빠지게 하시리니"란 말은 인위적으로 깨끗한 척 하는 자는 더 정죄를 받는다는 뜻이다. "내 옷이라도 나를 싫어하리이다"란 말은 욥이 입은 옷까지도 욥을 싫어할 것이란 뜻이다. 이 말은 옷도 더러워져 싫어함을 당한다는 뜻이 아니라 욥이 입은 옷이 욥을 싫어하게 될 것이란 뜻이다. 그러니까 인위적인 정결(자기 의)은 실제로 성결에 이르지 못하고 헛되이 끝난다는 뜻이다. 사람의 정결은 성령에 의해 되는 것이다(빌 3:3). 인생의 자기 의(義)는 영원히 의에 이르지 못하고 실패하고 만다. 욥 9:32-33은 "하나님은 나처럼 사람이 아니신즉 내가 그에게 대답할 수 없으며 함께 들어가 재판을 할 수도 없고 우리 사이에 손을 얹을 판결자도 없다"고 말한다. 욥은 32절과 33절에서 하나님과 논쟁해보려는 것이 무의미하다는 것을 다시 한 번 언급한다. 욥이 이와 같이 언급하는 이유는 1) 하나님은 인간이 아니시고 한없이 높으신 존재라는 것, 2) 하나님과 인간 사이에 해결해 줄 중보자가 없다는 것이다. 바로 여기에 우리의 중보자가 반드시 하나님이시오, 인간이어야 할 이유가 있다. 이 중보자의 요건을 만족시키는 분이 바로 참 하나님이시오, 참 인간이신 예수 그리스도이시다(딤전 2:5,6; 요일 2:1, 그랜드 종합 주석). 본 절의 "판결자"라는 말은 '양편의 말을 듣고 판결하는 재판관'을 지칭한다. 그러나 본 절에서는 '중보자'라는 뜻이다. 욥은 하나님과 자기 사이에 중보자가 필요함을 절감하고 있다. 오늘 우리는 하나님과 우리 사이에 중보자가 계심을 한없이 감사해야 할 것이다. 욥

9:34은 "주께서 그의 막대기를 내게서 떠나게 하시고 그의 위엄이 나를 두렵게 하지 아니하시기를 원하노라"고 말한다. 욥은 하나님 앞에 바라는 것이 있다. 그것만 이루어지면 하나님 앞에 두려움이 없이 자기변명을 하겠다는 것이다. 본 절의 "막대기"와 "위엄"이란 말은 동의어로 사용되고 있다. 여기 "막대기"는 '징벌의 막대기'를 지칭한다(21:9; 사 10:5; 애 3:1). 그리고 "위엄"(dread)이란 말은 '하나님을 두려워하는 것'이란 뜻으로 욥은 하나님께 욥 자신을 치는 징계의 막대기와 그를 두려워하는 것을 제거해 주시기를 바라고 있다. 욥 9:35은 "그리하시면 내가 두려움 없이 말하리라. 나는 본래 그렇게 할 수 있는 자가 아니니라"고 말한다. 본 절에서 욥은 하나님께서 징계의 막대기를 치워주시고 또 하나님을 두려워하는 것을 치워주신다면(앞 절) 욥 자신이 두려움 없이 말하겠다는 의사를 드러낸다. 그러나 욥 스스로는 그렇게 할 수 있는 자가 아니라고 말한다. 하나님께서 해주셔야지 욥 스스로는 그렇게 할 수 있는 위인이 되지 못한다는 것이다. 오늘날 우리는 우리의 중보자가 계시니 그 중보자의 역할을 믿고 하나님 앞에 담대히 나아갈 수 있게 되었다(요 14:6; 히 10:19-22). 욥 10:1은 "내 영혼이 살기에 곤비하니 내 불평을 토로하고 내 마음이 괴로운 대로 말하리라"고 말한다. 욥은 '산다는 것이 이처럼 괴로우니 나는 이제 내 불평을 참지 않고 다 토해내어 내 괴로움을 입으로 다 말하려 한다'고 말한다. 본 절의 "곤비하니"란 말은 살기가 너무 힘들어 기진맥진하게 된 것을 뜻한다(창 27:46; 왕상 19:4; 욘 4:8). 그리고 "내 마음이 괴로운 대로 말하겠다"는 말은 "내 마음에서 괴로움을 느끼는 대로 말하리라"는 말과 동의어이다. 욥이 자기의 마음에서 괴로움을 느끼는 대로 말하리라는 말은 결코 하나님을 향해서 원망하겠다는 뜻은 아니다. 단지 하나님을

향해서 괴로움을 토해내겠다는 뜻이다. 만약 그가 하나님을 향해 원망했다면 그의 원망이 죄가 되어 훗날의 회복은 전혀 기대할 수 없는 일이 되었을 것이다(42장, 서론). 오늘 우리는 우리의 속에 있는 괴로움을 하나님 앞에 모두 토해낼 수 있는 것이다. 그러면 하나님은 우리의 괴로움을 다 해결하여 주신다. 욥 10:2은 "내가 하나님께 아뢰오리니 나를 정죄하지 마시옵고 무슨 까닭으로 나와 더불어 변론하시는지 내게 알게 하옵소서". 욥은 '내가 하나님께 아뢰겠사오니 나를 죄인 취급하지 말아주십시오. 무슨 까닭으로 나 같은 자와 다투시는지 알려 주십시오'라고 기도한다. 욥은 하나님께서 자신을 정죄하시는 것을 가장 싫어했다. 욥은 하나님께서 자신을 정죄하셔서 소유물을 다 빼앗아가셨고 자녀들을 다 빼앗아 가셨으며 또 건강도 빼앗아 갔다고 알았기 때문에 하나님께서 정죄하시는 것을 제일 두려워했다. 욥은 "무슨 까닭으로 나와 더불어 변론하시는지 내게 알게 하옵소서"라고 애원한다. 여기 "변론한다"는 말은 하나님께서 욥과 '다투신다'는 뜻인데, 욥은 하나님께서 왜 욥을 괴롭게 하시는지 알게 해 주시라고 말씀드린다. 욥은 왜 하나님께서 자신을 괴롭히시는지 알게 해 주시라고 애원한 것이다. 욥 10:3은 "주께서 주의 손으로 지으신 것을 학대하시며 멸시하시고 악인의 꾀에 빛을 비추시기를 선히 여기시나이까"라고 말한다. 3절과 4절 그리고 5절은 질문 형식이지만 대답을 요구한 질문 형은 아니다. 이는 수사적 표현으로 욥은 이 세 질문을 하면서 오히려 자신의 견해를 강하게 피력한다. 욥은 '주님께서 손수 만드신 이 몸에 대해서는 학대하시고 멸시하시면서도 악인이 세운 계획은 아주 잘 되게 하시니 그것이 주님께 무슨 유익이라도 되는지요'라고 애절한 마음을 표한다. 욥은 하나님께서 자신의 소유물과 자녀들과 건강을 빼앗아 가신 일들을 다른 이들의 잘 되는 일들과 비교하면서 그러시는 이유를 알기를 간절히 소원한다(14:15; 34:19; 시 138:8). 본절도 역시 욥이 하나님을 향하여 원망하는 말은 아니다. 서론 참조. 욥 10:4은 "주께도 육신의 눈이 있나이까 주께서 사람처럼 보시나이까"라고 말한다. 욥은 '주님께서 사람들이 가지고 있는 눈이라도 가지고 있으신지요. 주님께서도 매사를 사람이 보듯이 보시기라도 하는 것인지요'라고 질문한다. 이 질문은 대답을 요구하는 질문을 한 것이 아니라 그저 간절한 마음을 표한 것뿐이다. 욥은 '주님께서 사람의 눈을 가지지 않으신 것을 알면서도 사람처럼 눈을 가지고 판단하시기 때문에 3절과 같은 실수를 범하시는 것 아닌가'라고 묘사한 것이다. 욥은 주님께서 자신을 바로 보아주시라는 뜻을 애절히 요청한다. 욥 10:5-6은 "주의 날이 어찌 사람의 날과 같으며 주의 해가 어찌 인생의 해와 같기로 나의 허물을 찾으시며 나의 죄를 들추어내시나이까"(Are your days as the days of man or your years as man's years, that you seek out my iniquity and search my sin-ESV). 욥은 '주님의 날도 사람이 누리는 날처럼 짧기라도 한 것인지요. 주님의 햇수가 사람이 누리는 햇수와 같이 덧없는 햇수인지요. 그렇지 않다고 하면 어찌하여 주님께서는 기어이 내 허물을 찾아내려고 하시며 내 죄를 들추어내려고 하시는 것인지요'라고 탄식한다. 욥은 '짧은 세월을 살고 있는 인생이 어떤 기간 안에 남의 죄를 알아보기 위하여 서두르는 것처럼 하나님께서 욥 자신을 심사하실 필요가 없지 않으신가'하고 탄식한다. 다시 말해 욥은 자신에게 미친 환난의 가혹함, 연속성, 지속성 등과 같은 사실이 하나님의 영원성과는 모순되고 있음을 지적하면서 하나님의 날이 인간의 날과 다른데 하나님은 어찌하여 세상 지배자들이 죄를 속히 들추어내기 위해 극심한 고문을 가하듯이 견딜 수 없는 고난을 주어 욥 자신의 죄를 들추어내려 하시느냐고 탄식하고 있다. 그러나 이 말씀도 애절하게 탄식하는 것이지 하나님을 원망하는 것은 아니다. 서론 참조. 욥 10:7은 "주께서는 내가 악하지 않은 줄을 아시나이다 주의 손에서 나를 벗어나게 할 자도 없나이다"라고 말한다. 욥은 '내게 죄가 없다는 것과, 주님의 손에서 나를 빼낼 사람이 없다는 것을 주님께서도 아시지 않습니까?'라고 말한다. 욥은 자기에게 그 환난을 가져올만한 죄가 없다는 것을 알고 있었다. 그리고 욥은 주님의 손에서 욥 자신을 해방시킬 자도 없음을 알았다. 욥은 하나님 앞에서 원망하는 것이 아니라(서론 참조) 하나님 앞에 잡혀 있는 사실을 탄식하는 것이다.

XXVII. 욥 11:7-12은 사람이 기도를 통하여 하나님의 일부만 알 수 있다고 말한다.

욥 11:7-12에는 하나님의 오묘함을 어찌 능히 측량하겠느냐는 말씀이 진술되어 있다. 하나님은 하늘, 스올, 땅, 바다보다 크고 위대하시니 욥을 포함한 모든 인생이 알 수 없다는 내용이다. 또 하나님께서 하시는 일을 무시하는 것은 허망한 짓이다. 욥 11:7은 소발이 "네가 하나님의 오묘함을 어찌 능히 측량하며 전능자를 어찌 능히 완전히 알겠느냐"고 말한다. 소발은 욥을 향하여 '당신이 하나님의 오묘함(חֵקֶר, 깊은 것)을 어찌 능히 측량하며 전능자 하나님을 어찌 능히 온전히 알겠소'라고 도전한다(롬 11:33 참조). 사람은 하나님을 전적으로 파악하지는 못한다. 계시에 의하여 그저 일부만 알뿐이다. 그것도 많은 기도를 통하여 조금 아는 정도이다. 욥 11:8-9은 "하늘보다 높으시니 네가 무엇을 하겠으며 스올보다 깊으시니 네가 어찌 알겠느냐 그의 크심은 땅보다 길고 바다보다 넓으니라"고 말한다. 본 절의 "하늘"이나 "스올"이나 "땅"이나 "바다" 등은 모두 피조물이다. 하늘은 높은 것의 대명사, 스올은 깊은 것의 대명사, 땅과 바다는 넓은 것의 대명사다. 이것들은 창조주 하나님께서 지으신 것들이니 이것들을 지으신 하나님은 이런 것들보다 상상할 수 없는 정도로 위대하시니 우리가 어찌 하나님을 다 알 수 있겠느냐는 것이다(요일 3:20). 하나님의 위대하심은 우리가 그 무엇으로도 다 설명할 수 없다. 그저 알 수 없다는 말밖에 할 수 없는 것이다. 욥 11:10은 "하나님이 두루 다니시며 사람을 잡아 가두시고 재판을 여시면 누가 능히 막을소냐"고 말한다. 소발은 욥에게 '하나님이 두루 지나다니시며 죄를 지은 사람마다 쇠고랑을 채우고 재판을 여시면 누가 감히 막을 수 있겠느냐?'고 말한다. 하나님은 절대적으로 의로우시고 또 절대적으로 주권을 행사하시는 분이시다. 욥 11:11은 "하나님은 허망한 사람을 아시나니 악한 일은 상관하지 않으시는 듯하나 다 보시느니라"고 말한다. 소발은 '하나님은 어떤 사람이 잘못하는지를 분명히 아시고 악한 일을 하는 사람을 보시면 곧바로 분간하신다'고 말한다. 본문의 "허망한"(שָׁוְא)이란 말은 '거짓된', '허무한'이란 뜻이다. 여기 "허망한 사람"이란 말은 욥을 지칭하는 말이다. 소발은 욥을 정죄하는 것을 아주 흥미롭게 생각했다. 욥 11:12은 "허망한 사람은 지각이 없나니 그의 출생함이 들나귀 새끼 같으니라"(וְאִישׁ נָבוּב יִלָּבֵב וְעַיִר פֶּרֶא אָדָם יִוָּלֵד:, But a stupid man will get understanding, when a wild donkey's colt is born a man!-ESV). 카일과 델리취(K.&D.)는 본절 해석을 위해 여러 학자(게세니우스, 올스하우젠, 스티켈, 히르첼, 홉펠트)의 해석을 소개한 후 마지막으로 욀러(Oehler)의 해석을 들면서 욀러의 해석이 우리에게 제일 좋은 의미를 전달한다고 했다. 즉, "그러나 허망한 사람은 마치 들 나귀 새끼가 사람으로 태어나는 일이, 말하자면 다시 태어나는 일이 거의 없는 것과 마찬가지로 거의 감각이 주어지지 않았다"고 해석했다. 소발은 이 말로 욥을 공격한 것이다. 남을 정죄하기 좋아하는 사람은 소발처럼 다른 이를 향해 '머리가 비어 있다', '석두(石頭)이다', '그 사람 머릿속에는 오물밖에 없다'고 떠들어댄다.

XXVIII. 욥 11:13-20은 소발이 욥에게 기도하여 죄를 버리면 모든 복이 임한다고 말한다.

욥 11:13-20에는 소발이 욥의 회개를 권면하는 말이 나온다. 소발은 욥을 원색적으로 비난한(7-12절) 후 엘리바스(5:17-27)나 빌닷(8:20-22)처럼 욥에게 회개를 권한다. 욥 11:13은 "만일 네가 마음을 바로 정하고 주를 향하여 손을 들 때에" 악을 버리라고 권한다. 소발은 욥을 향하여 '네가 일심 순종의 결심으로 하나님께 나아가서(삼상 7:3; 대하 16:9; 약 1:6-8) 여호와를 향하여 기도하는 중에(시 28:2; 63:4; 애 2:19)' 다음 절처럼 악을 버리라고 권고한다. 오늘 우리도 하나님만 사랑하는 마음으로 하나님께 나아가서 기도하여 죄를 아주 멀리 버려야 할 것이다. 욥 11:14은 소발은 "네 손에 죄악이 있거든 멀리 버리라. 불의가 네 장막에 있지 못하게 하라"고 권한다. "손에 죄악이 있거든"이란 말은 '손을 들어 기도하기에(절절) 앞서 손에 죄악이 있거든 이를 멀리 버리라'는 말이고(이상근), '손으로 행하는 모든 악행'을 버리라는 뜻이다(박윤선). 본 절의 "불의가 네 장막에 있지 못하게 하라"는 말은 '욥 개인뿐 아니라 욥의 집에도 불의가 있을 수 있으니 집에도 불의가 있거든 그 모든 불의를 멀리 버리라'

는 뜻이다. 소발이 이 말을 하는 이유는 욥의 열 명의 자녀들이 압사 당해 죽은 것을 그들의 죄 때문에 일어난 것으로 보았기 때문이다. 소발의 이 말은 욥에게는 해당되지 않는 말이다. 욥 11:15은 "그리하면 네가 반드시 흠 없는 얼굴을 들게 되고 굳게 서서 두려움이 없을 것이라"고 한다. 본 절 초두의 "그리하면"(surely then)이란 말은 앞 절들(13-14절)에 나오는 '회개하면'이란 말과 같은 뜻으로, "그리하면"이란 말 다음에는 19절까지의 여러 결과(복)가 뒤따라 나온다. 즉, 회개하면 '욥 자신도 아무 부끄러움 없이 얼굴을 들 수 있다는 것이며, 욥의 마음이 편안해져서 두려움이 없어질 것이라'고 말한다(잠 28:1). 욥 11:16은 "곧 네 환난을 잊을 것이라 네가 기억할지라도 물이 흘러감 같을 것이라"고 말한다. 회개하면(13-15절) "환난을 잊게 될 것"이라고 말한다. "환난을 잊을 것이라"는 말은 '환난이 아주 멀리 물러갈 것이라'는 뜻이다. 어느 정도 물러가는가 하면 기억해 보려고 해도 물이 일단 흘러가면 다시 위로 올라오지 않는 것처럼 환난이 결코 오지 않는다는 뜻이다(호 6:1-3 참조). 욥 11:17은 "네 생명의 날이 대낮보다 밝으리니 어둠이 있다 할지라도 아침과 같이 될 것이라"고 말한다. 회개하면(13-15절) "네 생명의 날이 대낮보다 밝아질 것이라"고 한다. 이 말은 '앞날이 형통하리라'는 비유적 표현이다(박윤선). "어둠이 있다 할지라도 아침과 같이 될 것이라"는 말은 '어둠은 새 아침처럼 밝아진다'는 뜻으로 환난은 간곳없이 사라지고 형통한 날이 온다는 뜻이다. 욥 11:18은 "네가 희망이 있으므로 안전할 것이며 두루 살펴보고 평안히 쉬리라"고 말한다. 회개하면(13-15절) '욥 자신에게 희망이 있으므로 안전하게 될 것이라'고 한다. 이 말은 욥 자신에게 희망이 넘치는 앞날이 있다는 뜻으로 항상 안전하게 살게 된다는 뜻이다. 그리고 "두루 살펴보고 평안히 쉬리라"는 말은 '두루 살펴보아도 환난이 없고 평안이 찾아온 것을 알고 평안히 쉴 수 있게 될 것이라'는 뜻이다. 욥 11:19은 "네가 누워도 두렵게 할 자가 없겠고 많은 사람이 네게 은혜를 구하리라"고 말한다. 회개하면(13-15절) "네가 누워도 두렵게 할 자가 없을 것이라"고 한다. 다시 말해 하나님께서 성도를 보호하시기 때문에 평안히 잘 수도 있게 된다는 뜻이다. 그리고 회개하면(13-15절) "많은 사람이 네게 은혜를 구하리라"는 말은 '많은 사람이 네게 잘 보이려고 할 것이다', '많은 사람이 네게 총애를 구할 것이다'(many will court your favor-ESV)는 뜻이다. 즉, 주위의 많은 사람들이 욥에게 혜택을 얻기 위해 잘 보이려 한다는 뜻이다(잠 19:6). 그러나 애석하게도 13-19절까지의 진리는 욥에게 해당되지 않는 이야기이다. 그러나 일반적 진리임에는 틀림없다. 욥 11:20은 "그러나 악한 자들은 눈이 어두워서 도망할 곳을 찾지 못하리니 그들의 희망은 숨을 거두는 것이니라"는 것이다. 소발은 욥을 향하여 '그러나 악한 사람들은 눈이 멀어서 도망칠 길마저 찾지 못할 것이다. 악한 자들의 희망이라고는 다만 마지막 숨을 잘 거두는 일뿐이라'고 말한다. 본절 초두의 "그러나"라는 말은 소발의 마음속에 욥이 앞서 회개하도록 권고 받은 내용들(13-19절)과는 현저히 다른 운명을 맞이하게 될 것이라는 의미의 아주 독살스러운 말, 즉 욥을 악담하기 위한 첫 음성이다. 그러나 욥은 악인이 아니었다. 그는 큰 은혜를 얻기 위해 하나님으로부터 엄청난 고난을 받고 있는 중이었다.

XXIX. 욥 12:13-25은 하나님께서 전능하신 분이시니 기도로 그 분을 알라는 말이 진술되어 있다.

욥 12:13-25에는 하나님의 무한한 지혜와 권능에 대해 진술되어 있다. 이 부분(13-25절)은 하나님의 무한한 지혜와 권능에 대하여 진술한다. 욥 12:13은 "지혜와 권능이 하나님께 있고 계략과 명철도 그에게 속하였다"고 말한다. 욥은 '지혜와 권능은 본래 하나님의 것이며 슬기와 이해력도 하나님께 속해 있다'고 말한다. 본 절의 "지혜"(חָכְמָה)란 자연의 이치, 존재하는 사물의 실재를 파악하는 능력을 지칭한다. 그리고 "권능"(גְבוּרָה)이란 지혜로우신 하나님께서 가지고 계신 계획과 목적과 결정을 실행하실 수 있는 능력을 의미한다. 그리고 "계략"(עֵצָה)은 목적을 달성하는 최선의 방법을 망설이지 않고 결정하는 힘을 의미한다. 그리고 "명철"(תבוּנָה)은 옳고 그릇된 것과 정결하고 부패한 것을 바닥까지 꿰뚫어 분별하시는 힘을 의미한다. 하나님은 이런 것들(지혜, 권능, 계략, 명철)이 속성적으로 갖추어 가지고 계신다. 욥 12:14은 "그가 헐으신즉 다시 세울 수 없고 사람을 가두신즉 놓아주지 못하느니라"고 말한다. 욥은 '하나님께서 헐어 버리시면 그것을 세울 인간이 없고, 하나님께서 사람을 가두시면

풀어 줄 인간이 없다'고 말한다. 하나님은 세우시고 헐으시며 가두시고 놓으신다. 하나님께서는 권능이 무한하신즉 모든 것을 행하신다. 바벨탑도 하나님께서 헐으신즉 사람이 다시 세우지 못했다(창 11:7-9). 하나님께서 가두시면 아무도 풀어놓지 못한다(11:10). 욥 12:15은 "그가 물을 막으신즉 곧 마르고 물을 보내신즉 곧 땅을 뒤집나니"라고 말한다. 욥은 '하나님이 물길을 막으시면 땅이 곧 마르고 물길을 터놓으시면 땅을 송두리째 삼키신다'고 말한다. 하나님은 절대적인 권능을 가지고 계신다. 즉, 하나님께서는 한재와 홍수를 자유로이 내리시는 분이시다. 하나님께서 비를 내리지 않으시면 땅은 곧 말라 사막이 되고, 많은 물을 내리시면 땅은 물로 범람하여 땅이 뒤집히고 말게 되는 것이다(신 11:17; 왕상 8:35; 17:1). 욥 12:16은 "능력과 지혜가 그에게 있고 속은 자와 속이는 자가 다 그에게 속하였다"는 것이다. 욥은 '능력과 지혜가 그분의 것이니, 속는 자와 속이는 자도 다 그분의 통치 아래에 있다'고 말한다. 여기 "능력"(עֹז)은 '힘'(strength)이란 뜻이고 "지혜"(תּוּשִׁיָּה)란 말은 12절의 지혜란 말과 다른 낱말로 번역자에 따라 다른 번역을 시도했다. 즉, 70인역(LXX)은 '능력'으로 번역했고, 시리아 역과 아람 역은 '지혜'(호크마타)로 번역했으며, 포우프(M. H. Pope)는 '승리'로 번역했고, 미국 표준역은 '건전한 지혜'(sound wisdon-ESV)로 번역했다. 그런고로 '지혜'란 말로 번역하는 수밖에 없을 것이다. "속은 자(잘못된 길로 인도된 자)와 속이는 자가 다 그에게 속하였다"는 말은 이들이 모두 하나님의 통제하에 있다는 뜻이다. 욥은 이 말을 하면서 아마도 그의 세 친구도 잘못된 길로 인도되었기에 하나님의 심판을 받을 것이라고 믿고 있는 것이다. 욥 12:17은 "모사를 벌거벗겨 끌어가시며 재판장을 어리석은 자가 되게 하신다"고 말씀한다. 욥은 '하나님은 상담자들을 벗은 몸으로(수치를 당한 채) 끌려가게 하시는가 하면 재판관들을 바보로 만드시기도 하신다'고 말한다. 욥은 본 절의 말씀으로 자신의 고난과 수치가 죄의 결과가 아니라 하나님의 뜻에 의한 것임을 분명히 밝히고 있다. 욥 12:18은 "왕들이 맨 것을 풀어 그들의 허리를 동이신다"고 말한다. 욥은 '하나님께서는 왕들을 결박하고 있는 줄을 풀어 주시고 그들의 허리를 포승(죄인을 묶는 노끈)으로 묶으신다'고 말한다. 욥은 하나님께서는 세상의 권세 있는 사람들을 마음대로 낮추신다고 말한다. 하나님께서 원하시면 왕을 권력에서 낮추시기도 하신다는 것이다. 욥 12:19은 "제사장들을 벌거벗겨 끌어가시고 권력이 있는 자를 넘어지게 하신다"고 말한다. 욥은 '하나님은 제사장들의 옷을 벗겨 맨발로 끌려가게 하시며 권력 있는 자들(왕이나 방백들)을 넘어뜨려 다시 권력을 행사하지 못하게 하시기도 하신다'고 말한다. 이런 현상은 예루살렘이 함락될 때 사실로 드러났다(왕하 25:7-18). 욥 12:20은 "충성된 사람들의 말을 물리치시며 늙은 자들의 판단을 빼앗으신다"는 것이다. 욥은 '하나님은 충성스럽게 말을 하던 사람들의 말문이 막히게 하시며 나이 든 사람들의 분별력도 거두어 가시기도 하신다'고 말한다. 본절의 "충성된 사람들"(נֶאֱמָנִים)이란 '신임을 받는 자'란 뜻으로 왕 옆에서 왕의 자문에 응하며 충언을 하는 자를 뜻한다. 하나님께서 충성된 사람들에게서 지혜를 빼앗으시면 저들은 왕의 자문 역할을 하지 못하게 된다. 또 하나님께서 "늙은 자들"에게서 지혜를 빼앗으시면 저희도 역시 자문을 할 수 없게 된다. 욥 12:21은 "귀인들에게 멸시를 쏟으시며 강한 자의 띠를 푸신다"고 한다.욥은 '하나님께서 귀족들의 얼굴에 수치를 쏟아 부으시기도 하시며 힘 있는 사람들의 허리띠를 풀어 버리시기도 하신다'고 말한다. 여기 "귀인들"이란 사회적으로 존귀하게 여김을 받는 사람들로 왕이나 지도자들을 지칭한다. 하나님께서는 때로는 저희를 멸시하셔서 패망하게 하신다(시 107:40 참조). "강한 자의 띠를 푸신다"는 말은 '강한 자에게서 힘을 빼신다'는 뜻이다. "띠"란 옷을 몸에 붙게 하여 힘을 쓰게 하는 것인데 띠를 풀면 사람이 힘이 풀려 맥을 추지 못하게 된다. 강한 자는 힘이 있는 자인데, 하나님께서 강한 자들에게서 힘을 빼시는 것을 본문이 이같이 묘사한다. 그러므로 우리는 항상 하나님에게 힘을 구해서 살아야 한다. 욥 12:22은 "어두운 가운데에서 은밀한 것을 드러내시며 죽음의 그늘을 광명한 데로 나오게 하신다"고 말한다. 욥은 '하나님께서는 악인들이 어두운 가운데서 행한 악한 행위들을 만천하에 드러내시며 살인적인 음모(죽음의 그늘)를 만천하에 드러내신다'고 말한다. 하나님에게는 숨길 수 있는 것이 아무 것도 없다. 하나님께서는 현세의 섭리적 심판에서도 어두운 것들(죽음의 그늘)을 드러내시지만 끝날의 대 심판에서는 더욱 샅샅이 드러내신다. 우리가 하나님께 기도할 때에 세상 악인들의 은밀한 것들을 많이 드러나게 하실 수 있다. 욥 12:23은 "민족들을 커지게도 하시고 다시 멸하기도 하시며 민족들을 널리 퍼지게도 하시고 다시 끌려가게도 하신다"고 말한다. 욥은 '하나님께서는 민족들을 강하게도 만드시고 망하게도 하시며, 널리 퍼져나가게도 하시고 흩어 버리기도 하신다'고 말한다. 하나님에게 불가능이 어디 있겠는가. 하나님께서는 국가의 흥망성쇠의 열쇠를 가지고 계신다. 이스라엘만 아니라 앗수르 바벨론, 애굽, 로마 등 모든 나라들도 흥망의 역사를 피하지 못했다. 우리는 우리가 진정으로 흥하려면 예수를 철저히 따라야 할 것이다. 욥 12:24은 "만민의 우두머리들의 총명을 빼앗으시고 그들을 길 없는 거친 들에서 방황하게 하신다"고 말한다. 욥은 '하나님께서는 이 땅 백성의 지도자들에게서 나라를 다스리는데 필요한 총명을 빼앗으시기도 하시고, 총명을 빼앗으셨기 때문에 길 없는 거친 들(멸망의 처소)에서 방황하게도 하신다'고 말한다. 세상 우두머리들도 하나님의 수중에 있다. 세상의 지도자들은 항상 하나님을 바라보며 기도하는 삶을 살아야 한다. 오늘 우리는 하나님께 기도하여 하나님께서 어떤 분이신지 알고 살아야 할 것이다. 욥 12:25은 "빛 없이 캄캄한 데를 더듬게 하시며 취한 사람 같이 비틀거리게 하시느니라"고 말한다. 욥은 '하나님께서 만민의 우두머리들로 하여금 빛 없이 캄캄한 데를 더듬게 하시며 술에 취한 사람 같이 비틀거리게 하신다'(사 19:13-15 참조)고 말한다. 예수님 없는 개인, 예수님 없는 가정, 예수님 없는 사회는 캄캄하기 이를 데 없다. 우리는 예수님을 더 알기 위해 참으로 많은 기도를 드려야 할 것이다.

XXX. 욥 13:13-28은 전능하신 하나님께 고통을 호소하라고 말한다.

욥 13:13-28에는 욥은 하나님께 고통을 호소하리라는 말이 진술되어 있다. 욥은 일사각오하고 하나님께 변명하기를 원하며(13-19절), 또 일사각오하고 기도한다(20-28절). 욥 13:13은 "너희는 잠잠하고 나를 버려두어 말하게 하라 무슨 일이 닥치든지 내가 당하리라"고 말한다. 욥은 세 친구들을 향하여 '너희는 나를 향하여 이런 말 저런 말 하지 말고 버려두어 말하게 하라. 무슨 일이 나에게 닥치든지 내가 당할 것이라'고 한다. 어떤 일이 욥 자신에게 닥치든지 일사각오의 정신으로 말을 하겠다는 것이다. 욥 13:14은 "내가 어찌하여 내 살을 내 이로 물고 내 생명을 내 손에 두겠느냐"고 한다(Why sould I take my flesh in my teeth and put my life in my hand?-ESV). 상반절("내가 어찌하여 내 살을 내 이로 물고")의 뜻이 분명하지 않은 구절이나 '고통을 참기 위해 이로 살을 문다'는 뜻으로(Rashi) 앞 절 하반 절("무슨 일이 닥치든지 내가 당하리라")과 자연스럽게 연결되어 어떠한 위험이라도 감수하고 본인이 하고자 하는 말을 해보고자 하는 굳은 결심을 가지고 있음을 뜻한다. 그리고 하반절("내 생명을 내 손에 두겠느냐")은 자신의 생명을 아까워하여 그 어떤 모험이라도 못하겠느냐는 뜻이다(K.&D.). 다시 말해 더 이상 고통을 참지 않고 생명을 걸고 자기의 말을 하겠다는 뜻이다. 욥 13:15은 "그가 나를 죽이시리니 내가 희망이 없노라 그러나 그의 앞에서 내 행위를 아뢰리라"고 말한다. 본절은 두 가지로 번역된다. 1) "그가 나를 죽이시리니 내가 희망이 없노라 그러나 그의 앞에서 내 행위를 아뢰리라"(Behold, he will slay me, I have no hope-RSV). 2) 성경 각주에 있는 대로 "그가 나를 죽이실지라도 나는 그를 의뢰하리니 그 앞에서 내 행위를 아뢰리라"(Though he slay me, I will hope in him, yet I will argue my ways to his face-KJV, AV, ESV, 시리아역본, 탈굼역, Rashi, K.&D.). 2)번의 번역을 취하는 것이 다음절(16절)과 잘 어울린다. 욥 13:16은 "경건하지 않은 자는 그 앞에 이르지 못하나니 이것이 나의 구원이 되리라"고 한다(This will be my salvation, that the godless shall not come before him-ESV). 본 절 하반절의 "이것이 나의 구원이 되리라"(This will be my salvation)는 말은 앞 절(15절)에 나오는 "그의 앞에서 내 행위를 아뢰리라"는 말을 받는 것으로 보아 욥이 하나님 앞에서 자신의 행위를 아뢰는 것이 바로 욥 자신의 구원이 되리라는 의미이다. 욥은 아무튼 자기의 행위를 아뢰는 것이 결국은 자신의 구원으로 나타나게 될 것이라고 말한다. 그리고 본 절 상반절의 "경건하지 않은 자는 그 앞에 이르지 못하나니"란 말은 '사악한 자는 근본적으로 하나님께서 불의와 죄와는 상관없는 거룩하신 분이시기 때문에 구원받을 수 없다'(레 11:44-45)는 표현이다. 본 절은 욥과는 아주 다른 사악한 자의 불행을 말하는 것으로 보인다. 욥 13:17은 "너희들은 내 말을 분명히 들으라 내가 너희 귀에 알려 줄 것이 있느니라"고 말한다. 본 절은 6절의 반복이다. 6절 주해를 참조하라. 욥은 친구들에게 "너희들은 내 말을 분명히 들어주라. 내가 너희 귀에 알려 줄 것이 있다"고 말한다. 욥은 그의 친구들에게 자신의 무죄를 주장하는 말을 들어주기를 완전히 바라고 있다. 욥은 그에게 닥친 고난과 질병과 또 세 친구의 공통된 공격에도 굴하지 않고 자기의 의를 견지(堅持)한다. 욥의 이런 신념은 놀랍다. 욥 13:18은 "보라 내가 내 사정을 진술하였거니와 내가 정의롭다 함을 얻을 줄 아노라"고 말한다. 욥은 본 절을 시작하면서 "보라"라는 말로 시작하여 본절이 중요함을 강조하고 있다. 즉, 자기가 자기의 무죄를 진술하였으므로 자신이 의롭다는 사실을 다른 이들로부터 얻게 될 확신을 가지고 있었다. 욥은 항상 자신이 정의롭다는 확신에 차 있었다(10:2; 12:4; 16:11; 27:2, 6). 오늘 우리 각자는 예수 그리스도 안에서 의롭다는 확신에 차 있어야 한다(롬 3:24). 욥 13:19은 "나와 변론할 자가 누구이랴 그러면 내가 잠잠하고 기운이 끊어지리라"고 한다. 욥은 '나의 죄를 입증할 자가 있는가. 만일 누군가가 나의 죄를 입증해 낸다면 욥은 더 이상 말을 하지 않고 잠잠해질 것이며 또 죽을 각오가 돼 있다'고 말한다. 욥이 이런 말을 하는 것은 욥의 죄를 입증할만한 사람이 그 세 친구 중에도 없고 세상 그 어느 곳에도 없음을 확신하고 있었던 것이다. 오늘 우리가 예수 그리스도를 믿는 한 세상 그 어디에도 우리를 죄인으로 정죄할 자가 없음을 확신해야 한다. 예수님의 대속의 힘은 놀라운 것임에 틀림없다(마 20:28; 막 10:45). 욥 13:20은 "오직 내게 이 두 가지 일을 행하지 마옵소서 그리하시면 내가 주의 얼굴을 피하여 숨지 아니할 것이라"고 말한다. 욥은 세 친구들과 대화하다가 갑자기 하나님께 기도드리기 시작한다(9:34 참조). 하나님께 기도드리고 싶은 심정으로 가득 차 있었던 것으로 보인다. 우리는 사람들과 대화하다가 갑자기 묵도를 할 수도 있다. 느헤미야는 아닥사스다 왕과 대화하다가 왕의 질문을 받고 갑자기 하늘의 하나님께 묵도하고(느 2:4) 대화를 이어갔다(느 2:5). 욥은 하나님께 기도를 시작하면서 두 가지 조건을 제시한다(다음절). 욥은 하나님께 "오직 내게 이 두 가지 일을 행하지 마옵소서. 그리하시면 내가 주의 얼굴을 피하여 숨지 아니하겠다"고 말씀드린다. 하나님께서 두 가지를 행하시지 않으면 하나님을 피하지 아니하고 자유롭게 기도를 드리겠다고 말씀드린다. 욥 13:21은 "곧 주의 손을 내게 대지 마시오며 주의 위엄으로 나를 두렵게 하지 마실 것이니이다"라고 애원한다. 본 절은 욥이 하나님께 제시한 두 가지 조건을 진술하고 있다. 첫째는 "주의 손을 내게 대지 마실 것", 즉 '주의 손(징계의 손)을 내게서 거두시라는 것'이었고, 둘째는 "주의 위엄으로 나를 두렵게 하지 마실 것"이었다. 욥은 그 동안 하나님의 두려움을 많이 느꼈던 것으로 보인다. 그래서 그는 하나님께 욥 자신을 두렵게 마실 것을 소원한다. 오늘 우리는 사랑의 하나님으로부터 두려움을 느끼는 것이 아니라 엄청난 사랑을 느끼면서, 그리고 사랑을 받으면서 살아야 할 것이다(요 3:16; 요일 4:8). 욥 13:22은 "그리하시고 주는 나를 부르소서 내가 대답하리이다 혹 내가 말씀하게 하옵시고 주는 내게 대답하옵소서"라고 말한다. 욥은 앞 절(21절)에서 두 가지 조건을 제시했는데 이제 본절에서는 한 가지를 요구한다. 즉, "그리하시고 주님께서 나를 불러달라는 것"이었다. 그러면 "내가 대답한다"는 것이었다. 여기 "그리하시고"란 말은 앞 절에 진술된 대로 '하나님께서 징계의 손을 욥에게 대지 않으시고 또 주님의 위엄으로 욥을 두렵게 하지 않으셔야 한다'는 것이다. 그렇게 하신 다음 욥을 불러주시라는 것이다. 그러면 욥이 하나님의 부르심에 응답을 하겠다는 것이다. 상반절과 같이 하든지 아니면 "나로 하여금 말씀하게 하옵시고 주는 내게 대답하옵소서"라고 한다. 즉, '주님께서 나로 하여금 말씀하도록 해주시고 내가 말씀드린 것을 주님께서 들으시고 주님께서 내게 대답해주옵소서'라고 요구한다. 욥은 자신이 주님께 기도하는데도 주님의 선수적 행위를 기대하고 있다. 욥 13:23은 "나의 죄악이 얼마나 많으니이까 나의 허물과 죄를 내게 알게 하옵소서"라고 말한다. 욥은 이제 본격적으로 기도를 시작한다. 욥은 자기가 가지고 있는 죄나 혹은 자기가 지은 죄가 얼마나 많은지 알기를 원한다. 즉, "나의 허물과 죄를 내게 알게 하옵소서"라고 아뢴다. 욥은 자신의 소유를 모두 빼앗기고 또 자녀들이 모두 죽었으며 또 자기의 몸에 형언할 수 없는 질병이 든 이유가 무엇인지 알기를 소원한다. 우리의 기도 중에 우리는 죄를 자복하는 일이 중요함을 알아야 할 것이다. 욥 13:24은 "주께서 어찌하여 얼굴을 가리시고 나를 주의 원수로 여기시나이까"라고 말한다. 욥은 자기의 소유물과 자녀들을 잃고 난 후 그리고 질병에 걸려 몸을 긁고 있는 동안 주님께서 욥을 향하여 환하게 웃으시는 것을 느끼지 못하고 오히려 얼굴을 가리시고(신 31:17,18; 32:20; 시 27:9; 사 54:8) 욥을 주님의 원수로 여기시는 것이 아닌가 생각했다. 그러나 이때에도 사실은 주님은 욥을 뜨겁게 사랑하고 계셨다. 욥 13:25은 "주께서 어찌하여 날리는 낙엽을 놀라게 하시며 마른 검불을 뒤쫓으시나이까"라고 말한다. 욥은 자신의 연약함을 바람에 날리는 낙엽과 불 앞에 있는 마른 검불에 비유하고 있다. 인생은 하나의 안개와 같이 금방 없어진다(약 4:14). 욥 13:26은 "주께서 나를 대적하사 괴로운 일들을 기록하시며 내가 젊었을 때에 지은 죄를 내가 받게 하신다"고 말한다. 욥은 "주께서 나를 대적하신다"고 말한다. 다시 말해 여호와께서 욥을 대적하신다는 말씀이다. 여호와께서 욥을 대적하시기 때문에 주님께서 괴로운 일들을 기록하셨다가 욥에게 고통(욥의 소유가 다 없어진 일, 욥의 자녀들이 사망한 일, 욥의 몸에 질병이 들은 일 등)을 주셨다고 말한다. 욥은 "주님께서 내가 젊었을 때에 지은 죄를 내가 받게 하신다"고 말씀한다. 욥은 현재의 죄에 대해서는 아무리 생각해보아도 생각나는 것이 없고 젊은 때의 죄 때문에 고난을 받고 있다고 말한다. 욥 13:27은 "내 발을 차꼬(족쇄)에 채우시며 나의 모든 길을 살피사 내 발자취를 점검하시나이다"라고 말한다. 욥은 "주님께서 내 발을 차꼬(족쇄)에 채우셨다"고 말한다. '주님께서 나를 도망치지 못하도록 차꼬(족쇄)에 채우셨다'는 것이다(시 105:18; 렘 20:2; 행 16:24). 이 표현은 욥이 중병에 걸려 자신의 몸을 자유롭게 움직이지 못하도록 만든 것을 가리킨다. 욥은 주님께서 "나의 모든 길을 살피사 내 발자취를 점검하신다"고 말씀한다. 욥은 주님께서 나의 모든 길, 즉 젊었을 때부터의 모든 행위를 살피셔서 자기의 발자취를 점검하신다는 것이다. 욥 13:28은 "나는 썩은 물건의 낡아짐 같으며 좀 먹은 의복 같으니이다"라고 말한다. 욥은 자기 신체에 침입한 악창(2:7-8)을 생각하면서 자신이 "썩은 물건의 낡아짐 같으며 좀 먹은 의복 같다"고 말한다. 욥은 자기가 썩은 물건이 점점 낡아지는 것 같으며 좀 먹은 의복같이 점점 못쓰게 되어가고 있다고 비유하고 있다.

XXXI. 욥 17:1-5은 여호와는 우리 믿는 자들의 보주(보증인)가 되시니 그것을 깨닫게 해주시라는 기도를 한다.

욥 17:1-5에는 주는 나의 보주이시라는 진술이 기록되어 있다. 이 부분(1-5절)은 조롱하는 사람들이 주위에 많이 살고 있는 세대인고로 주님께서 욥 자신을 보증하는 주님이 되소서라고 진술하는 내용을 드러낸다. 욥 17:1은 "나의 기운이 쇠하였으며 나의 날이 다하였고 무덤이 나를 위하여 준비되었다"고 말한다. 욥은 '자신의 기운이 쇠하였으며 자신이 살날이 다하였고 자신이 들어갈 무덤이 준비된 것을 알게 되었다'는 것이다. 욥은 이런 때에 그의 종말이 오기 전에 그의 의로움이 입증되기를 바라고 있는 것이었다. 욥 17:2은 "나를 조롱하는 자들이 나와 함께 있으므로 내 눈이 그들의 충동함을 항상 본다"고 말한다. 욥은 자신의 기운이 다하였고 자신의 살날이 거의 끝장 난 것을 알았을 뿐 아니라(1절) 지금 형편은 '나를 조롱하는 자들이 주위에 나와 함께 있기 때문에 욥 자신이 조롱하는 자들의 충동하는 것을 항상 보고 있는 형편이라'는 것이다. 욥은 심히 비참한 형편을 당하여 하루 빨리 그의 의로움이 입증되기를 바란다는 것이다. 욥 17:3은 "청하건대 나에게 담보물을 주소서 나의 손을 잡아 줄자가 누구리이까"라고 말한다(Lay down a pledge for me with yourself; who is there who will put up security for me-ESV). 욥은 하나님을 향하여 '나의 보주(보증인)와 함께(with yourself) 또 나에게 담보물을 주시라'고 기도한다. 여기 "담보물"(עָרְבֵנִי)이란 말은 법적인 용어로 사용되었는데 계약을 증명하기 위한 물적 증표나 신원 보증을 위한 증표를 가리킨다. 그리고 "나의 손을 잡아줄 자가 누구리이까"라고 여쭙는다. 욥에게 있어서 고난을 받으면서 가장 괴로운 것은 그가 친구들로부터 사악한 사람으로 취급되어 조롱을 받는 것이었다. 그래서 그는 하나님을 중재자와 보증인으로 세워 자신의 결백과 친구들의 위증을 밝혀 그에 상응하는 보응을 해주고 싶었던 것이다. 여기 "손을 잡아주다"(יִתָּקֵעַ)는 말은 '손을 내어주다' 라는 뜻으로, 이것은 남의 보증을 설 때에 채무자의 대리로서 중재의 책임을 진다는 것을 상징하는 것이다(잠 6:1; 11:15; 17:18). 따라서 본 절은 하나님만이 자신의 보증인 또는 중재자가 되신다는 욥의 고백이다. 여기서 우리가 볼 수 있는 욥의 사상은 하나님을 두 가지 인격을 가지신 분으로 알고 있음을 볼 수 있다. 즉, 하나님이 악인에 대한 심판자인 동시에, 악인에 의해 고통당하는 자의 무죄를 친히 보증해주시는 중재자라는 것이다(K.&D., 그랜드 종합 주석). 욥 17:4은 "주께서 그들의 마음을 가리어 깨닫지 못하게 하셨사오니 그들을 높이지 마시라"고 기도한다. 욥은 '주님께서 욥을 조롱하는 친구들의 마음을 가리어 깨닫지 못하게 하셨으니 그들을 높이지 마시라'고 탄원한다. 사람이 깨닫지 못하는 것은 주님께서 그 마음을 어둡게 하신 때문이다. 욥은 주님께서 그들의 마음을 어둡게 하셨으니 주님께서 그들을 패소하게 해주시라고 탄원한 것이다. 욥 17:5은 "보상을 얻으려고 친구를 비난하는 자는 그의 자손들의 눈이 멀게 되리라"고 말한다. 욥은 '보상을 바라보고 친구를 비난하는 자들은 그들의 자손들의 눈이 멀게 될 것이라'고 말한다. 아무튼 친구를 비난하여 어떤 해를 당하게 하는 자는 그 자식들의 눈이 멀게 되길 저주하는 것이다. 욥은 친구들의 행위를 심히 못마땅하게 여겨 저주했다.

XXXII. 욥 21:7-16은 세상만사를 깨닫기 위해서는 기도해야 한다는 것을 말한다.

욥 21:7-16에는 욥이 악인의 형통을 보니 하나님의 섭리를 다 헤아릴 수 없다는 내용이 진술하고 있다. 욥 21:7은 “어찌하여 악인이 생존하고 장수하며 세력이 강하냐”는 의심이 든다는 것이다. 욥은 친구들을 향하여 ‘어찌하여 악한 자들이 잘 사느냐? 어찌하여 그들이 늙도록 오래 살면서 번영을 누리느냐?’고 질문을 한다. 친구들이 인과응보설, 즉 죄를 지으면 재앙을 받고 회개하면 잘 된다는 논리(15:20, 33; 18:5, 19; 20:10)를 펴는데, 욥은 이에 대해 악인이 번영을 누리며 장수하고, 때로는 강한 세력을 떨치기도 하는데 이것은 어찌 된 셈이냐고 질문한다. 욥 21:8은 “그들의 후손이 그들 앞에서 그들과 함께 굳게 서고 자손이 그들의 목전에서 그러하구나”라고 말한다(Their children are established in their presence, and their descendants before their eyes-ESV). 욥은 ‘그들의 씨가 그들이 보는 앞에서, 그들의 자손들이 그들 앞에서 그들과 함께 든든히 서 있으니 웬 일이냐’고 질문한다. 여기 본절의 “그들의 후손”이란 말은 “그들의 씨”(זַרְעָם)란 말이다. 세 친구의 주장을 들어보면 악인의 자손은 끊긴다고 했고(18:19), 또 비참하게 된다고 했는데(20:10) 그와 반대로 악인의 자녀가 잘 자라고 굳세게 사는 경우를 보게 되는데 그렇다면 그것은 웬 일이냐는 것이다. 세 친구의 인과응보(因果應報)논리에 맞지 않는 것 아니냐는 것이다. 세상에서는 악인들과 그 후손들이 형통하게 되는 일이 많이 있다. 그렇게 되는 이유는 성도들로 하여금 그런 현상을 보고 내세를 더욱 실감하도록 하기 위함이다. 어느 선교사가 아프리카에서 선교하고 잠시 뉴욕 항으로 돌아왔을 때 당시의 미국 대통령은 자국민으로부터 열렬한 환영을 받고 있었다. 하지만 선교사는 환영해 주는 사람이 아무도 없었다. 그는 너무 섭섭하여 여관방에 들어가 자기의 슬픈 사연을 말씀했는데, 그때 선교사는 하나님으로부터 '대통령은 제 집에 온 것이고 너는 아직 네 집(천국)에 도착한 것이 아니라는 것을 알라'는 메시지를 받고 큰 위로를 받았다고 한다. 오늘 우리는 기도해야 수많은 진리를 깨닫게 되는 것이다. 욥 21:9은 "그들의 집이 평안하여 두려움이 없고 하나님의 매가 그들 위에 임하지 아니한다"는 것이다. 욥은 친구들에게 '그들의 집은 평안하고 아무 두려운 일도 없고, 늘 평화가 깃들이며, 하나님마저도 채찍으로 치시지 않으니 어떻게 설명 하겠는가'라고 말한다. 욥의 세 친구는 의인의 가정이 평안하고 악인의 집은 멸망한다고 했는데(5:24; 15: 20-24) 악인의 집이 오히려 평안하고 두려움이 없으며 하나님으로부터 징계의 채찍도 맞지 않으니 그런 현상을 어떻게 설명 하겠느냐고 세 친구들에게 물은 것이다. 욥 21:10은 "그들의 수소는 새끼를 배고 그들의 암소는 낙태하는 일이 없이 새끼를 낳는구나"라고 말한다. 욥은 '악인들의 수소는 틀림없이 새끼를 배게 하고 암소는 새끼를 밸 때 마다 낙태하는 일도 없이 다 잘도 낳으니 어떻게 설명하겠느냐'고 말한다. 욥의 세 친구는 의인의 가축은 번성하고 악인의 가축은 멸망한다고 했으나 욥은 본문에서 악인들의 가축도 잘 되니 이게 어찌 된 일이냐고 응수한다. 욥 21:11은 "그들은 아이들을 양 떼 같이 내보내고 그들의 자녀들은 춤추는구나"라고 말한다. 욥은 친구들에게 '악인들의 어린 자식들을 양 떼같이 바깥에 내보내어 풀어 놓으면 양 떼처럼 춤추면서 잘 뛰어 논다'고 하면서 친구들의 주장을 거스른다. 아이들이 잘 되는 것은 복이었다(슥 8:5).

욥 21:12은 "그들은 소고와 수금으로 노래하고 피리 불어 즐긴다"고 말한다. 욥은 친구들에게 '악인들의 어린 자식들이 소고(일종의 타악기로 오늘날 탬버린 같은 것임, 출 15:20)와 수금(현악기의 일종으로 오늘날 하프와 같은 것임, 사 24:8)에 맞춰 노래 부르고 피리 소리에 즐거워하지 않느냐'고 응수한다. 욥의 친구들은 악인들의 자녀들은 재앙을 받는다고 못 박아 놓았는데(20:5-7) 실제 현실을 보면 친구들의 주장과는 반대되는 일이 벌어지고 있다는 것이었다. 욥 21:13은 "그들의 날을 행복하게 지내다가 잠깐 사이에 스올에 내려가느니라"고 말한다. 욥은 친구들에게 '악인들은 일생을 행복하게 지내다가 별로 앓지도 않고 순식간에 스올로 내려가는 것 아니냐'고 말한다. 욥의 친구들은 악인들은 자신들의 수명이 차기 전에 없어져 버릴 것이며(15:32) 또는 병으로 고생하다가 죽을 것이라(18:13)고 주장한데 대한 욥의 반박이다. 본문의 "스올"이란 말은 '무덤'을 지칭한다. 7:9; 14:13 주해 참조. 욥 21:14은 "그러할지라도 그들은 하나님께 말하기를 우리를 떠나소서 우리가 주의 도리 알기를 바라지 아니하나이다"라고 말한다는 것이다. 욥은 '악인들이 세상에서 잘 지내고 죽을 때에도 별 고통을 당하지 않고 별세하는데도 악한 자들은 하나님께 감사하기는커녕 하나님을 향하여 자기들을 그냥 좀 내버려 두라고 꿍얼댄다. 이렇게 살면 되지 하나님의 뜻을 알 필요가 무엇이냐'고 말한다. 욥이 본 절부터 16절까지를 말하는 이유는 친구들의 주장을 반박하기 위함이다. 친구들은 인과응보론에 근거하여 번영을 구가하는 악인들이 하나님을 잘 섬기는 쪽으로 돌아서든지 아니면 아주 모두 망해버려야 하는데 현실은 그렇지 않다는 것이 욥이 말하고자 하는 요지이다. 욥은 친구들의 인과응보론을 강력히 반박함으로 자신의 재난이 죄의 결과가 아니라는 것을 강하게 드러내고 있다. 그들은 하나님께서 욥을 특수하게 취급하고 계심을 알지 못했다. 하나님께서 욥을 놀라운 신앙인으로 만들려는 것을 친구들은 모르고 욥에게 욥이 죄를 지었으니 회개하라고 했다. 욥 21:15은 "전능자가 누구이기에 우리가 섬기며 우리가 그에게 기도한들 무슨 소용이 있으랴 하는구나"라고 말한다. 욥은 친구들에게 '악인들(무신론자들)은 전능자(창 49:25; 민 24:4, 16; 룻 1:20; 시 68:14; 91:1)가 누구이기에 우리가 그를 섬기며 그에게 기도한다고 해서 무슨 도움이 되기에 기도를 하겠느냐'고 말한다. 앞절 주해 참조.욥 21:16은 "그러나 그들의 행복이 그들의 손 안에 있지 아니하니 악인의 계획은 나에게서 멀구나"라고 말한다(Behold, is not their prosperity in their hand? The counsel of the wicked is far from me-RSV, ESV). 본 절 초두에는 히브리어로 "보라"(הֵן)라는 말이 나와 본절의 내용이 아주 중요하다는 것을 말한다. 욥은 친구들에게 '보라, 악인들의 번영이 그들의 손에 있지 않으니, 나는 악인들의 계획(인생관)을 받아들일 수가 없구나'라고 말한다. 상반절의 "그들의 행복이 그들의 손 안에 있지 아니하니"란 말은 '악인들의 번영이 악인들의 노력 때문이 아니라'는 것을 밝히는 것이다. 다시 말해 악인들이 잘 살고 복되게 살아가는 것은 하나님께서 주시는 복 때문이라는 것을 드러낸다. 그리고 하반절의 "악인의 계획은 나에게서 멀다"는 말은 '악인들이 하나님을 떠나 악을 행하면서도 잘 되고 번영하는 것이, 하나님을 섬기고 죄를 짓지 않고 의롭게 살아가면서 무서운 재난을 받고 사는 욥의 경우와는 너무 다르다는 것을 말한다. 다시 말해 악인들의 인생관과 욥의 인생관이 완전 다르다는 것(22:18)을 세 친구들이 매우 주의해서 관찰해야 함을 본 절이 드러내고 있다.

XXXIII. 욥 30:1-15은 세상의 복잡한 것을 알기 위하여 기도가 필요하다고 말한다.

욥 30:1-15에는 욥을 낮추보는 자들이 욥을 조소한다는 내용이 진술되어 있다. 이 부분(1-15절)은 욥을 낮추보는 자들이 욥을 비웃었던 것을 진술한다. 욥을 낮추보는 자들은 욥이 보기에 연소하고 비천한 자들이었다. 욥 30:1은 "그러나 이제는 나보다 젊은 자들이 나를 비웃는구나. 그들의 아비들은 내가 보기에 내 양 떼를 지키는 개 중에도 둘 만하지 못한 자들이니라"고 말한다. 본 절 초두의 "그러나"라는 말은 욥이 의롭게 살던 지난날(11-17절)과 욥이 마지막으로 아름답게 마칠 것을 기대했던(18-25절) 때와는 전혀 반대되는 현실을 비교하기 위하여 내놓은 "그러나"이다. 그러나 지금의 현실은 아주 비참하다는 것을 말한다. 즉, '그러나 이제 나보다 나이 어린 사람들이 나를 비웃고 있구나. 그들의 아비들은 내가 내 양떼를 지키는 개들과 함께 둘 값어치도 없는 사람들이라'고 말한다. 욥은 이전에 소년들과 노인들과 고귀한 자들로부터 존경을 받았던 자신(29:8-10)이 이제는 젊은이들과 비천한 자들에까지 천대 받는 처지가 된 것을 매우 한탄하고 있다. 본 절의 "비웃다"(שָׂחֲקוּ)는 말은 단순히 말로 조롱하는 것만이 아니라 무례하게 행동함을 뜻하는 말이다. "개 중에도 둘 만하지 못한 자들이니라"는 말은 욥을 비웃는 자들의 아버지들을 천박하고 파렴치한 자들로 비난하는 비유적 표현이다. 욥 30:2은 "그들의 기력이 쇠잔하였으니 그들의 손의 힘이 내게 무슨 소용이 있으랴"고 말한다. 여기 "그들"이 누구냐를 두고 견해가 갈린다. 1) 1절의 "아비들"을 가리킨다는 견해(D.&G., Rawlinson, 박윤선, 이상근). 2) "젊은 자들"을 가리킨다는 견해(Anderson, Smick, K.&D., Lange). 2)번의 견해가 타당한 것으로 보인다. 이유는 2-8절에 이어지는 긴 내용은 젊은 자들에 대한 설명으로 보는 것이 바를 것이다. 이러한 긴 보조적인 설명을 통해 욥은 자신이 당한 수모의 강도를 선명하게 표현한다. 욥은 '젊은이들의 기력이 쇠하여서 쓸모가 없는 자들이라'고 말한다. 욥 30:3은 "그들은 곧 궁핍과 기근으로 인하여 파리하며 캄캄하고 메마른 땅에서 마른 흙을 씹는" 사람들이라고 말한다. 욥은 '그 젊은이들은 가난과 굶주림에 허덕여서 몰골이 흉하며, 메마른 땅과 황무지에서 풀뿌리나 씹는 사람들이라'고 말한다. 여기 그 젊은이들은 영적으로 타락해서 부패한 자들이고 육신적으로도 가난하고 굶주림에 허덕여서 몰골이 흉하게 된 자들이라고 한다. 그리고 그들은 기근으로 인해 파리하며 어두운 데를 헤매고 다닌다는 것이다. 그리고 "메마른 땅에서 마른 흙을 씹는다"는 말은 '굶주림 때문에 나무뿌리나 풀뿌리를 캐서 흙이 묻어 있는 그대로 그것을 씹는 모습'을 묘사한 것이다. 욥 30:4은 "떨기나무 가운데에서 짠 나물을 꺾으며 대싸리 뿌리로 먹을거리를 삼느니라"고 말한다. 본 절도 역시 욥을 조롱하는 패역한 자들이 처한 극한 빈곤 상태를 묘사하는 말이다. 그들 젊은이들은 "떨기나무 가운데에서 짠 나물을 꺾으며"사는 사람들을 묘사한다. "떨기나무 가운데에서 짠 나물을 꺾으며 산다는" 말은 '덤불 속에서 해변의 늪지에서 자라는 해초(海草)를 꺾어 식물로 삼고 산다'는 뜻이다. 그리고 "대싸리 뿌리로 먹을 거리를 삼는다"는 말도 역시 극히 가난한 자들이 흉년이 들었을 때 먹을 수 없는 이런 음식물로 연명한다(K.&D., Lange)는 뜻이다. 욥 30:5은 "무리가 그들에게 소리를 지름으로 도둑 같이 사람들 가운데에서 쫓겨나서" 젊은이들에게조차 멸시와 천대를 당하고 있다는 것이다. 욥은 '그 젊은이들은 사람 사회에 끼지 못하여 이 동네 저 동네에서 쫓겨나고, 사람들이 마치 도둑을 쫓듯이 그들에게 "도둑이다"라고 소리를 질러 쫓아 버리곤 하였다'고 말한다. 욥은 이런 젊은이들에게조차 멸시와 천대를 당하고 있다는 것이었다. 참으로 비참에 비참을 겪고 있었다. 우리가 멸시와 천대를 당하고 있다고 느끼면 기도하며 지내야 할 것이다. 욥 30:6은 "침침한 골짜기와 흙구덩이와 바위굴에서 살고" 있다면 기도하면서 살아야 한다는 것이다. 욥은 '그 젊은이들은 급류에 움푹 파인 골짜기에서 지내고, 땅굴이나 동굴에서 살고 있는 사람들이라'고 말한다. 본 절은 사회에서 버림받은 패역한 자들이 마땅히 거할 곳을 찾지 못하고 들짐승과 같이 사람들의 눈길을 피하여 살고 있는 모습을 드러낸 상징적 표현이다(시 104:35; 잠 10:30). 욥 30:7은 "떨기나무 가운데에서 부르짖으며 가시나무 아래에 모여 있느니라"고 말한다. 욥은 '그 젊은이들이 짐승처럼 덤불 속에서 움츠리고 살거나 가시나무 밑에 몰려서 웅크리고 살던 사람들이라'고 말한다. 이들은 악행으로 하나님과 사람들로부터 버림받은 사람들이 겪어야 할 고통과 비참함이 어떠함을 분명하게 보여주고 있다. 욥 30:8은 "그들은 본래 미련한 자의 자식이요 이름 없는 자들의 자식으로서 고토에서 쫓겨난 자들이니라"고 말한다. 욥은 '그 젊은이들은 어리석은 자의 자식들이었고 이름도 없는 자의 자식들로서, 회초리를 맞고 제 고장에서 쫓겨난 자들이라'고 말한다. 여기 "미련한 자의 자식"이란 말은 '하나님을 모르며 도덕적으로 타락한 자'를 가리키는 말이다. 그리고 "이름 없는 자들의 자식"이란 말은 '가문의 뿌리가 없는 자의 자식'이란 뜻이다. 이들은 사회에서 많은 냉대와 조롱을 받는 사람들을 가리키는 상징적 묘사이다. 그리고 "고토에서 쫓겨난 자들"이란 말은 사회에서 버림받은 하찮은 존재, 다시 말해 그들이 행한 악행으로 인해 고향의 많은 고향사람들로부터 배척받은 패역한 존재라는 뜻이다. 욥 30:9은 "이제는 그들이 나를 노래로 조롱하며 내가 그들의 놀림거리가 되었다"고 말한다. 욥은 '그런데 이제는 그런 자들이 돌아와서 나를 비웃는구나. 내가 그들의 말거리가 되어 버렸다'고 말한다. 욥이 과거에는 모든 이들의 존경을 받았는데 이제는 비천한 방랑자들에게조차 조롱받는 입장이 된 자신의 상황을 한탄한 것이다. 본 절의 "놀림거리"(מִלָּה)라는 말은 '어떤 사람과 멀리 떨어져 숨어서 그를 비난하고 비웃는 말을 하는 것'을 뜻한다. 이는 욥이 아주 비천한 자들로부터 심한 경멸과 모욕을 받고 있음을 나타내는 말이다. 욥은 실제로 자기에게 닥친 재앙보다 더 큰 고통을 받고 있었던 것이다. 욥 30:10은 "그들이 나를 미워하여 멀리 하고 서슴거리지 않고 내 얼굴에 침을 뱉았다"고 말한다. 욥은 '그 젊은이들이 나를 꺼려 멀리하고 혹시 가까운 거리에 서게 되면 서슴거리지 않고 나의 얼굴에 침을 뱉는다'고 말한다. "얼굴에 침을 뱉는다"는 것은 모욕을 주는 표였다(사 50:6; 마 27:30). 욥 30:11은 "이는 하나님이 내 활시위를 늘어지게 하시고 나를 곤고하게 하심으로 무리가 내 앞에서 굴레를 벗었음이니라"고 한다(Because God has loosed my cord and humbled me, they have cast off restraint in my presence-RSV, ESV). 욥은 '하나님께서 내 육체를 연약하게 하시고 나를 무기력하게 하시니, 그들이 고삐 풀린 말처럼 내 앞에서 날뛰는구나'라고 말한다. 욥은 하나님께서 자기의 육체를 연약하게 하셨고 무기력하게 하신 것으로 알았다. 이렇게 자기가 당한 것이 하나님에게서 온 것인 줄 알았기에 이 극심한 고통을 해결해 주시라고 하나님께 호소했다(10:2; 23:3-6). 모든 일이 우연히 된 줄로 믿는 사람들은 기도하지 않지만 하나님으로부터 온 줄 인식하는 욥과 같은 사람들은 소망이 있는 사람이다. 이유는 그런 사람은 기도하기 때문이다. "무리가 내 앞에서 굴레를 벗었음이니라"는 말은 '욥을 비난하는 사람들이 욥을 그냥 비난하도록 하나님께서 그들을 억압 상태로부터 풀어 자유를 얻게 해주셨다'는 것이다. 욥 30:12은 "그들이 내 오른쪽에서 일어나 내 발에 덫을 놓으며 나를 대적하여 길을 에워쌌다"는 것이다. 욥은 '그 천한 무리가 내 오른쪽에서 떼 지어 일어나 나를 대항하려고 내가 걷는 길에 덫을 놓고 나를 파멸시키려고 포위망을 좁히고 있다'고 말한다. 저들은 이제 욥을 적극적으로 대항하며 욥을 해치려고 한다. 즉, 오른쪽에서 일어나 욥의 발에 덫을 놓은 것은 재판석에서 원고가 피고의 오른편에 서서 피고를 공격하는 위치였다. 그들은 욥의 발을 밀뜨려 넘어지게 했고 욥을 망하게 할 여러 방법을 마련하는 것이었다. 욥 30:13은 "그들이 내 길을 헐고 내 재앙을 재촉하는데도 도울 자가 없다"는 것이었다(They break up my path, they promote my calamity; no one restrains them-RSV, ESV). 욥은 '그 낮은 무리들이 내가 도망가는 길마저 막아 버렸다. 그들이 나를 파멸시키려고 하는데도 그들을 막을 사람이 아무도 없다'고 말한다. 그 낮은 무리는 욥을 대항하고 욥이 나가는 길을 헐고 막으며 욥의 재앙을 더욱 가중시켰다. 욥 30:14은 "그들은 성을 파괴하고 그 파괴한 가운데로 몰려드는 것

같이 내게로 달려들었다"고 말한다. 욥은 '그 낮은 무리는 성벽을 뚫고 그 뚫린 틈으로 물밀듯 들어와서 성난 파도처럼 내게 달려든다'고 말한다. 욥의 대적들이 욥을 공격하는 모습(앞절)이 마치 군대가 적군의 성을 파괴하고 그 길로 달려드는 것 같이 한다는 것이다. 욥은 그 젊은이들의 공격이 지나쳤다는 것을 말한다. 욥 30:15은 "순식간에 공포가 나를 에워싸고 그들이 내 품위를 바람 같이 날려 버리니 나의 구원은 구름 같이 지나가 버렸다"고 말한다. 욥은 '그 젊은이들의 공격이 심하여 순식간에 공포가 나를 에워싸서 나는 벌벌 떨게 되었고 내 위엄은 간곳없이 사라졌으며 구원의 희망은 뜬구름이 사라지듯 감쪽같이 없어졌다'고 말한다. 오늘 우리는 세상 영광과 위신은 순식간에 사라지니 항상 하나님만 바라보아야 할 것이다. 우리의 소망이 사라질 때 우리는 하나님을 바라보고 기도밖에 할 것이 없다.

XXXIV. 욥 30:16-23은 자기 앞에 죽음밖에 없는 것을 아는 사람은 하나님께 부지런히 기도하게 된다는 것을 말한다.

욥 30:16-23에는 욥이 현재에 참담함을 느끼고 있다고 진술한다. 욥은 현재 육체적으로 참담함을 느끼는데도 하나님께서는 욥을 돌보아 주시지 않으신다는 것이다. 욥 30:16은 "이제는 내 생명이 내 속에서 녹으니 환난 날이 나를 사로잡고 있다"고 말한다(And now my soul is poured out within me; days of affliction have taken hold of me-RSV, ESV). 욥은 '나는 이제 기력이 쇠하여 죽을 지경에 이르렀다. 지금까지 나는 괴로운 나날들에 사로잡혀서 편하게 쉬지 못하였다'고 말한다. 본절의 "녹으니"(תִּשְׁתַּפֵּךְ)란 말은 '엎지르다', '소비하다'란 뜻으로 욥의 계속되는 고통으로 인해 모든 기력이 소비되고 삶에 대한 소망마저 완전히 소진된 상태를 말한다. 따라서 본 절은 욥이 육체적, 정신적으로 그의 대적들로부터 받은 괴로움과 고통으로 인해 거의 죽게 된 상태에 이른 것을 묘사하는 것이다(그랜드 종합 주석). 욥 30:17은 "밤이 되면 내 뼈가 쑤시니 나의 아픔이 쉬지 아니한다"는 것이다(The night racks my bones, and the pain that gnaws me takes no rest-RSV). 욥은 '밤에는 뼈가 쑤시고 뼈를

깎는 아픔이 그치지 않는다'고 말한다. 여기 "밤이 되면 내 뼈가 쑤시니"라는 말을 직역하면 "밤이 내 뼈를 쑤시니"라고 번역되는데 이는 밤이 되면 더욱 심화되는 욥의 육체의 고통을 마치 밤이 상처를 건드리어 육체의 고통을 더욱 심화시키는 것처럼 비유적으로 표현한 것이다(그랜드 종합 주석). 욥 30:18은 "그가 큰 능력으로 나의 옷을 떨쳐 버리시며 나의 옷깃처럼 나를 휘어잡으신다"고 말한다. 욥은 '하나님께서 크신 능력으로 내 옷을 쥐어 잡아당기시고 옷깃처럼 나를 휘어 감으신다'고 말한다. 본 절은 욥이 악창으로(1:7) 볼품없이 된 것을 묘사하는 말이다. 악창에서 나오는 고름이 옷에 붙어 옷과 고름이 하나가 되어 추한 의복처럼 되어 몸에 붙어 있다는 은유적 표현이다(Matthew Henry). 욥은 자신에게 닥친 재앙이 하나님에 의해 주어졌다는 것을 밝히고 있는데, 이는 하나님을 원망하기 위함이 아니라 자기가 받고 있는 고난 속에 하나님의 특별한 섭리가 개입되어 있음을 드러내기 위함이다. 오늘도 이렇게 우리의 고난이 하나님으로부터 왔음을 아는 사람은 하나님에게 기도로 매달리게 되니 소망이 있음을 알 수 있다. 우리의 고난은 모두 하나님으로부터 온다. 하나님으로부터 오는 것을 아는 사람은 결사적으로 하나님께 매달리게 되는 것이다. 욥 30:19은 "하나님이 나를 진흙 가운데 던지셨고 나를 티끌과 재 같게 하셨다"는 것이다. 욥은 '하나님이 나를 진흙 속에 던지시니, 나를 진흙이나 재 같게 하셨다'고 말한다. 본절의 "진흙"이란 욥이 현재 당하고 있는 재앙과 불행의 극심한 상태를 나타내는 상징적 표현이다(사 10:6; 미 7:10). 그리고 "던지셨다"(הֹרָנִי)는 말은 '겨누다', '쏘다'라는 뜻을 나타내는 말인데, 이는 어느 한 대상을 지적하여 치명적인 타격을 가하는 것을 의미한다(K.&D.). 따라서 본절은 욥 자신이 고통의 밑바닥까지 떨어졌다는 것을 드러낸다. 욥 30:20은 "내가 주께 부르짖으나 주께서 대답하지 아니하시오며 내가 섰사오나 주께서 나를 돌아보지 아니하시나이다"라고 말한다. 욥은 '내가 주께 부르짖어도 주님은 응답하지 않으시며 내가 서서 기도를 드리나 주님은 응답하시지 않고 보고만 계십니다'라고 말한다. 욥은 비참한 상황을 만나 하나님께 부르짖어도 하나님께서는 아무 응답도 하시지 않으신다는 것이다(19:7; 23:3-9). 이처럼 답답한 일이 또 있을까. 그러나 우리는 하나님께서 의인의 간구를 외면하시지 않는다는 것을 알고 쉬지 말고 기도해서 응답을 받아야 할 것이다(시 34:15; 벧전 3:12). 욥 30:21은 "주께서 돌이켜 내게 잔혹하게 하시고 힘 있는 손으로 나를 대적하시나이다"라고 말한다. 욥은 '주님이 나를 잔혹하게 대하시며 주님의 권능의 손으로 나를 대적하십니다'라고 말한다. 주님의 잔혹성은 잔혹함을 위함이 아니라 더 매달려 기도하라는 뜻으로 알고 더욱 매달려야 한다. 욥 30:22은 "나를 바람 위에 들어 불려가게 하시며 무서운 힘으로 나를 던져 버리시나이다"라고 말한다. 욥은 '하나님께서 나를 들어 올려서 바람에 날리게 하시며, 태풍에 휩쓸려서 흔적도 없이 사라지게 하십니다'라고 말한다. 본 절은 욥을 바람 앞에 있는 존재로 묘사한다. 바람 앞에 있는 인간은 힘이 없다. 우리는 바람보다 강하신 주님을 붙들어야 한다. 욥 30:23은 "내가 아나이다 주께서 나를 죽게 하사 모든 생물을 위하여 정한 집으로 돌려보내시리이다"라고 말한다. 욥은 '나는 알고 있습니다. 주님께서는 나를 죽음으로 몰아넣고 계십니다. 나를 끝내 살아있는 모든 사람들이 다 함께 만나는 그 죽음의 집(음부)으로 돌아가게 하십니다'고 말한다. 욥은 이제 주님께서 자신의 기도도 듣지 않으시고 또 건강도 주시지 않는다면 자기의 앞날에 펼쳐질 것은 죽음밖에 없다는 것을 알고 있다. 욥은 이제

자기 앞에는 죽음만이 남아 있다고 말한다. 자기 앞에 죽음밖에 없는 것을 아는 사람은 하나님께 부지런히 기도하게 된다.

XXXV. 욥 33:13-33은 우리의 기도가 우리의 문제점을 해결할 뿐 아니라 다른 은혜도 크게 받게 한다는 것을 말한다.

욥 33:13-33에는 엘리후가 하나님께서 나타나셔서 확실히 응답하실 것이라고 말한다. 엘리후는 욥의 말, 즉 하나님이 사람의 기도에 응답하지 않으신다고 불평하나 엘리후는 하나님은 확실히 응답하신다고 말한다(13-14절). 응답하시되 꿈이나 이상으로 하시고(15-18절), 혹은 사람의 고통을 통하여 응답하시며(19-22절), 혹은 중보자를 통해 응답하시고(23-28절), 최종적으로는 구원하시니(29-30절), 잠잠히 들으라고 말한다(31-33절). 욥 33:13은 "하나님께서 사람의 말에 대답하지 않으신다 하여 어찌 하나님과 논쟁하겠느냐"고 말한다. 엘리후는 '그런데 어찌하여 욥 어르신께서는 하나님께 불평을 하면서 대드시는 겁니까?(19:7; 30:20) 욥 어르신께서 하시는 모든 불평에 일일이 대답을 하지 않으신다고 해서 하나님께 원망을 할 수 있습니까?'라고 말한다. 엘리후의 의도는 하나님께서는 전능자로서 자기의 행하시는 일을 인간에게 다 설명하실 필요가 없으니 욥에게도 고난을 주신 사실에 대하여 굳이 그 이유를 알려주실 필요가 없다는 것이다. 욥이 하나님께서 주시는 고난을 참고 견디어 내야지 그것을 불평하거나 하나님께 항거하려 해서는 안 된다고 주장하는 것이다(그랜드 종합 주석). 욥 33:14은 “하나님은 한 번 말씀하시고 다시 말씀하시되 사람은 관심이 없다”고 말한다. 엘리후는 욥에게 ‘사실은 하나님께서 인간이 원하는 방법이 아닌 하나님의 방법을 가지고 계속해서 말씀을 하시고 또 하시지만, 사람이 하나님의 말씀을 깨닫지 못할 뿐이라’고 말한다. 하나님께서는 꿈이나 이상이나 혹은 인간에게 고통을 주셔서, 다시 말해 하나님의 방법으로 사람에게 계속적으로 말씀하시나 사람이 이를 깨닫지 못하고 하는 말이 ‘하나님께서는 영원히 침묵하신다’고 항변한다는 것이다. 욥 33:15은 “사람이 침상에서 졸며 깊이 잠들 때에나 꿈에나 밤에 환상을 볼 때에” 말씀하신다는 것이다. 엘리후는 욥에게 ‘하나님께서 말씀하시는 때는 사람들이 침상 위에서 졸고 있을 때나, 깊은 잠에 빠졌을 때나, 꿈을 꿀 때나, 밤에 환상을 볼 때에 말씀하신다’고 말한다. 사람이 꾸는 꿈 모두가 하나님께서 사람에게 주시는 계시는 아니지만 꿈은 하나님께서 계시를 전달하시는 방법 중 하나였다. 예를 들자면 구약 시대에 요셉의 꿈을 통하여 하나님께서 그의 뜻을 전달하신 때도 있었고(창 37:5; 41:4-7), 신약 시대에 요셉을 통하여 하나님의 뜻을 전달하신 때도 있었다(마 2:12, 22). 구약 시대의 다니엘에게(단 2:36-45) 역시 꿈을 통하여 하나님의 뜻을 전달하셨다. 그리고 구약 시대의 에스겔에게 이상을 통하여 하나님께서 말씀하셨고(겔 1:4-21), 스가랴에게 역시 이상을 통하여 말씀하셨다(슥 1:8). 욥 33:16은 “그(하나님)가 사람의 귀를 여시고 경고로써 두렵게 하신다”고 말한다. 엘리후는 욥에게 ‘바로 그 때에 하나님께서는 사람들의 귀를 여시고 말씀을 듣게 하십니다. 하나님께서 그런 역사를 하실 때에 사람들은 경고를 받고 두려워합니다’라고 말한다. 본 절은 하나님께서 그의 뜻을 분명히 알 수 있도록 전달하신다는 사실을 비유적으로 표현한 것이다. 욥 33:17-18은 "이는 사람에게 그의 행실을 버리게 하려 하심이며 사람의 교만을 막으려 하심이라. 그는 사람의 혼을 구덩이에 빠지지 않게 하시며 그 생명을 칼에 맞아 멸망하지 않게 하시느니라"고 말한다. 엘리후는 욥에게 '하나님께서 사람들에게 꿈과 이상 같은 것을 통해 말씀하시는 목적은 사람들이 그의 나쁜 행실을 버리게 하시고 또 교만하지 않게 하시려는 것이며 그렇게 해서 사람으로 하여금 멸망하지 않게 하려는 것입니다'라고 말한다. 사람은 누구든지 나쁜 행실을 계속하고, 또 교만하면 반드시 망한다(잠 16:18; 약 1:15). 욥 33:19은 "혹은 사람이 병상의 고통과 뼈가 늘 쑤심의 징계를 받는다"고 말한다. 엘리후는 욥을 향하여 '하나님께서는 사람에게 질병을 주셔서 잘못을 깨닫게 하여 고쳐 주시기도 하고, 사람의 육체를 고통스럽게 해서라도 잘못을 고쳐 주기도 하십니다'라고 말한다. 엘리후가 병 이야기를 꺼낸 것은 아마도 악창으로 고통 받고 있는 욥을 고려한 것으로 보인다. 이를 통해 엘리후는 하나님께서 욥에게 악창을 주신 것이 앞으로 더 큰 복을 허락하시기 위해서인 것을 알게 하려고 이런 말을 한 것으로 보인다. 욥 33:20은 "그의 생명은 음식을 싫어하고 그의 마음은 별미를 싫어한다"는 것이다. 엘리후는 욥에게 '사람이 병에 들면 입맛을 잃을 것이고 좋은 특별한 음식을 보고도 싫은 마음이 생겨서 구역질만 할 것입니다'라고 말한다. 엘리후가 욥의 병세를 말하는 것은 욥도 별 수 없이 특별히 맛이 있는 음식까지 싫어하여 결국 죽을 수도 있다는 것을 암시하는 것이다. 욥 33:21은 "그의 살은 파리하여 보이지 아니하고 보이지 않던 뼈가 드러나서" 눈에 보이게 된다는 것이다. 엘리후는 욥에게 '병자의 살이 파리하여 살이 있는 듯, 없는 듯 보이지 아니하고, 보이지 않던 뼈가 눈에 보이게 드러난다'는 것이다. 아마도 욥의 병세(病勢)가 이때 이러했을 것이다. 욥 33:22은 "그의 마음은 구덩이에, 그의 생명은 멸하는 자에게 가까워지느니라"고 말한다. 엘리후는 욥에게 '이제 병자의 목숨은 무덤에 한층 다가서고, 그의 생명은 죽음의 문턱에 이르게 될 것입니다'라고 말한다. 본 절의 "구덩이"란 말은 '음부'(무덤)를 지칭하고(7:9), "멸하는 자"란 말은 '하나님의 명령을 따라 죽음을 선포하는 천사'를 지칭한다(삼하 24:16). 욥 33:23은 "만일 일천 천사 가운데 하나가 그 사람의 중보자로 함께 있어서 그의 정당함을 보일진대" 다음 절과 같은 일이 일어날 것이라고 말한다(If there be for him an angel, a mediator, one of the thousand, to declare to man what is right for him-RSV, ESV). 엘리후는 욥에게 '만일 일천 천사 가운데 한 명의 중보자 천사가 사람에게 무엇이 옳은 것인지를 말해주어 그 사람이 회개한다면 다음 절(24절)과 같은 일이 그 사람에게 일어날 것이라'고 말한다. 본절의 "일천 천사 가운데 하나"는 '구약 시대에 천사처럼 나타나시던 중보자로서 역사상에 그리스도로 오신 분을 예표한다'. 그는 언약의 사자이시다(말 3:1). 그리고 "중보자"란 말은 '하나님의 대언자'란 뜻이다. "그의 정당함을 보인다"는 말은 '인간에게 정당한 것이 무엇인지를 가르쳐 회개하게 만든다'는 뜻이다. 욥 33:24은 "하나님이 그 사람을 불쌍히 여기사 그를 건져서 구덩이에 내려가지 않게 하라 내가 대속물을 얻었다 하시리라"는 것이다. 엘리후는 욥에게 '하나님은 그에게 은혜를 베푸시고, 천사에게 말씀하실 것입니다. 그가 무덤으로 내려가지 않도록, 그를 살려 주어라. 내가 그의 대속물(속죄물)을 받았다고 말씀하실 것입니다'고 하실 것이란 뜻이다. 본절의 "구덩이"란 말은 '음부'를 뜻하는 말이고, "대속물"이란 그리스도의 대속의 그림자이다. 욥 33:25은 "그런즉 그의 살이 청년보다 부드러워지며 젊음을 회복하리라"고 말한다. 엘리후는 욥에게 '그렇게 되면 그의 살이 청년보다 부드러워질 것이며 건강도 되찾을 것입니다'라고 말한다. 중보자의 대속의 역할로 하나님의 구체적인 은혜, 다시 말해 그의 몸의 병이 회복되어 건강을 회복한다는 복이 언급되어 있다. 특히 본 절에서 엘리후가 욥의 살이 청년보다 부드러워진다고 말한 것은 욥의 피부가 악창으로 인하여 망가지게 된 것을 의식한 말로 보인다. 욥 33:26은 "그는 하나님께 기도하므로 하나님이 은혜를 베푸사 그로 말미암아 기뻐 외치며 하나님의 얼굴을 보게 하시고 사람에게 그의 공의를 회복시키시느니라"고 말한다. 엘리후는 욥에게 '그가 하나님께 기도를 드리면 그의 몸만 회복되는 것이 아니라 하나님은 그에게 은혜를 베풀어주실 것입니다. 그래서 그는 기쁨으로 하나님을 섬기게 되고, 하나님은 그를 다시 정상적으로 회복시켜 주셔서 다시 의롭게 하시는 사역을 부각시키고 있는 것입니다'라고 말한다. 본 절의 "하나님의 얼굴을 보게 하신다"는 말은 연약한 존재에 불과한 인간이 하나님의 은혜를 입어 하나님과 교제하며 지극히 영광스러운 축복을 누리는 상태에 들어갈 것이라는 뜻이다(시 17:15; 41:4; 89:15). 욥 33:27은 "그가 사람 앞에서 노래하여 이르기를 내가 범죄하여 옳은 것을 그르쳤으나 내게 무익하였구나"라고 말한다는 것이다. 엘리후는 욥에게 '회복자는 사람들 앞에서 노래를 할 것입니다. 나는 죄를 지어서 옳은 일을 그르쳤으나 하나님이 나를 용서하여 주셨습니다'라고 노래할 것이라고 말한다. 엘리후는 욥에게 회복과 회개를 가르쳐줌으로 욥에게 소망을 주고자 한다. 욥 33:28은 "하나님이 내 영혼을 건지사 구덩이에 내려가지 않게 하셨으니 내 생명이 빛을 보겠구나 하리라"는 것이다. 엘리후는 욥에게 '하나님이 나를 무덤에 내려가지 않게 구원해 주셨기에, 이렇게 살아서 빛을 즐기게 되었습니다'라고 말할 것이라 한다. 회복자는 하나님의 은혜로 자신의 영혼이 음부(무덤)에 내려가지 않고 생명의 빛을 보게 되었다고 감사하는 것이다. 욥 33:29-30에는 "실로 하나님이 사람에게 이 모든 일을 재삼 행하심은 그들의 영혼을 구덩이에서 이끌어 생명의 빛을 그들에게 비추려 하심이니라"고 하신다. 엘리후는 욥에게 '하나님께서 위에서 거론하신대로 사람에게 두 번, 세 번, 이렇게 꿈이나 이상이나 고통을 되풀이하여 주시는 목적은 사람으로 하여금 깨닫고 회개하여 생명을 무덤에서 다시 이끌어내셔서 생명의 빛을 보게 하시려는 것입니다'라고 말한다. 욥 33:31은 "욥이여 내 말을 귀담아 들으라 잠잠하라 내가 말하리라"고 한다. 엘리후는 "욥 어르신이여! 내 말을 귀담아 들으시고 더 이상 말씀하지 마시고 잠잠하시오. 내가 말하겠습니다"라고 말한다. 본절은 엘리후가 욥으로 하여금 더 이상 말하지 말고 자신의 말을 듣고 회개하기를 기원하는 말이다. 욥 33:32은 "만일 할 말이 있거든 대답하라 내가 기쁜 마음으로 그대를 의롭다 하리니 그대는 말하라"고 한다. 엘리후는 욥에게 '그러나 하실 말씀이 있으시면 말씀하시오. 내가 듣겠습니다. 서슴지 말고 말씀해 주십시오. 저는 욥 어르신이 옳으시다는 것을 드러내고 싶습니다. 저는 욥 어르신을 정죄하고 싶은 생각은 전혀 없으니 말씀을 하세요'라고 말한다. 욥 33:33은 "만일 없으면 내 말을 들으라 잠잠하라 내가 지혜로 그대를 가르치리라"고 말한다. 엘리후는 욥에게 '만일 하실 말씀이 없으시면 잠잠하고 내 말을 들으시오. 제가 지혜로 욥 어른에게 몇 말씀으로 가르쳐 드리려고 합니다'라고 말한다. 엘리후의 이 말은 엘리후 자신이 욥과 그의 세 친구들보다도 뛰어난 지혜를 소유하고 있다는 사실을 강조하기 위한 비유적 표현으로 볼 수 있다.

욥이 하나님께 기도를 드리면 그의 몸만 회복되는 것이 아니라 하나님은 그에게 은혜를 베풀어주실 것입니다. 그래서 그는 기쁨으로 하나님을 섬기게 되고, 하나님은 그를 다시 정상적으로 회복시켜 주셔서 다시 의롭게 하시는 사역을 부각시킬 것이라고 말한다. 우리의 기도는 우리의 문제점을 해결할 뿐 아니라 다른 은혜도 크게 받게 하는 것이다.

XXXVI. 욥 35:9-16은 우리의 기도는 다른 은혜도 크게 받게 한다는 것을 말씀한다.

욥 35:9-16에는 욥의 교만 때문에 기도 응답이 없는 것이라는 진술이 기록되어 있다. 인간의 어떤 경건이나 공로도 하나님의 보상을 요구할만한 것이 못 된다는 것을 앞에서 말한(1-8절) 엘리후는 이제 이 부분(9-16절)에서는 욥이 하나님을 뵐 수 없다고 말하고 있는데 그것은 욥의 죄 때문이라고 말한다. 엘리후의 생각은 욥의 세 친구들의 생각과 비슷하다. 욥 35:9은 "사람은 학대가 많으므로 부르짖으며 군주들의 힘에 눌려 소리치나" 다음 절들(10-11절)에서 욥을 포함하여 사람들은 하나님께 올바로 부르짖지 않는다고 말한다. 엘리후는 이제 분위기를 완전히 바꿔 욥이 기도 응답을 받지 못하는 이유를 진술한다. 엘리후는 '사람들은 억압이 심해지면 부르짖고, 세력이 있는 자들이 억누르면 누구에게나 구원을 청하면서 울부짖지만' 다음 절들(10-11절)에서 욥을 포함하여 사람들은 하나님께 올바로 부르짖지 않는다고 말한다. 엘리후의 주장은 사람들은 하나님을 바로 알지 못하여 부르짖어도 응답을 받지 못한다는 것이다. 욥 35:10은 "나를 지으신 하나님은 어디 계시냐고 하며 밤에 노래를 주시는 자가 어디 계시냐고 말하는 자가 없구나"라고 말한다. 본 절의 "나를 지으신 하나님은 어디 계시냐"는 어구와 "밤에 노래를 주시는 자가 어디 계시냐"고 말하는 어구는 동의구(同意句)로 사용되어 사람들은 나를 지어주신 하나님을 찾아야 하고, 캄캄한 "밤"은 역경과 환난의 때인데 이런 때를 변하여 희망을 주시는 하나님이 어디 계시냐고 하나님을 찾아 나서야 하는데, 사람들이 올바로 하나님께 부르짖지 않는다는 것이다. 그러나 욥은 그 고난 중에서 진지하게 하나님께 부르짖은 것으로 보아야 한다. 욥 35:11은 "땅의 짐승들보다도 우리를 더욱 가르치시고 하늘의 새들보다도 우리를 더욱 지혜롭게 하시는 이가 어디 계시냐고 말하는 이도 없구나"라고 말한다. 엘리후는 '하나님이 우리에게 짐승들이나 새들이 가진 지혜보다 더 나은 지혜를 주셨는데도 하나님께로 돌아가지 않는다'고 말한다. 본 절에서 엘리후의 주장은 하나님께서 사람들에게는 짐승과는 차원이 다른 지혜를 주셨는데도 하나님께 부르짖지 않는다고 정죄하는 것이다. 아무튼 엘리후는 욥을 꾸짖는데 있어 다방면으로 꾸짖고 있음을 볼 수 있다. 우리는 하나님께 기도하여 문제를 해결하고 살아야 하며 모든 은혜를 받고 살아야 할 것이다. 욥 35:12은 "그들이 악인의 교만으로 말미암아 거기에서 부르짖으나 대답하는 자가 없다"고 말한다. 엘리후는 '사람들(욥을 포함하고 있다)이 거만하고 악하므로 하나님께 도와주시라고 부르짖어도 하나님은 들은 체도 않으십니다'라고 말한다. 믿음 없이 기도하는 것을 정죄한 엘리후는 본 절에서는 교만한 마음으로 기도하는 사람들을 정죄하고 있다. 욥의 고난을 듣지 않으시는 데는 하나님의 섭리가 있었는데 엘리후는 그것도 모르고 욥의 기도가 응답되지 않는 것은 그가 교만하기 때문이라고 말하고 있다. 엘리후는 욥의 기도가 응답되지 않는 가지가지의 이유를 말하고 있다. 욥 35:13은 "헛된 것은 하나님이 결코 듣지 아니하시며 전능자가 돌아보지 아니하심이라"고 말한다. 엘리후는 '전능하신 하나님은 악한 자들의 기도를 듣지도 않으시고, 그들의 호소를 돌아보아 주지도 않으신다'라고 말한다. 엘리후는 욥을 악인으로 규정하고 욥의 부르짖음을 헛된 부르짖음으로 매도하고 있다. 욥을 위해 나타났다고 하는 엘리후는 오히려 안 나타났더라면 좋았을 사람이 되었다. 오늘 우리는 다른 사람들의 고통을 살뜰히 돌보고 있는 것인가를 살펴야 할 것이다. 욥 35:14은 "하물며 말하기를 하나님은 뵈올 수 없고 일의 판단하심은 그 앞에 있으니 나는 그를 기다릴 뿐이라 말하는 그대일까보냐"고 말하는 자이다(How much less when you say that you do not see him, that the case is before him, and you are waiting for him!-RSV, ESV). 엘리후는 욥에게 '욥 어르신은 하나님을 볼 수 없다고 말씀했고 또 어르신께서 하나님께 드려놓은 기도 응답이 하나님 앞에 놓여 있다고 말씀하시니 무슨 기도 응답이 있을 수가 있습니까'라고 말한다. 그러나 훗날 하나님께서는 욥에게 응답하셔서 엄청난 복을 주셨다(42장). 욥 35:15은 "그러나 지금은 그가 진노하심으로 벌을 주지 아니하셨고 악행을 끝까지 살피지 아니하셨으므로" 벌을 주지 아니하셨다는 것이다. 엘리후는 욥에게 '욥 어르신은 하나님께서 벌을 내리지 않으시고, 또 사람의 죄에도 별로 관심이 없다고 생각하십니다'라고 말한다. 본 절의 "그가 진노하심으로 벌을 내리지 않으신다"는 말에 대해서는 두 가지 견해가 있다. 1) 욥이 진노함으로 벌을 내리지 않았다는 뜻이라고 하는 견해(Hahn, Rawlinson, Cook, 이상근). 2) 하나님께서 진노하심으로 벌을 주지 않으셨다는 뜻으로 보는 견해(Rosenmueller, Noyan, Lange, 박윤선, 그랜드 종합 주석). 문맥을 살필 때, 2)의 견해가 더 바른 것으로 본다. 그러니까 하나님께서 아직 벌을 주지 않으셨고 또 욥의 악행을 끝까지 살피지 않으셨기 때문에 욥이 교만하게 행동했다는 것이다. 엘리후는 욥의 세 친구처럼 세상의 인과응보론에 매어 있는 사람임을 볼 수 있다. 욥 35:16은 “욥이 헛되이 입을 열어 지식 없는 말을 많이 하는구나”라고 말한다. 엘리후는 ‘그러나 명심하세요. 욥 어르신께서 입을 열어 말씀을 계속하시는 것은 쓸데없는 일입니다. 어르신은 자기가 하는 말이 무엇인지도 모르시기 때문에 말씀을 많이 하시는 것입니다’라고 말을 한다. 엘리후는 욥이 아직 벌을 덜 받아서 교만하게 말을 더 하는 것이라고 했다.

XXXVII. 욥 42:7-9은 욥이 세 친구들을 위하여 속죄제를 드리고 기도한 즉 세 친구들의 죄를 용서하신다는 것을 말한다.

욥 42:7-9은 욥이 친구들을 위해 중보의 기도를 드린 일(7-9절), 하나님께서 욥을 완전히 회복시켜 주신 일(10절)을 진술한다. 욥 42:7-9은 A. 욥이 친구를 위해 중보 기도를 드린 것을 말한다. 하나님께서는 먼저 욥의 세 친구들을 책망하신다. 그런 다음 욥을 통하여 기도를 받을 것을 지시하신다. 하나님의 말씀 따라 세 친구들은 실행에 옮긴 것이다. 욥 42:7에는 여호와께서 욥에게 이 말씀을 하신 후에 여호와께서 데만 사람 엘리바스에게 이르시되 내가 너와 네 두 친구에게 노하나니 이는 너희가 나를 가리켜 말한 것이 내 종 욥의 말 같이 옳지 못함이니라. 주님께서는 욥에게 말씀을 마치신 다음에 데만 사람 엘리바스에게 "내가 너와 네 두 친구에게 분노하는 것은 너희가 나를 두고 말한 것이 내 종 욥처럼 옳게 말하지 못하였기 때문이라"고 하셨다. 데만 사람 엘리바스는 세 친구들 중에 가장 연장자였다(2:11). "내가 너와 네 두 친구에게 노하나니 이는 너희가 나를 가리켜 말한 것이 내 종 욥의 말 같이 옳지 못했다"고 하신다. 하나님께서 엘리바스와 두 친구에게 노하시는 이유는 이들의 말이

인과응보(因果應報)설이었기 때문에 이들의 주장은 욥에게 큰 실례가 되었다는 것이다. 욥 42:8에는 그런즉 너희는 수소 일곱과 숫양 일곱을 가지고 내 종 욥에게 가서 너희를 위하여 번제를 드리라. 내 종 욥이 너희를 위하여 기도할 것인즉 내가 그를 기쁘게 받으리니 너희가 우매한 만큼 너희에게 갚지 아니하리라. 이는 너희가 나를 가리켜 말한 것이 내 종 욥의 말 같이 옳지 못함이라. '그러므로 이제 너희(엘리바스, 빌닷, 소발)는, 수송아지 7마리와 숫양 7마리를 마련하여, 내 종 욥에게 가지고 가서, 너희가 용서받을 수 있도록 번제를 드려라. 내 종 욥이 너희를 용서하여 달라고 빌면 내가 그의 기도를 들어줄 것이다. 너희가 나를 두고 말을 할 때에, 내 종 욥처럼 옳게 말하지 않고, 어리석게 말하였지만, 내가 그대로 갚지는 않을 것이다'라고 하신다. 수송아지 7마리와 숫양 7마리는 아주 많은 제물이었다. 이렇게 많은 제물을 드리라고 하신 것은 이들의 죄가 심각하다는 것을 말하는 것이다(레 23:18; 민 23:1, 14, 29; 28:11, 19, 27; 29:2, 8, 36). 욥은 원래 가정의 제사장이었는데(1:5), 이제 하나님께서는 세 친구들을 위한 제사장으로 위임하셨다. "너희를 위하여 번제를 드리라"고 하신 것은 '욥으로 하여금 번제를 드리도록 하라'는 뜻이다. 번제는 원래 제물을 바짝 태워드리는 제사로서 보통은 헌신제로 알고 있으나(모세 5경) 원래 속죄의 뜻이 있었다. 욥의 세 친구들은 속죄를 드리지 않으면 안 되었다는 것을 보여준다. 오늘 우리도 죄를 지으면 십자가의 피로 씻음 받아야 한다. "내 종 욥이 너희를 위하여 기도할 것인즉 내가 그를 기쁘게 받으리라"고 하신다. 이는 욥이 속죄제를 드리면서 기도하는 것을 들으시고 세 친구들의 죄를 용서하시겠다는 뜻이다. 욥 42:9에는 이에 데만 사람 엘리바스와 수아 사람 빌닷과 나아마 사람 소발이 가서 여호와께서 자기들에게 명령하신 대로 행하니라. 여호와께서 욥을 기쁘게 받으셨더라. 그래서 데만 사람 엘리바스와 수아 사람 빌닷과 나아마 사람 소발이 가서, 주님께서 그들에게 말씀하신 대로 수소 7마리와 숫양 7마리를 가져가니, 주님께서 욥의 기도를 들어주셨다. 본 절은 하나님과 죄인의 중보자로서 새로운 역할을 감당하게 된 욥의 모습을 부각시키고 있는데, 욥이 이와 같이 제사장으로서 화목 사역과 용서의 과업을 한 것은 예수 그리스도의 구원 사역을 통해 완전히 성취될 것이었다. 따라서 욥은 하나님과 죄인 사이의 화목 사역을 감당하실 예수 그리스도의 예표였다.

XXXVIII. 욥 42:10-17은 욥이 친구들을 위해 기도한 후 욥에게 두 배의 복이 임한 것을 말한다.

욥 42:10-17에는 욥이 회복된 일이 진술되어 있다. 욥이 세 친구들을 위해 기도할 때 여호와께서 욥의 곤경을 돌이키셔서 가정 화목에도 복을 주셨고(11절), 물질에도 갑절의 복을 주셨으며(12절), 자녀도 갑절을 주셨고(13-15절), 욥에게 140년의 수를 누리게 하셨으며(16절), 욥으로 하여금 나이 장수하게 하셨다는 내용(17절)이 들어 있다. 42:10은 "욥이 그의 친구들을 위하여 기도할 때 여호와께서 욥의 곤경을 돌이키시고 여호와께서 욥에게 이전 모든 소유보다 갑절이나 주셨다"는 것을 말씀하신다. 욥이 주님께 자기를 괴롭힌 친구들을 용서해 달라고 기도를 드리고 난 다음에 주님께서 그 친구들을 용서해 주셨고, 욥 자신을 회복시켜 주셨다. 주님께서 욥의 신체의 악창(2:7)을 고쳐주셨고 또 욥의 재산을 회복시켜 주셨는데, 욥이 이전에 가졌던 모든 재산보다 배(양 14,000마리와 낙타 6,000마리와 소 1,000겨리와 암나귀 1,000마리)나 더 주셨다는 것이다. 몸의 회복과 재산 배가를 주신 것은 작은 복이 아니었다. 우리도 남을 위해 기도해준다는 것은 얼마나 복인가를 알 수 있다. 욥 42:11은 "이에 그의 모든 형제와 자매와 이전에 알던 이들이 다 와서 그의 집에서 그와 함께 음식을 먹고 여호와께서 그에게 내리신 모든 재앙에 관하여 그를 위하여 슬퍼하며 위로하고 각각 케쉬타 하나씩과 금 고리 하나씩을 주었다"는 것이다. 본 절은 욥이 친구들을 위하여 기도한(10절) 결과 이루어진 일들을 보여준 것이다. 욥이 환란 중에 있을 때 욥을 멀리했던 모든 형제와 자매와 전부터 그를 알던 친구들이 다 그에게 찾아와서 그의 집에서 그와 함께 기뻐하면서 음식을 먹고 마셨다. 그들은 주님께서 그에게 내리신 그 모든 재앙을 생각하면서 슬퍼하기도 하였고, 또 위로하기도 하였다. 그러면서 그들은 저마다 그에게 돈을 주기도 하였고, 금반지 한 개씩을 끼워 주기도 하였다. "케쉬타"(קְשִׂיטָה)는 본 절 이외에 창 33:19; 수 24:32에 또 나타나는데 족장 시대의 돈 단위로 본다(K.&D., Lange, Rawlinson). "금 고리"는 금으로 만든 귀걸이나 혹은 코걸이로 남녀들이 공히 사용하였다. 욥 42:10-17은 "여호와께서 욥의 말년에 욥에게 처음보다 더 복을 주시니 그가 양 140,000과 낙타 6,000과 소 1,000겨리와 암나귀 1,000을 두었다"고 말한다. 주님께서 욥의 말년에 이전(1:3)보다 더 많은 복을 주셔서 욥이 양을 14,000마리, 낙타 6,000마리, 소 1,000겨리("겨리"란 소 두 마리가 끄는 큰 쟁기), 나귀 1,000마리나 거느리게 하셨다. 본 절은 하나님의 현세적인 구원이 완전함을 보여준다. 또한 하나님 나라의 내세의 구원도 완전하신 것을 보여준다. 욥 42:13은 "또 아들 일곱과 딸 셋을 두었다"고 말한다. 그리고 욥은 아들 일곱과 딸 셋을 낳았다. 이미 천국에 간 아들 7명과 딸 3명을 합하면 아들 14명, 딸 6명 도합 20명이 된다. 꼭 곱을 얻은 셈이다. 욥 42:14은 "그가 첫째 딸은 여미마라 이름하였고, 둘째 딸은 긋시아라 이름하였고 셋째 딸은 게렌합북이라 이름하였다"는 것이다. 첫째 딸은 여미마, 둘째 딸은 긋시아, 셋째 딸은 게렌합북이라고 불렀다. "여미마"(יְמִימָה)란 이름은 '비둘기'라는 뜻이다(아 2:14; 5:2; 6:9). 혹은 '날'(day)이란 뜻으로 보기도 한다(LXX, Vulgate, Rawlinson). "긋시아"(קְצִיעָה)라는 이름은 '향내 나는 계수나무'란 뜻이다(시 45:8). 그리고 "게렌합북"(קֶרֶן הַפּוּךְ)이란 이름은 '물감의 뿔'이란 뜻으로 눈 화장을 할 때 쓰이는 것이라 한다. 세 자매의 이름들은 모두 아름다운 이름들이었다. 욥 42:15은 "모든 땅에서 욥의 딸들처럼 아리따운 여자가 없었더라. 그들의 아버지가 그들에게 그들의 오라비들처럼 기업을 주었다"는 것이다. 본 절 안에는 두 가지가 기록되어 있다. 하나는 "모든 땅에서 욥의 딸들처럼 아리따운 여자가 없었더라"는 말과 또 하나는 "그들의 아버지가 그들에게 그들의 오라비들처럼 기업을 주었다"는 말이 기록되어 있다. "모든 땅에서 욥의 딸들처럼 아리따운 여자가 없었더라"는 말은 욥에게서 태어난 세 딸들은 그 인물이 아름다웠다는 뜻이다. 욥이 복을 받아 낳은 딸들이기 때문에 땅의 모든 여자들 중에서 제일 아름다웠다는 것이다. 그리고 "그들의 아버지가 그들에게 그들의 오라비들처럼 기업을 주었다"는 말은 모세 5경에는 없는 말로써 딸들에게도 상속 재산을 주었다는 것을 뜻한다. 그런고로 욥을 율법 시대 이전의 사람으로 보는 것이다. 욥 42:16은 "그 후에 욥이 140년을 살며 아들과 손자 4 대를 보았다"는 것이다. 욥이 환란이 끝난 뒤에 140년을 더 살면서 그의 아들과 손자 4대를 보았다는 것이다. 70인역(LXX)에는 욥이 70세에 환란을 겪은 것으로 기록되어 있다. 그렇다면 욥은 70세에 회복되어 140년을 살았으니 210세를 산 것으로 된다. 그가 이 세상에서 장수를 누린 것은 하나님의 복을 충분히 받았다는 것을 증명한다. 왜냐하면 하나님께서는 하나님을 잘 섬기는 자에게는 날 수를 더 하는 복을 주시겠다고 분명히 말씀하셨기 때문이다(출 23:25-26). 욥 42:17은 “욥이 늙어 나이가 차서 죽었다”는 것이다. 욥이 이렇게 오래 살다가 나이가 차서 세상을 떠났다는 것이다. 본 절과 같은 기록 방식은 고대의 훌륭한 족장이나 혹은 훌륭한 왕, 혹은 제사장의 죽음에 대하여 기록한 양식과 똑같은 것이다(창 25:8; 35:29). 욥이 하나님의 주권적 섭리 가운데서 복을 누리며 살다가 죽었음을 의미한다. 우리는 하나님의 손 안에 우리 자신들을 전적으로 맡기면서 살아야 할 것을 권고 받는다. 우리는 우리를 괴롭히는 사람들을 모두 품에 품고 기도하여 긍휼을 받게 하고 은혜를 받게 해야 한다. 그러면 우리에게는 말할 수 없는 복이 임함을 경험하게 된다.

XXXIX. 교회 일을 하는 중에 당하는 어려움이 있을 때 기도해야 한다는 것을 말한다.

1) 교인 숫자가 늘지 않음으로 당하는 어려움이 있다. 이 문제를 위해서는 기도해야 한다. 기도하면 기도한 만큼 교회가 성장한다. 기도를 잘 할 줄 모르는 목사는 평생 작은 회중에게 복음을 증거할 수밖에 없다.

2) 어떤 목사들은 교회당도 없이 어느 창고 같은 건물을 빌려서 예배하고 있다. 참으로 보기에도 참 안타까워 보인다. 그런 분들은 기도를 많이 하여 교회당 건물을 마련해야 한다. 그러나 목사들 중에는 자기 기도가 약한 줄 모르고 평생 복음 전하는 분들이 있다.

3) 어떤 목사들은 고독하다는 것을 말하는 것을 볼 수 있다. 그런 분들은 하나님께 동행해 주시라고 부르짖어야 한다. 하나님께서 동행해 주시는 것이 최고의 복이다. 목회자가 고독하다고 말하는 것은 부끄러운 일이다.

4) 교인들 중에는 항상 목회자를 꼭꼭 찌르는 분들이 있다. 그분이 없어지면 다른 분이 대신한다. 목회자는 그런 분들이 하나님께서 목회자로 하여금 기도하라고 세워주셨음을 알아야 한다. 그런 분들

을 향해서 목회자는 항상 감당할 수 없는 분임을 하나님께 참으로 말씀드려야 한다. 그러면 잘 감당할 수 있는 힘을 주신다. 하나님께서 주시는 힘은 우리의 힘이 아니라 하나님의 힘이다.

XL. 우리는 하늘 아래에서 최고의 삶을 추구해야 할 것이다.

1) 최고의 삶이란 다름 아니라 성령님이 이끄시는 삶을 말한다. 우리 자신이 이끄는 삶이란 죄악의 삶이다. 우리가 최고의 삶을 살기 위해서는 성령 충만을 구해야 한다(엡 5:18). 성령 충만이란 성령님이 우리의 인격 전체를 주장하는 삶을 말한다(엡 5:18).

2) 성령 충만하면 하나님을 찬송하게 되고(엡 5:19), 하나님께 감사하게 되며(엡 5:20), 성도들끼리 피차 복종하게 된다(엡 5:21).

3) 최고의 삶의 또 한 가지 방면은 아내들이 남편에게 복종하게 되는 것이다(엡 5:22-24).

4) 최고의 삶의 또 한 가지 방면은 남편들이 아내를 지극히 사랑하게 되는 것이다(엡 5:25-33).

5) 최고의 삶의 또 한 가지 방면은 자녀들이 부모에게 순종하는 삶이다(엡 6:1-3).

6) 최고의 삶의 또 한 가지 방면은 아비들이 자녀 교육을 아주 부드럽게 잘 하는 것이다(엡 6:4).

7) 최고의 삶의 또 한 가지 방면은 밑에 있는 사람들이 육체의

상전들에게 잘 순종하는 것이다(엡 6:5-8).

8) 최고의 삶의 또 한 가지 방면은 상전들은 아래 있는 사람들을 위협적으로 대하지 않고 부드럽게 대하게 되는 것이다(엡 6:9).

9) 최고의 삶의 또 한 가지 방면은 사람이 성령 충만하면 마귀를 잘 대적하는 것이다(엡 6:10-20).

우리는 성령이 충만하기 위하여 매일 적어도 20분씩은 기도해야 한다. 그러니까 매일 두 세 시간씩 기도하는 중에 제일 중요한 성령 충만을 위해 적어도 20분 정도는 기도해야 한다. 그러면 우리는 성령님이 이끄시는 삶을 살 수 있는 것이다. 성령님이 이끄시는 삶을 살게 되면 소위 사회적 죄악을 짓지 않게 된다.

XLI. 사람의 힘으로는 불가능한 것들을 이루기 위해서는 점점 더 기도가 깊어져야 하는 것이다(마 7:7-8).

마 7:7-8에 "구하라 그러면 너희에게 주실 것이요. 찾으라 그러면 찾을 것이요. 문을 두드리라 그러면 너희에게 열릴 것이니, 구하는 이마다 얻을 것이요. 찾는 이가 찾을 것이요. 두드리는 이에게 열릴 것이니라." 여기 "구하라", "찾으라", "두드리라" 이 세 단어는 동의어가 아니다. 이 세 단어들은 기도의 세 형태들을 보여주는 말도 아니고, "기도"와 비슷한 단어도 아니다. 이 세 단어들은 기도의 응답을 받기 위한 세 단계들이다(잭 하일스 지음, 박희원 옮김).

잭 하일스는 말하기를 기도의 한 형태는 구하는 것이다. 그것이 내가 하는 전부이다. 하나님께서 응답을 하셔야 하는 것이다. 기도의 또 한 형태는 구하고 찾는 것이다. 그 일에는 하나님과 내가 동역하는 것이다. 기도의 또 다른 형태는 구하고 찾고 두드리는 것이다. 하나님과 내가 함께 일을 하지만 다른 사람의 반응이 필요하다. 그래서 내가 이 셋을 다해야 하는 것이다. 사실상 이 단어들은 연속적인, 즉 지속적인 시제이기 때문에 우리는 이 셋을 계속해야 하는 것이다. 내가 하나님만이 할 수 있고 사람은 아무런 관계가 없는 어떤 것이 필요할 때 나는 구하고 구하고 구하고 계속해서 구하여야 한다. 내가 하나님과 함께 일할 때는 구하고 구하고 구하기를 계속해야 할뿐 아니라 찾고 찾고 찾고 또 찾기를 계속해야 한다. 그럴 때 나는 구하고 구하고 구하고 구하기를 계속해야 하는 것이다. 나는 일하고 일하고 일하고 일하기를 계속해야 하는 것이다. 그것을 찾기를 계속하는 또 다른 모습이다. 그리고 나는 다른 사람이 반응이 있을 때까지 두드리고 두드리고 두드리고 두드리기를 계속해야 하는 것이다. 하나님께서 움직이셔야 할 때는 구하기를 계속해야 한다. 하나님과 내가 움직여야 할 때는 구하기와 찾기를 계속해야 한다. 하나님과 내가 움직여야 할 때 나는 구하기를 계속하고 두드리기를 계속해야 하는 것이라고 말한다.

성경 주석을 쓴 주석가 윌렴 헨드릭슨(William Hendricksen)이나 트렌취, 렌스키, 고데이 등은 약간 달리 주장한다. 즉 "구하는 것"이나 "찾는 것," 그리고 "두드리는 것"이 단순히 동의어로 쓰인 것인가. 다시 말해 세 동사가 똑 같은 것을 지칭하는 것인가. 아니면 "구하는 것"보다는 "찾는 것"이 더 강하고 "찾는 것" 보다는 "두드리는 것"이 더 강한 것인가. 혹자들은 이 세 단어를 동의어로 보는가 하면, 또 다른 학자들은(Trench, Lenski, Godet, Hendriksen, 이상근, 이순한) "구하는 것"보다는 "찾는 것"이 더 강하고 "찾는 것" 보다는 "두드리는 것"이 더 강한 의미를 가지고 있다고 말한다. 문맥(5-8절)을 보면 뜻이 점점 더 강해지는 것으로 되어 있다. 간청하는 사람(8절)은 밤중에 갑자기 벗이 찾아와서 떡 세 덩이를 꾸러 밤중에 자기의 벗을 찾아 떡 세 덩이를 꾸어달라고 구했다(5-6절). 그 사람은 밤중이라 벗의 집 문을 찾는 노력을 했다(7-8절). 그런데도 떡을 얻지 못하자 문을 계속해서 두드렸다(8절). 그런고로 세 단어가 동의어로 사용되었다고 보기 보다는 점점 더 강한 뜻을 가진 단어로 보는 것이 바를 것이다. 그러나 "구하는 것"이나 "찾는 것," 그리고 "두드리는 것" 모두는 간청(importunity)이라는 범주에 속한 단어들이다. 그러니까 간청하는 기도의 요소 속에는 구하는 방면도 있고 찾는 노력도 있고 두드리는 노력도 있다고 보아야 한다. 다시 말해 간청하는 기도 속에는 이 세 요소가 포함되어 있다고 보아야 할 것이다. 우리는 문이 열릴 때까지 구하고 찾고 두드려야 한다. 우리는 응답을 받을 때까지 간청해야 할 것이다(김수홍, 누가복음 주해에서). 헤르만 리델보스는 "'구하라', '찾으라', '두드리라'는 단어들은 기도의 세 가지 각기 다른 방법을 나타낸다. '구하라'고 번역된 헬라어 단어는 정열과 집요한 관심을 기울이는 욕망을 표현한다. '찾으라'는 단어는 욕망이 쉽게 충족될 수 없는 것이라도 발견할 때까지 더 많은 수고를 기울여야 할 것을 지시한다. '두드리라'는 표현은 기도로써 하나님께 집요하게 강청해야 할 것이라는 사상을 전해주며, 반드시 열려야 할 것인데 닫힌 문을 생각나게 한다(눅 11:5-8 참조). 끊임없이 구하고, 찾고, 두드리는 사람은 모두 응답을 받을 것이다"라고 주장한다(김수홍 마태복음 주해(상) p. 233.).

XLII. 쉬지 않고 기도하면 최고의 것을 얻는다.

살전 5:17은 쉬지 말고 기도하라고 말하고 있다. 쉬지 말고 기도하라는 말(눅 21:36; 골 4:2; 벧전 4:7)은, 1)시간을 정해놓고 규칙적으로 기도하라는 말이고, 2)일상 사무를 보는 중에도 기도의 제목과 기도의 내용을 마음에 품고 기도하는 심정으로 하라는 것이다. 예수님은 눅 18:1에서 "항상 기도하고 낙망치 말라"고 교훈하신다. 바울은 롬 12:12에 "기도에 항상 힘쓰라"라고 말하고, 엡 6:18에서는 "무시로 성령 안에서 기도하라"고 말씀한다. 우리는 항상 하나님께 의지하는 자세를 취해야 한다. 세계의 신앙인들이 증언하기를 우리가 기도한 만큼 사람이 되고 일이 된다고 한다. 이 진리를 모르는 사람들은 교회 안에서 많은 문제를 일으킨다. 이유는 기도는 하지 않고 일을 처리하려할 뿐 아니라 기도하는 사람들을 비난하기 때문이다.

살전 5:18에는 "범사에 감사하라"는 말씀이 있다. "범사"에 감사하라는 말은 '모든 환경을 만나서' 하나님께 감사하라는 말이다(엡 5:20; 골 3:17). 기쁘지 않은 환경, 불행한 듯이 보이는 환경을 만나서도 하나님께 감사하라는 것이다. 성도에게는 모든 것이 합력하여 선을 이루기 때문이다(롬 8:28). 모든 일이 합력하여 선이 된다는 말은 모든 일이 영적으로 좋은 일로 결론 난다는 말이다. 사업이 도산했을 때 더 좋은 기업이신 예수님을 만나기도 하며, 건강을 잃었을 때 우리의 최고의 의원이신 예수님을 발견케 되기도 하니 감사해야 한다. 성도는 또 남이 잘 되었을 때에도 감사해야 한다. 남이 잘 되게 된 것도 하나님의 은혜 중에 된 일이니 하나님께 감사해야 하고, 또 감사할 때 내 기쁨도 더해지게 되니 감사해야 한다. 또 감사할 때 나도 은혜를 더 받으니 범사에 감사해야 한다. 이는 그리스도 예수 안에서 너희를 향하신 하나님의 뜻이니라. "이는"이란 말은 '기뻐하는 것과 기도하는 것, 그리고 감사하는 것' 세 가지가 "그리스도 예수 안에서 성도들을 향하신 하나님의 뜻이라"는 것이다. 다시 말해 '성도들이 지키도록 그리스도 예수 안에서 계시하신(보여주신) 하나님의 뜻(소원)'이란 말이다. 성경 말씀은 모두 예수님을 통하여 하나님께서 계시하신 뜻이지만 특별히 세 가지는 성도들이 지키도록 그리스도를 통하여 보여주신 하나님의 뜻이라는 것이다. 여기 "이"란 말이 비록 단수(單數)이지만 문맥으로 보아 바로 앞의 세 가지, 곧 기뻐하는 것, 기도하는 것, 감사하는 것 세 가지를 다 포함하는 것으로 보아야 한다. 바울은 이 세 가지를 한 묶음의 말씀으로 주었다.

XLIII. 우리는 예수님께서 하신 일보다 더 큰 일들을 할 수 있는 것이다.

요 14:12-13은 내가 진실로 진실로 너희에게 이르노니 나를 믿는 자는 내가 하는 일을 그도 할 것이요 또한 그보다 큰 일도 하리니 이는 내가 아버지께로 감이라. 너희가 내 이름으로 무엇을 구하든지 내가 행하리니 이는 아버지로 하여금 아들로 말미암아 영광을 받으시게 하려 함이라고 하셨다. 요 14:12에는 "내가 진실로 진실로 너희에게 이르노니 나를 믿는 자는 내가 하는 일을 그도 할 것이요 또한 그보다 큰일도 하리니 이는 내가 아버지께로 감이라"고 하셨다. 1) 예수님은 다시 중대한 선언을 하시기 위하여 "진실로 진실로"라고 말씀하신다. 예수님은 본 절에서 두 가지를 말씀하신다. 하나는 "나를 믿는 자는 내가 하는 일을 그도 할 것이라"는 것이다(마 21:21; 막 16:17; 눅 10:17). 예수님을 주님으로 믿고 철저하게 순종하는 자는 예수님께서 하신 일을 그 사람도 할 것이라는 말씀이다. 왜냐하면 "내(예수님)가 아버지께로 가기" 때문이다. 다시 말해 예수님께서 아버지께로 가셔서 성령님을 보내주실 것이기 때문에 제자들도 예수님께서 하신 일을 할 것이라는 것이다. 또 하나는 "그보다 큰 일도

할 것이라"고 하신다. 예수님께서 지상에서 하신 일보다 더 큰 일, 곧 전도사역을 할 것이라는 것이다(행 2:41; 4:4; 5:20-21, 24). 이유는 예수님께서 아버지께로 가셔서 성령님을 보내주실 것이기 때문이다. 제자들이 이 땅에서 더 큰 사역을 할 수 있었던 것은 성령님께서 함께 하셨기 때문이다. 제자들은 예수님께서 떠나가시는 일 때문에 근심할 것이 아니라 성령님이 오셔서 엄청난 일들을 하시기 때문에 기뻐해야 했다. 제자들이 예수님의 이름으로 기도하면 응답하신다(14:13-15)는 것이다. 요 14:13에는 너희가 내 이름으로 무엇을 구하든지 내가 행하리니 이는 아버지로 하여금 아들로 말미암아 영광을 받으시게 하려 함이라고 하신다. 예수님은 제자들이 예수님이 하신 일을 할 수 있고 또 그 보다 큰일도 할 수 있다고 하셨는데(12절) 그렇게 하기 위해서는 제자들이 기도해야 한다고 본 절에서 말씀하신다. 기도 없이는 아무 것도 할 수 없다. 예수님은 "너희가 내 이름으로 무엇을 구하든지 내가 행하시겠다"고 하신다(15:7, 16; 16:23-24; 마 7:7; 21:22; 막 11:24; 눅 11:9; 약 1:5; 요일 3:22; 5:14). 여기 "내(예수님) 이름으로"란 말은 '예수님을 믿고' 혹은 '예수님의 공로를 의지하고'란 뜻으로 예수님의 십자가 공로를 믿고 기도하라는 것이다. 예수님의 십자가 공로를 의지하고 기도하면 예수님께서 기도한 것과 같이 하나님으로부터 응답받으리라는 말씀이다. 그리고 "무엇을 구하든지"란 말은 12절에서 말한 "내(예수님)가 하는 일과 그 보다 큰 일들"을 포함한다. 하나님께 영광 되는 일이라면 무엇이든지 예수님께서 응답하시겠다는 것이다. "내가 행하리니"란 말은 예수님께서 기도 응답을 하신다는 것이다. 예수님께서 하나님과 사람 사이의 중보자로서 기도를 응답하신다는 말씀이다. 사람이 예수님께서 하신 "일보다 더 큰 일"(12절)을 하는 것이 결코 아니다. 예수님께서 행하시겠다는 의미이다. 더 큰 일을 위해서 기도하면 예수님께서 이루어주신다는 것이다. 예수님께서 기도에 응답하시는 목적은 "아버지로 하여금 아들로 말미암아 영광을 받으시게 하기" 위함이다. 여기 "아들로 말미암아"란 말은 '예수님의 중보로 말미암아'란 뜻으로 예수님의 중보사역을 지칭한다. 예수님의 기도 응답은 결국 하나님께 영광이 돌아간다는 것이다.

XLIV. 약 5:13-16은 너희 중에 고난당하는 자가 있느냐. 그는 기도할 것이요 즐거워하는 자가 있느냐 그는 찬송할지니라. 너희 중에 병든 자가 있느냐 그는 교회의 장로들을 청할 것이요, 그들은 주의 이름으로 기름을 바르며 그를 위하여 기도할지니라. 믿음의 기도는 병든 자를 구원하리니 주께서 그를 일으키시리라. 혹시 죄를 범하였을지라도 사하심을 받으리라. 그러므로 너희 죄를 서로 고백하며 병이 낫기를 위하여 서로 기도하라. 의인의 간구는 역사하는 힘이 큼이니라 고 말한다.

약 5:13에는 고난 중에 기도하고 즐거울 때 찬송하라는 말씀이 있다. 야고보는, 인간이 만나는 두 가지 측면인 고난과 즐거움에 대해 말하면서, 고난을 당했을 때는 기도할 것이고, 즐거울 때는 찬송해야 할 것이라고 말한다(13절). 야고보는 성도들이 당하는 고난이나 즐거움에 어떻게 대처해야 하는지를 알려 준다. 야고보는 성도들에게 고난을 당했을 때는 "기도하라"고 말한다. "기도할 것이요"라는 말은 현재 능동태로서 '계속해서 기도하라'는 뜻이다(눅 18:1; 살전 5:17). 그리고 즐거움을 맞이해서는 "찬송하라"고 부탁한다(엡 5:19; 골 3:16). 즉 성도들은 언젠가는 이 두 경우 중 하나를 당하게 마련인데, 그럴 때 그들은 기도하거나 찬송을 해야 한다는 것이다. 그러나 이것은 성도가 그 두 경우 중 어느 하나를 당할 때 한 가지를 더 열심히 하라는 것이지, 결코 고난을 당할 때 찬송은 하지 말라는 권고도 아니고, 즐거움을 맞이했을 때 기도는 아예 하지 말라는 권면이 아니다. 바울과 실라는 빌립보 감옥에서 고난을 당할 때 찬송을 드렸다(행 16:25). 약 5:14-16은 고난 중에 기도할 때는 교회의 장로들을 청하라고 말한다. 야고보는 성도들이 고난을 당했을 때 교회의 장로들을 청하여 기도할 것을 권한다(14-16절). 약 5:14에는 너희 중에 병든 자가 있느냐 저는 교회의 장로들을 청할 것이요. 그들은 주의 이름으로 기름을 바르며 위하여 기도할지니라. 많은 고난 중에 하나인 병에 걸린 경우, 교인들은 교회의 장로, 곧 오늘로 말하면 교회의 목사들이나 장로들을 청해서 합심 기도를 해야 한다는 것이다. 초대 교회 때는 목사와 장로를 모두 장로라고 불렀다(딤전 5:17; 벧전 5:1). 초청받은 목사들이나 장로들은 우선 병자에게 기름을 바르고, 그 다음에 그 병자를 위하여 기도해야 한다고 야고보는 말한다. 여기서 주의할 것은 개역 판의 문장은 "기름을 바르며 위하여 기도할지니라"고 되어 있어서 기름을 바르는 것이 기도하는 것보다 먼저 나와서 더욱 중요한 것으로 보이지만, 헬라어에서는 "기도할지니라" 라는 말이 주동사(主動詞)로 사용되어 있어서 기도하는 것이 "기름을 바르는 것" 보다 더 우선적인 행사임을 보여 주고 있다. 여기에서 "주의 이름으로 기름을 바른 것"은 '주님의 이름을 믿고 기름, 곧 약용으로 쓰이는 기름을 바르는 것'을 지칭하고 있다(막 6:13; 눅 10:34). 다시 말해, 예수님께서 고쳐주실 것을 믿고 기름을 바른 것을 말한다. 기도하는 사람들은 예수님의 권능을 믿어야 하고 또 필요한 약도 써야 한다. 약 5:15에는 믿음의 기도는 병든 자를 구원하리니 주께서 저를 일으키시리라. 혹시 죄를 범했을지라도 사하심을 얻으리라. 주님을 믿는 믿음을 갖고 기도하면 병든 사람을 구원한다는 것이다. 다시 말해, 주님께서 기뻐하시면 얼마든지 그 병자를 일으키실 수 있으시다는 믿음을 갖고 기도하면 그 병자를 구원한다는 것이다(마 9:21; 막 9:29). 야고보는 그런 확신을 갖고 기도하면 첫째, "주께서 저를 일으키실 것이며", 둘째, "혹시 죄를 범했을지라도 사하심을 얻을" 것이라고 말한다(사 33:24; 마 9:2). '혹시 그 어떤 특별한 죄를 범하여 병을 얻었다면 죄 사함을 얻을 것이라'는 말이다. 성경은 죄가 모든 병의 원인은 아니지만(요 9:2-3), 혹시 어떤 병은 죄의 결과라고 말씀하고 있다(신 28:22, 27; 마 9:2; 요 5:14; 고전 11:30). 환자가 죄를 범하여 병을 얻었다면, 그 환자는 장로들이 기도하는 동안 성령이 역사하심으로 자신의 죄를 깨닫고 고백하게 될 것이다. 그러면 주님은 그 환자의 죄를 용서하실 것이고, 그는 죄로부터 해방을 받을 것이다. 약 5:16에는 이러므로 너희 죄를 서로 고하며 병 낫기를 위하여 서로 기도하라 의인의 간구는 역사하는 힘이 많으니라. "이러므로"라는 헬라어 단어는 United Bible Societies에서 펴낸 Aland 판에만 있고, Trinitarian Bible Society에서 펴낸 The Greek Text Underlying the English Authorised Version of 1611판에는 없다. 그러나 사실은 이 단어가 있든지 없든지 뜻에는 큰 차이가 없다. "이러므로"가 있는 것을 채택한다면, 본 절이 앞 절(14-15절)의 결론이 되는 셈이다. 앞에서 야고보는 장로들이 믿음으로 기도하면 두 가지 복이 임할 것이라고 말했다(14-15절). 즉 환자의 병도 낫고 환자의 죄도 사함 받을 것이라고 말했다. 그리고 야고보는 본 절에서 장로들 말고 다른 교우들도 두 가지를 하라고 권고한다. 하나는 "너희 죄를 서로 고하라"는 것이고, 또 하나는 "병 낫기를 위하여 서로 기도하라"는 것이다. 그러면 여기 "너희 죄를 서로 고하라"는 말은 구체적으로 어떻게 하라는 것인가? 이것은 천주교에서 말하는 대로 고해성사를 권장하는 말인가? 천주교 신도(信徒)가 신부(神父)에게 죄를 고(告)하는 것처럼 자신의 죄를 그 어떤 한 사람에게 고하라는 말인가? 야고보가 말하는 것은 그런 것이 아니다. 이 말이 신도가 신부에게 죄를 고하라는 것이 아니라고 말할 수 있는 이유는, 본문에 "서로"(서로에게)라는 말이 있기 때문이다. 천주교에서는 신도가 신부에게 일방적으로 죄를 고하는데 야고보는 "서로에게" 죄를 고하라고 권장하고 있다. 우리가 반드시 공중 앞에서 서로 죄를 자복해야 하는 것은 아니다. 그러나 여러 사람들 앞에서 한 사람씩 자기의 죄를 자복하면 하나님의 은혜를 받고 병을 치유하는 데 크게 유익하다. 우리는 사람 앞에서도 건덕을 위하여 죄를 자백하는 것을 부끄러워하지 말아야 한다. 바울 사도는 자신의 죄를 제자 디모데에게 부끄러움 없이 말했고(딤전 1:15), 어거스틴은 말년에 참회록을 펴냈다. 야고보는 "너희 죄를 서로 고하라"는 말씀을 한 후 "병 낫기를 위하여 서로 기도하라"고 권한다. 공중 앞에서 한 사람씩 죄를 자복한 후에는 '병 낫기를 위하여 서로를 위하여 기도하라'는 것이다. 여기 "기도하라"는 말은 현재 명령형으로서 계속해서 기도하라는 뜻이다. 즉 병이 나을 때까지 계속해서 기도하라는 것이다. 야고보는 위의 두 말씀을 한 후 "의인의 기도는 역사하는 힘이 많다"고 말한다(창 20:17; 민 11:2; 신 9:18-20; 수 10:12; 삼상 12:18; 왕상 13:6; 왕하 4:33; 20:2; 시 10:17; 34:15; 145:18; 잠 15:29; 요 9:31; 요일 3:22). 의인은 다른 사람이 아니라 죄를 자복한 사람이다. 죄를 자복한 후에 기도하면 기도 응답을 받으며 병이 낫는다. 야고보는 다음 절에서 의인의 실례 중 하나로서 구약의 엘리야의 경우를 들고 있다.

XLV. 구원 받지 못한 사람들을 위해 기도하는 것은 참으로 위대한 일이다.

구원받지 못한 죄인들을 위해 기도하는 일이야 말로 세계를 움직이는 일이나 마찬가지로 위대한 일이다. 우리 주위에는 구원받지 못한 사람들이 많이 있다. 그들을 위해 기도하는 일이야 말로 참으로 위대한 일이 아닐 수 없다.

XLVI. 강력한 귀신도 우리의 기도로 나가는 것은 바로 우리가 기도를 하나님께 드리면 하나님께서 위대한 일도 하신다는 것을 보여주시는 것이다.

막 9:29에 보면 이르시되 기도 외에 다른 것으로는 이런 종류가 나갈 수 없느니라 하신다. 예수님은 제자들의 질문에(28절) 대답하시기를 "기도 외에 다른 것으로는 이런 종류가 나갈 수 없느니라"고 하신다. '기도 외에 다른 방법으로는 이런 강력한 귀신은 나가지 않느니라'는 뜻이다. 귀신의 세계에도 좀 강한 놈이 있고 좀 약한 놈이 있는데 경련을 심히 하던 그 간질환자 아이에게는 아주 강하고 사악한 귀신이 들렸었다는 뜻이다. 이런 경우 기도를 많이 해야 물리칠 수 있다고 하신다. 그런데 마태복음에서는 "너희 믿음이 작은 까닭이니라"고 하신다. 결국은 똑같은 대답이다. 믿음이 작으면 기도도 잘못 감당한다. 우리는 하나님의 말씀을 사랑하는 중에 믿음을 얻어(롬 10:17) 기도에 힘을 써야 한다(마 7:7; 눅 18:1-8; 21:36; 골 1:9; 살전 5:17; 살후 1:11). 귀신들 중에 강한 귀신을 이길 수 있는 믿음을 가져야 하겠고 또 기도로 항상 준비해야 할 것이다.

XLVII. 시 78:12-20은 하나님께서는 무수한 이적을 행하신다는 것을 말씀한다.

시 78:12-20은 하나님께서 온갖 식품을 주신다는 것을 말씀하고 있다. 시 78:12에는 옛적에 하나님이 애굽 땅 소안들에서 기이한 일을 그들의 조상들의 목전에서 행하셨다고 말씀한다. 시인은 '애굽 땅, 소안 평야에서, 하나님께서는 조상들이 보는 눈앞에서 기적을 일으키셨다'고 말한다. 여기 "소안"이란 말은 헬라말로는 "타니스"이고 현대명으로는 "산"이라 한다. 애굽의 동남지역의 비옥한 평야로 힉소스 시대(B.C. 1318-1299년)에는 애굽의 중심지였다(이상근). 하나님께서 이 땅을 이스라엘에게 주시고, 그들을 위해 그들 앞에서 기이한 일들을 행하셨다는 것이다.
시 78:13에는 하나님께서 바다를 갈라 물을 무더기 같이 서게 하시고 그들을 지나가게 하셨다고 말씀한다. 시인은 '하나님께서 홍해 바다를 갈라 물을 무더기같이 양쪽에 서게 하시고 이스라엘 사람들로 하여금 양쪽 사이를 지나가게 하셨다'고 말한다. 하나님께서 홍해를 갈라지게 하신 이 사건은 두고두고 회자되는 기적의 사건이었다.
시 78:14에는 낮에는 구름으로, 밤에는 불빛으로 인도하셨다고 말씀한다. 시인은 '하나님께서 낮에는 구름 기둥으로, 밤에는 불기둥으로 인도하셨다'고 말한다.낮의 구름 기둥은 사막 지대의 더위를 막아주었고, 밤의 불기둥은 어두운 길을 밝혀주고, 밤의 추위를 막아주었다. 그리고 하나님께서는 구름기둥과 불기둥으로 이스라엘의 길을 인도하셨으며 머물러 있을 때와 떠날 때를 알려 주셨다(출 13:14-19, 21-22; 40:38; 민 9:15; 신 1:33). 하나님은 오늘도 우리를 인도하시며 때를 알게 해주신다. 시 78:15에는 광야에서 반석을 쪼개시고 매우 깊은 곳에서 나오는 물처럼 흡족하게 마시게 하셨다고 말씀한다. 시인은 '하나님께서 광야에서 바위를 쪼개셔서, 깊은 샘에서 솟아오르는 물처럼 그 반석에서 물을 흡족하게 마시게 하셨다'고 말한다. 본 절은 므리바에서 반석을 쳐서 물을 내게 하신 사실을 가리킨다(출 17:6; 민 20:8, 11). 이 반석은 바로 그리스도의 그림자였다(고전 10:4). 시 78:16에는 또 바위에서 시내를 내사 물이 강 같이 흐르게 하셨다고 말씀하고 있다. 시인은 '또 하나님께서 바위에서 시내를 내셔서 물이 강같이 흐르게 하셨다'고 말한다. 하나님은 그 바위에서 강물이 흐르는 것처럼 엄청나게 흐르게 하셨다. 이야말로 이적이 아닐 수 없었다. 시 78:17에는 그들은 계속해서 하나님께 범죄하여 메마른 땅에서 지존자를 배반하였다고 말씀하고 있다. 시인은 '하나님께서 계속해서 이적을 베풀어 주셨고 지극히 높으신 분을 배반했다'고 말한다. 하나님께서 계속해서 사랑의 이적을 베푸신 일과 이스라엘이 계속해서 하나님을 배반한 사실이 비교되고 있다. 시 78:18에는 그들이 그들의 탐욕대로 음식을 구하여 그들의 심중에 말한다. 시인은 '이스라엘 사람들은 그들의 탐욕대로 음식을 구하여 그들의 마음속으로 하나님께서 음식을 주실는지 안 주실는지 의심했다'고 말한다. 이스라엘 민족은 끊임없이 하나님을 의심한 민족이었다. 시

78:19에는 그뿐 아니라 하나님을 대적하여 말하기를 하나님이 광야에서 식탁을 베푸실 수 있으랴 고 했다. 시인은 '그들이 하나님을 의심했을 뿐 아니라 또 대적하여 말하기를 하나님이 광야에서 우리들의 식탁을 차릴 수 있겠느냐?'고 말했다. 시 78:20에는 보라 그가 반석을 쳐서 물을 내시니 시내가 넘쳤으나 그가 능히 떡도 주시며 자기 백성을 위하여 고기도 예비하시랴 하였다고 말한다. 시인은 '보라, 하나님께서 반석을 쳐서 물이 솟아나게 하고 시내가 넘쳐흐르게 하였으나 자기 백성을 위해 빵도 주고 고기도 공급할 수 있겠느냐?'라고 말한다(민 11:4).

XLVIII. 데렉 프린스 박사의 <역사를 창조하는 기도와 금식>이라는 책에 기록되어 있는 아브라함 링컨 대통령의 선언문은 유명하다.

"나, 아브라함 링컨은 의회의 요청을 받아들여 그들의 결의에 따라 이 선언에 1863년 4월 30일 수요일을 국민 모두가 국가적으로 회개하며 금식하고 회개하는 날로 지킬 것을 선포하는 바입니다. 이에 따라 나(아브라함)는 그날에 온 국민이 각자의 일상 업무를 멈추고, 각기 공공 예배 장소와 집에서 거룩하신 하나님께 경배하고 자신을 쳐서 낮추어 희생함으로써 종교적 의무를 다할 것을 권고합니다. 신실하고 진실하게 이러한 일을 다 하고 겸허하게 성경이 증명하고 있는 일이 이루어지기를 소망 가운데서 기다립시다. 온 국민이 힘을 합하여 부르짖는다면 높은 곳에서 들으실 것이요. 우리와 국가의 죄를 용서하실 뿐 아니라 은혜로 응답하셔서 고통 받는 우리나라를 전과 같이 하나가 되게 하시며 평화를 회복시켜 주실 것입니다. 이에 대한 사실을 증명하기 위하여 나(아브라함)의 서명과 미국 국무장관의 서명을 첨부하도록 하겠습니다."

대통령 아브라함 링컨

이상의 '미국 대통령의 선언문'은 위기에 처한 국가와 국민을 살리기 위해 선포한 유명한 링컨 대통령의 선언문이다. 기도와 금식은 한 개인의 인생을 바꿈은 물론 한 국가의 역사를 바꾼다. 저자 데렉 프린스 박사 미국뿐만 아니라 세계적인 석학으로 유명하다. 영국의 황실 자손이나 귀족들만 공부하는 캠브릿지 대학교 이튼 칼리지에서 고전을 연구했으며 학위를 받고 캠브릿지 킹스 칼리지에서 교수로 일하기도 했다. 그는 수많은 저서들을 출판했으며 기독교 성장 교회의 회장으로 있기도 했다.

XLIX. 시 110:1-4은 다윗이 그리스도께서 왕과 제사장으로서 그를 믿는 사람들과 함께 다스리는 것을 노래했다.

시 110편은 메시아에 대한 예언 시이다. 본 편은 유명한 메시아 시로 신약에도 가장 많이 인용된 구절이다(마 22:44; 26:64; 막 12:36; 눅 20:42; 행 2:34-35; 고전 15:25; 히 1:13; 5:6; 7:1, 17, 21; 10:13). 이 시편의 저작자는 1) 갓이나 나단이 저작했을 것이라는 견해(Ewald). 2) 다윗이 그의 말년에 지었을 것이라는 견해(삼하 23:2-4, 그랜드 종합 주석). 두 견해 중에서 2)번이 확실한 견해일 것이다. 이 시편의 저작 시기는 1) 매코비 시대에 저작되었다는 견해 (Hitzig와 기타 비평가들). 2) 다윗이 솔로몬을 왕위에 등극시킬 때 저작했다는 견해(어떤 학자들, 왕상 1:32-37, 47-48). 3) 다윗의 작품인 것은 확실하나 어떤 경우에 지은 것인지는 확실히 알 수 없다는 견해(박윤선). 위의 세 견해 중에 2)번의 견해도 택할 수가 있으나 3)번의 견해가 가장 바른 것으로 보인다. 본편의 내용은 1) 메시아가 왕이 되신다는 것(1-3절). 2) 메시아가 제사장 되신다는 것(4절). 3) 메시아가 승리자가 되실 것(5-7절)을 예언한다. "다윗의 시"란 말에 대하여는 4편 표제 주해를 참조하라. 시 110:1-3은 메시아가 왕이 되신다는 것. 예수님께서 왕으로 오셔서 통치하실 그리스도에 대해 묘사하고 있다. 시 110:1에는 여호와께서 내 주에게 말씀하시기를 내가 네 원수들로 네 발판이 되게 하기 까지 너는 내 오른쪽에 앉아 있으라 하셨도다(A Psalm of David. The LORD says to my lord: "Sit at my right hand, till I make your enemies your foot-stool"-RSV, ESV). 다윗은 '여호와께서 내 주님께 말씀하시기를 "내가 네 원수들을 정복하여 네 발받침대로 삼을 때까지 내 오른쪽에 앉아 있어라"고 하셨습니다'고 말한다. 예수님께서 본 절을 친히 인용하셨고(마 22:44; 막 12:36; 눅 20:42; 행 2:34-35), 이 구절을 자신에게 적용도 하셨다. 여기 "내 주"는 '왕 되시며, 나의 주님이 되시는 메시아'를 가리킨다. 그리고 "네 원수들"이란 '사탄'을 뜻한다. 그리고 "네 원수들로 네 발판이 되게 하기까지"란 말은 '그리스도께서 사탄을 완전히 정복하시는 시기까지'란 뜻이다. 곧 그리스도께서 다시 오시는 그 시기까지를 말한다. "네 발판"이란 말은 '네 발 받침대'를 뜻한다. 다윗은 성전이 하나님의 발등상인 언약궤를 봉안(奉安)하는 곳이라고 했으며(대상 28:2), 이사야는 땅이 하나님의 발등상이라고 했다(사 66:1). 시 110:2에는 여호와께서 시온에서부터 주의 권능의 규를 내보내시리니 주는 원수들 중에서 다스리소서라고 말씀한다. 다윗은 '여호와께서 시온[8]으로부터 주님의 능력의 지팡이를 보내실 것이니, 주님은 그 원수들 가운데서 다스리소서'라고 말한다.

---

8) "시온"이란 말은 원래 예루살렘의 동남쪽에 위치한 산으로 다윗 시대부터는 예루살렘과 동의어로 사용되었다(삼하 5:7; 왕상 8:1; 애 2:4). 본 절에서는 '거룩한 성'인 '새 예루살렘' 곧 '하나님께서 계신 곳'을 지칭한다.

여기 “권능의 규를 내보내시리니”란 말은 통치의 법장을 내어 뻗친다는 의미인데, 그리스도의 영(靈)과 진리의 통치가 온 천하에 퍼짐을 가리킨다. 이 통치는 신약 시대의 복음 운동을 예언한 것이다(박윤선). 시 110:3에는 주의 권능의 날에 주의 백성이 거룩한 옷을 입고 즐거이 헌신하니 새벽이슬 같은 주의 청년들이 주께 나오는도다라고 말씀하고 있다. 다윗은 ‘주님께서 왕권을 잡으시고 통치하실 때 주님의 백성이 거룩한 의의 옷을 입고 즐거이 헌신하니, 주님의 청년들이 새벽이슬 같이 주님께 나옵니다’라고 말한다. 여기 “주의 권능의 날”이란 ‘성령님의 권능이 특별히 역사하시는 신약 시대’를 통틀어 말한다. “주의 백성이 거룩한 옷을 입고 즐거이 헌신하니”란 말은 ‘성도들이 그리스도께서 칭의 해주신 의의 옷을 입고 나아와 봉사한다’는 뜻이다. “주님의 청년들이 새벽이슬 같이 주님께 나옵니다”란 말은 ‘주님의 성도들이 새벽이슬 같이 활기에 차고 아름다운 모습으로 주님께 나아와 봉사한다’는 뜻이다. 시 110:4에는 메시아가 제사장이 되신다는 것. 그리스도께서 멜기세덱의 반차를 좇은 제사장직을 겸직하게 될 것을 보여주고 있다. 시 110:4에는 여호와는 맹세하고 변하지 아니하시리라 이르시기를 너는 멜기세덱의 서열을 따라 영원한 제사장이라 하셨도다. 본 절은 메시아가 제사장 되신다는 것을 말한다. 즉, 다윗은 ‘여호와께서 맹세하시기를 “너(메시아)는 영원히 멜기세덱 계열을 따른 제사장이다” 하셨으니, 변치 아니하실 것입니다’라고 말한다. “여호와께서 맹세하셨다”는 말은 ‘여호와의 맹세는 영원히 변치 않으신다는 것’을 말하는 말이다. “너는 멜기세덱의 서열을 따라 영원한 제사장이라”는 말은 ‘모세 율법에 의한 제사장이 있기 전에 있었던 제사장’을 이름이다. 이 제사장은 아브라함에게 복을 선언하고 아브라함으로부터 십일조를 받은 특별한 제사장이다(창 14:18-20).

히 7:1-3에 의하면 멜기세덱은 1) 의의 왕이고 또 살렘(평화) 왕이며, 2) 지극히 높으신 하나님의 제사장이며, 3) 아비도 없고 어미도 없으며 족보도 없고, 4) 생명의 시작도 없고 끝도 없으며, 5) 하나님의 아들과 같고, 영원한 제사장이었다(이상근). 이 모든 말들은 메시아에게 적용되고, 그는 그리스도의 제사직의 완벽한 그림자였다. 이 예언대로 예수님께서는 왕이시자 영원한 제사장으로 오셔서 십자가 구속을 통해 그의 백성의 구속을 완성하시고, 지금도 하늘 보좌 우편에 앉으사 성도들을 위해 중보하시며 만왕의 왕으로 통치하고 계신다(히 7:27; 9:28; 벧전 3:18).

L. 하나님께서 우리에게 권능을 주신다는 것을 생각할 때 얼마나 소망적인지 알 수 없다.

시 75:4-8은 교만한 자에 대해 경고하고 있다. 시 75:4에는 내가 오만한 자들에게 오만하게 행하지 말라 하며 악인들에게 뿔을 들지 말라 하였다고 말한다. 본 절의 말씀이 누구의 말씀이냐에 대해 두 견해가 있다. 1) 하나님이시라는 견해(Cheyne). 2) 본편을 쓰고 있는 시인의 말씀이라는 견해(Kimchi, Delitzsch). 위의 두 견해 중 2)번의 견해가 바른 것으로 본다. 이유는 4-6절은 시인의 말이고 7절은 하나님의 행위가 등장하기 때문이다. 시인은 오만한 자들과 악인들에게 경고를 말한다. 즉, '내(시인 자신)가 오만한 사람들에게 '오만하게 굴지 마라' 하였으며, 악한 사람들에게 "뿔을 들지 마라", 즉 '세력을 쓰지 말라'고 경고했다. 본 절의 "뿔"이란 말은 '권세'란 뜻인데 악인들이 사람들을 향하여 강포하는 것을 가리킨다. 시 75:5에는 너희 뿔을 높이 들지 말며 교만한 목으로 말하지 말지어다고 말하고 있다. 시인은 '악인들을 향하여 당신들의 세력을 높이 들지 말며(출 32:9; 33:3; 34:9; 신 9:6; 10:16; 31:27) 교만한 목을 내밀고 말하지 말라'고 경고한다. 우리의 권세는 모두 하나님으로부터 온다는 것을 알아야 할 것이다. 시 75:6에는 무릇 높이는 일이 동쪽에서나 서쪽에서 말미암지 아니하며 남쪽에서도 말미암지 아니한다고 말한다. 본 절은 사람이 스스로 높아질 수 없다는 것을 말한다. 하나님께서 계시니 사람이 스스로 높아진다는 것은 도저히 불가능한 것으로 알아야 한다. 시 75:7에는 오직 재판장이신 하나님이 이를 낮추시고 저를 높이시느니라고 말씀한다. 사람이 높아지고 낮아지는 것은 높이시고 낮추시는 하나님에 의해 되는 것이다. 이유는 하나님께서 재판장이시기 때문이다(50:6; 82:1). 하나님께서는 교만한 자를 낮추시고 겸손한 자를 높이신다. 시 75:8에는 여호와의 손에 잔이 있어 술거품이 일어나는도다. 속에 섞은 것이 가득한 그 잔을 하나님이 쏟아 내시나니 실로 그 찌꺼기까지도 땅의 모든 악인이 기울여 마시리로다라고 말씀한다. 본 절 초두에는 이유를 말하는 접속사(כִּי)가 있어 본 절이 앞 절의 이유를 제공하고 있다. 즉, 시인은 '여호와의 손에 잔이 있으니, 술거품이 일어나는구나. 혼합하여 발효시킨 포도주가 가득하여 하나님께서 그것을 쏟아내실 것이니, 땅의 모든 악인이 그 찌꺼기까지 다 마실 것이기 때문이다'라고 말한다. 본 절의 "여호와의 손에 잔이 있어"란 말은 '하나님의 손에 심판의 잔이 있다'는 뜻이다(사 51:17; 렘 25:15; 애 4:21; 겔 23:31-33). 그리고 "속에 섞은 것이 가득하여"란 말은 '취기를 더하게 하기 위하여 이것저것 섞는 것'을 뜻한다. 그리고 "찌꺼기까지"란 말은 하나님께서 인간계에 진노를 다 쏟으신다는 뜻이다. 하나님께서 이렇게 잔을 쏟으시니 누가 스스로 높아질 수가 있을 것인가(앞 절).

LI. 마 6:1-18은 금식이 기도를 강하게 한다는 것을 보여준다.

마 6:1-18은 금식이 기도를 강하게 한다는 것을 보여주고 있다. 마 6:1에는 사람에게 보이려고 그들 앞에서 너희 의를 행하지 않도록 주의하라. 그리하지 아니하면 하늘에 계신 너희 아버지께 상을 받지 못하느니라. 본 절은 2-18절까지를 위한 서론이다. 예수님은 먼저 "사람에게 보이려고 그들 앞에서 너희 의를 행하지 않도록 주의하라. 그리하지 아니하면 하늘에 계신 너희 아버지께 상을 받지 못하느니라"고 말씀하신 다음 본론을 위하여 2절 초두에 "그러므로"라는 말씀을 사용하시면서 바른 구제 생활(2-4절), 바른 기도생활(5-15절) 그리고 바른 금식생활(16-18절)을 권장하신다. 예수님은 "사람에게 보이려고 그들 앞에서 너희 의를 행하지 않도록 주의하라"고 말씀하신다. 즉 '사람에게 보이고 또 사람으로부터 칭찬(영광)을 얻으려고 사람들 앞에서 너희 의(윤리적인 의)를 행하지 않도록 주의하라'고 하신다. 여기 "너희 의(義-5:6에서 말씀하는 의)"란 구체적으로 구제생활, 기도생활, 금식생활을 말한다. 우리는 이 세 가지 의로운 행동만 아니라 더 많은 봉사활동을 하면서 사람에게 보이려고 하는 수가 있지 않은가. 만약 우리가 사람에게 보이고 사람으로부터 칭찬을 얻으려고 사람 앞에서 의를 행한다면 예수님은 말씀하시기를 "하늘에 계신 너희 아버지께 상을 받지 못한다"고 하신다. 혹자는 우리가 하늘에 계신 우리 아버지로부터 상을 받는 것을 가소롭게 생각하고 천단한 생각이라고 말한다. 그러나 우리가 무한이 크시고 사랑이 무한하시며 능력이 한량없으신 아버지로부터 상을 기대하지 않는 심리를 가지고 있다면 우리는 우리 자신을 대단한 존재로 착각하는 것이다. 우리는 상을 기대해야 한다. 우리는 모두 피조물들임을 알아야 한다. 마 6:2에는 그러므로 구제할 때에 외식하는 자가 사람에게서 영광을 받으려고 회당과 거리에서 하는 것 같이 너희 앞에 나팔을 불지 말라. 진실로 너희에게 이르노니 그들은 자기 상을 이미 받았느니라는 말씀이 기록되어 있다. 문장 초두에 나타나는 "그러므로"란 말은 앞 절에서 예수님께서 말씀하신바 '사람에게 보이려고 그들 앞에서 의를 행하면 하나님으로부터 상을 받지 못하므로'란 말이다. 사람에게 보이려고 그들 앞에서 의를 행하면 하나님으로부터 칭찬과 상급을 받지 못하므로 예수님은 제자들과 성도들에게 교훈하시기를 "구제할 때에 외식하는 자가 사람에게서 영광을 받으려고 회당과 거리에서 하는 것 같이 너희 앞에 나팔을 불지 말라"고 하신다(롬 12:8). '구제하는 것(7:12; 출 23:10-11; 30:15; 레 19:10; 신 15:7-11; 렘 22:16; 단 4:27; 암 2:6-7; 눅 6:36, 38)도 의(義)를 행하는 것이니 구제할 때에 외식하는 바리새인들이 사람에게서 영광(칭찬)을 받으려고 회당과 거리에서 구제하는 것 같이 제자들과 성도들은 지금 우리가 구제하고 있다고 크게 광고하면서 하지 말라'고 하신다. 한 마디로 구제하면서 널리 드러내고 광고하지 말라고 하신다. 예수님은 광고하지 말라고 하시고는 중대한 것을 말씀하시기 위해서 "진실로 너희에게 이르노니"라는 언사를 사용하셔서 "그들은 자기 상을 이미 받았느니라"고 하신다. 예수님은 구제하는 일을 널리 드러내고 광고하면서 하는 사람들은 구제하는 일을 크게 떠벌릴 때 이미 사람들로부터 칭찬을 받았다고 하신다. 사람들은 외식자들에게 '아이고 참 잘 하십니다,' '아이고 참 할 일을 하십니다'라고 칭찬을 하게 되니 칭찬을 이미 받아버리고 만 것이다. 그리스도를 믿는 신자들 중에도 이처럼 사람 보는 앞에서 의를 행하는 수가 있다. 우리는 하나님 보시는 앞에서 의를 행해야 할 것이다. 마 6:3-4에는 너는 구제할 때에 오른손이 하는 것을 왼손이 모르게 하여 네 구제함을 은밀하게 하라. 은밀한 중에 보시는 너의 아버지께서 갚으시리라. 예수님은 제자들과 성도들에게 구제할 때에 널리 광고해서 많은 사람들로 하여금 알게 하지 말라고 하신(2절) 다음 이 부분(3-4절)에서는 "너는 구제할 때에 오른손이 하는 것을 왼손이 모르게 하여 네 구제함을 은밀[9]하게 하라"고 명령하신다. 사람의 오른 손과 왼손은 항상 행동을 같이 하고 있고 일치된 행동을 한다. 무슨 일을 하든지 서로가 안다. 그러나 구제할 때에 오른 손이 하는 것을 왼손이 모르게 하라는 말은 은밀하게 행하라는 속담적인 표현이지 실제로 가능한 것은 아니다. 다시 말해 구제하는 사람 자신도 자기가 크게 잘하고 있다는 생각을 버리고, 장하다는 생각을 버리고, 마음 뿌듯해하지 말고 자기의 엄청난 죄를 하나님의 사랑으로 용서받은 감격을 가지고 자기도 모를 정도로(25:37-39) 구제하라는 표현이다. 자기도 모를 정도로 은밀하게 하면 예수님은 "은밀한 중에 보시는 너의 아버지께

---

9) "은밀"(κρυπτῶ)이란 말은 마태복음에 5번 사용되었다. 어떤 다른 책보다 많이 사용되었다. "은밀"이란 말은 '숨겨진 것'을 지칭한다. 이 낱말이 4절과 6절에서 하나님에게도 적용되었다.

서 갚으시리라"고 하신다(눅 14:14). 즉 '은밀하게 구제하는 것을 보시는 너의 아버지께서 갚으신다'는 뜻이다(10:26-27; 전 12:14; 막 4:22; 눅 8:17; 12:2-3; 롬 2:16; 고전 3:13; 14:25; 계 20:12-13). 하나님은 우리가 은밀하게 행하는 모든 것을 다 보고 갚으신다. 혹시 어떤 성도는 자신이 행하는 은밀한 선행을 하나님께서 안 갚아주시면 어떻게 하나 하고 염려할 수도 있으나 전혀 염려할 것이 없다. 하나님은 모르시는 것이 없이 다 아신다. 하나님은 우리가 내 자신까지 모르게 하려고 숨어서 한 일도 다 보신다. 하나님은 우리가 행한 일을 내세에 갚아주시고 또 현세에서도 갚아주신다. 가난한 자를 구제하는 것은 "여호와께 꾸어드리는 것"(잠 19:17)이므로 금생 내세에 하나님께서 갚아주신다. 6:5-15은 은밀하게 기도하라는 말이 기록되어 있다. 구제를 어떤 마음 자세로 해야 하는가를 교훈하신(1-4절) 예수님은 이제 이 부분(5-15절)에서 기도를 어떻게 해야 할지를 교훈하신다. 먼저 어떤 곳에서 기도해야 할지를 교훈하시고(5-6절), 또 어떤 마음을 가지고 기도해야 할지를 교훈하시며(7-8절), 기도의 본을 알려주신다(9-15절). 마 6:5에는 또 너희는 기도할 때에 외식하는 자와 같이 하지 말라. 그들은 사람에게 보이려고 회당과 큰 거리 어귀에 서서 기도하기를 좋아하느니라. 내가 진실로 너희에게 이르노니 그들은 자기 상을 이미 받았느니라. 예수님은 본 절과 다음 절에서 어떤 곳에서 기도해야 할지를 말씀하신다. 예수님은 제자들에게 "너희는 기도할 때에 외식하는 자와 같이 하지 말라. 그들은 사람에게 보이려고 회당과 큰 거리 어귀에 서서 기도하기를 좋아하느니라"고 하신다. 예수님은 제자들에게 외식하는 자(바리새인들)[10]와 같이 외식적인 기도를 드리지 말라고 하신다. 예수님은 "그들은 사람에게 보이려고 회당과 큰 거리 어귀에 서서 기도하기를 좋아한다"고 말씀하신다. 성전이나 회당(눅 18:9-14; 행 3:1)이나 큰 거리 어귀(모퉁이)는 사람들이 많이 보이는 번화한 곳이다. 바리새인들은 회당에서 하루 세 번씩 기도했는데(시 55:17; 단 6:10; 행 3:1; 10:9) 그 시간에 외출중이면 일부러 길가에서 기도하기를 좋아했다. 그들은 하나님 상대하여 기도(감사, 죄 고백, 간구)하지 않았고 사람들에게 보이기 위해 기도했다. 사람들로부터 기도를 열심히 한다는 칭찬을 듣기 위해 기도했다. 유대인들이 "서서" 기도한 것은 하나의 습관이었다(막 11:25). 때로는 앉아서 기도하였고, 무릎 꿇어 기도하기도 하였으며(대하 6:13; 눅 22:41; 엡 3:15) 엎드려 하기도 했다(스 10:1). 예수님은 사람들의 기도 자세에 대해서는 무어라고 책망하시지 않았다. 예수님은 제자들에게 중대한 것을 발표하시려고 "내가 진실로 너희에게 이르노니"라는 언사를 사용하시면서 "그들은 자기 상을 이미 받았다"고 하신다. 즉 '그들은 사람들로부터 이미 칭찬(영광)을 받았으니 하나님으로부터 기도 응답을 받을 것이 남아있지 아니하다'고 하신다. 참으로 불행한 일이다. 마 6:6에는 너는 기도할 때에 네 골방에 들어가 문을 닫고 은밀한 중에 계신 네 아버지께 기도하라. 은밀한 중에 보시는 네 아버지께서 갚으시리라고 하신다.

---

10) "외식하다": 특히 종교인에게 흔한 일로서, 겉으로는 종교적 경건을 가장하고 있으나, 안으로는 세속적이며, 불경건한 바리새인적인 태도를 말한다. "외식하는 자"란 말은 '무대에서 가면을 쓰고 연출하는 배우'를 가리킨 말이다. 외식은 의식적으로 행해지기도 했는데(마 6:2,5,16; 22:18) 때로는 무의식적으로 행하는 경우도 있었다(마 7:5; 막 7:6; 눅 6:42; 12:56). 예수께서는, 의식적이거나 무의식적이거나를 불문하고, 참으로 종교적이 아니면서, 종교적인 체하는 자를 외식자로 보시고, 엄하게 비난하셨다(마 23장). 외식(위선)은 크리스천이 가장 경계해야 할 부덕(不德)한 일 중의 하나이다(딤전 4:2; 벧전 2:1).

예수님은 제자들에게 외식하는 자와 같이 기도하지 말라고 말씀하신(앞 절) 다음 이제 기도할 때에 "네 골방에 들어가 문을 닫고 은밀한 중에 계신 네 아버지께 기도하라"고 권하신다. 다시 말해 골방 기도(왕하 4:33; 단 6:10)를 권장하신다. 사람들이 북적거리고 또 많이 왕래라는 복잡한 곳을 떠나 후미진 구석이나 굴속이나 혹은 골방을 택하여 기도하라고 하신다. 여기 "은밀한 중에 계신 네 아버지께 기도하라"는 말씀은 '사람이 없는 곳, 다시 말해 자기가 금식하는 것을 보여주고자 하는 사람들이 없는 곳에 계신 아버지께 기도하라'는 뜻이다. 자기가 금식하는 것을 보여주어 자기에게 칭찬을 하는 사람들이 일체 없는 곳에 계신 아버지께 기도하라는 뜻이다. 하나님은 천지에 무소부재(無所不在)하신 고로(왕상 8:27; 시 139:7-10; 사 66:1; 렘 23:23-24; 행 7:48-49; 17:27-28) 우리들이 사람들에게 보이려고 기도하는 그 현장에도 계시긴 하지만 하나님은 마치 그 현장에 안 계신 것처럼 우리의 기도에 응답하시지 않으신다. 그런고로 우리는 우리를 보아주고 우리를 칭찬할 사람들이 없는 곳에서 기도해야 한다. 사람들 눈에 띠게 기도하려는 생각은 아예 버려야 한다. 우리가 조용한 곳을 골라 하나님께 기도하면 예수님은 "은밀한 중에 보시는 네 아버지께서 갚으시리라"고 말씀하신다. 여기 "은밀한 중에 보시는 네 아버지"란 말은 '은밀하게 기도하는 것을 관찰하시는 네 하나님 아버지'란 뜻이다. 예수님은 우리가 하나님 아버지께만 상대하여 기도할 때 기도를 응답하신다(엡 3:20-21). 마 6:7에는 또 기도할 때에 이방인과 같이 중언부언하지 말라 그들은 말을 많이 하여야 들으실 줄 생각하느니라고 하신다. 예수님은 우리가 하나님께만 기도할 수 있는 골방을 택하여 기도할 것을 권하신(앞 절) 다음 이제 이 부분(7-8절)에서는 어떤 마음 자세를 가지고 기도해야 할 것을 가르치신다. 예수님은 제자들과 성도들에게 "기도할 때에 이방인과 같이 중언부언하지 말라"고 말씀하신다(전 5:2 참조). 이방인들은 자기들의 신 앞에 "중언부언했다." 즉 '이미 한말을 자꾸 되풀이했다.' 바알 신을 섬기던 사람들은 바알의 이름을 부르며 "바알이여! 우리에게 응답하소서"(왕상 18:26)라고 아침부터 낮까지 반복했고, 아데미 신을 섬겼던 아데미 교도들은 "크다 에베소 사람의 아데미여!"(행 19:34)라고 2시간 동안이나 반복했으며, 불교도들은 "나무아미타불"('아미타부처님께 귀의합니다'라는 뜻)을 100만 번씩이나 반복해야 한다. 유대교에서도 같은 기도문을 일정 시간 반복하기도 했다. 예수님은 제자들과 성도들에게 말을 반복해야 하나님께서 들으실 것이라고 생각하지 말라고 하신다. 이교도들이 이렇게 말을 반복하는 이유는 "말을 많이 하여야 들으실 줄 생각하기" 때문이었다(왕상 18:26, 29). 말을 반복하여야 하나님이 들으시는 것은 아니다. 하나님은 우리가 우리의 마음을 쏟아 명료하게 기도하기를 원하신다. 성경에 나오는 기도의 상당수는 비교적 간결하고 명료했다. 모세의 기도(출 32:31-32), 솔로몬의 기도(왕상 3:6-9), 엘리야의 기도(왕상 18:36-37), 히스기야의 기도(왕하 19:14-19), 야베스의 기도(대상 4:10), 세리의 기도(눅 18:13), 십자가에 달려 기도한 강도의 기도(눅 23:42), 스데반의 기도(행 7:60)는 간략하고 명료했다. 그러나 예수님은 마음의 간절함을 가지고 반복하는 것을 반대하시지 않았다. 우리는 간절한 마음으로 하나님께 길게 기도할 수 있다(대하 6:14-42; 느 9:1-38; 시 18:1-50; 89:1-52). 예수님도 세 번 반복 기도하셨고(26:44), 바울 사도도 세 번 반복 기도했다(고후 12:8). 우리는 쉬지 말고 분명하게 간구해야 한다(눅 18:1-8). 마 6:8에는 그러므로 그들을 본받지 말라 구하기 전에 너희에게 있어야 할 것을 하나님 너희 아버지께서 아시느니라고 하신다. 예수님은 "그러므로" 즉 '말을 반복하지 말아야 하므로' "그들을 본받지 말라 구하기 전에 너희에게 있어야 할 것을 하나님 너희 아버지께서 아시느니라"고 하신다. 중언부언하지 말아야 할 이유는 우리가 간구하기 전에 우리에게 있어야 할 것을 하나님 아버지께서 아시기 때문이다. 혹자는 예수님께서 이렇게 성도들이 구하기 전에 하나님께서 필요한 것을 다 아신다면 기도할 필요가 무엇이 있느냐고 반문할 것이다. 그러나 예수님은 하나님께서 우리의 필요를 아시니 공연히 필요 없이 반복해서 말할 필요가 없다고 하신 것이지 마음을 쏟아놓는 간절한 기도를 하지 말라고 하시지는 않으신다. 예수님은 마음에 원한(영광을 돌리는 간절한 생각)을 가지고 계속해서 기도하라고 하셨고(눅 18:1-8), 바울 사도도 우리에게 쉬지 말고 기도하라고 가르쳤다(살전 5:17). 마 6:9에는 그러므로 너희는 이렇게 기도하라. 하늘에 계신 우리 아버지여! 이름이 거룩히 여김을 받으시라고 기도해야 한다고 하신다. 예수님은 제자들에게 기도를 다음과 같이 드려야 한다고 말씀하신다(9-15절). 예수님은 "그러므로 너희는 이렇게 기도하라"고 말씀하신다. 즉 '하나님께서 우리가 필요한 것을 다 아시니 우리가 중언부언할 필요가 없으므로 너희는 내가 너희에게 가르쳐는 대로 기도하라'고 하신다. 그러나 이 기도만 반복하라는 뜻은 아니다. 예수님은 하나의 기도의 본, 기도의 모형(6개의 간구)을 가르쳐주신 것뿐이다. 이런 틀을 유지하라고 하신 것이다. 예수님은 먼저 기도의 대상을 부르도록 말씀하신다. 즉 "하늘에 계신 우리 아버지여!"라고 부르라고 하신다. 우리는 "하나님"을 "아버지"로 부르면서 기도해야 한다. 우리는 한 분 아버지를 모시고 있는 자녀들임을 알고 서로 아끼는 마음이 되어야 한다. 그리고 기도 중에 첫 번 내용으로 "이름이 거룩히 여김을 받으시오며"라고 교훈하신다(눅 11:2). 여기 "이름"이란 '하나님의 이름'으로서 '하나님 자신'을 지칭한다. "이름"은 항상 '본체 자체'를 지칭한다. 그러니까 "하나님의 이름이 거룩히 여김을 받으시오며"란 기도는 '하나님 자신이 거룩히 여김을 받으시오며'라는 기도이다. "거룩하다"는 말은 하나님께서 '피조물들과 구별되신 위대하신 분'이심을 지칭하는 말이다. 성도들은 하나님 자신이 하늘에서 천사들과 천상의 피조물들 사이에서 위대하심이 알려진 것처럼 이 땅에서도 하나님 자신의 위대하심이 드러나기를 기도해야 한다. 우리는 기도할 때 언제든지 하나님 자신이 이 땅에 살고 있는 우리들로부터 그리고 수많은 사람들로부터 위대하심이 드러나도록 기도해야 한다. 혹자들은 이 기도가 하나의 찬양이라고 주장하나[11] 기도라고 보는 것이 옳다. 이유는 "너희는 기도할 때에 이렇게 하라"고 말씀하셨기 때문이다. 우리는 간절한 마음으로 이 기도를 드려야 한다. 즉 우리는 하나님의 거룩하심(위대하심)이 우리를 통하여 더욱 드러나도록 기도해야 하며 또 하나님의 위대하심이 전파되도록 힘써 기도해야 할 것이다. 하나님의 위대하심은 더욱 이 땅에서 우리들을 통하여 드러나야 한다(김수홍의 누가복음주해). 마 6:10에는 나라가 임하시오며 뜻이 하늘에서 이룬 것 같이 땅에서도 이루어지이다라고 기도하라는 것이다. 둘째로 예수님은 우리들에게 "나라가 임하시오며" 라고 기도해야 한다고 교훈하신다. 여기 "나라가 임하시오며"란 기도는 '하나님의 통치가 이 땅에 임하게 하시오며'란 기도이다. 우리

---

11) 만약 이 기도가 찬양이라고 하면 그저 찬양대원들과 혹은 성도들과 함께 하나님의 위대하심만을 찬양하면 될 것이나 기도형식 속에 들어 있는 기도이기에 우리는 간절히 이 기도를 드려야 할 것이다.

는 하나님의 통치가 이 땅에 더욱 광범위하게 되도록 기도해야 한다. 하나님께서 통치해주실 때 이 땅의 모든 부조리도 물러가고 음란도 물러가며 모순도 물러가게 되며 질서가 회복되고 평화롭게 될 것이다. 우리는 하나님의 통치가 우리 개인과 가정과 교회와 사회에 나타나기를 기도하고 나아가 하나님의 재림 때 이루어질 하나님 나라를 바라보아야 할 것이다(김수홍의 누가복음 주해). 우리는 간절한 심정으로 하나님의 통치가 이 땅에 더욱 넓혀지기를 위해 기도해야 할 것이다. 주기도문의 셋째 번 기도는 "뜻이 하늘에서 이룬 것 같이 땅에서도 이루어지이다"라는 기도이다(26:39, 42; 시 103:20-21; 행 21:14). '하나님의 뜻이 하늘에서 천사들에 의해 이루어진 것같이 땅에서도 성도들을 통하여 하나님의 뜻이 이루어지기'를 소원하는 기도이다. 마귀는 하나님의 뜻(성경에 기록된 하나님의 뜻)이 이루어지지 못하도록 방해하고 있는데 성도들은 하나님의 거룩하신 뜻이 성도들에 의해서 이루어지기를 위해 기도해야 한다. 벌써 하나님의 뜻을 이룬 사람들이 많이 있다. 노아(창 6:22), 아브라함(창 11:28-32과 행 7:3 비교; 창 12:1과 히 11:8 비교; 창 22:2과 약 2:23을 비교), 여호수아(수 5:13-15), 사무엘(삼상 3:1-10), 베드로와 안드레(4:19-20; 눅 5:5), 야고보와 요한(4:21-22), 베드로와 사도들(행 5:29), 바울(행 16:6-10; 26:19) 등 수많은 성도들이 이 땅에서 하나님의 뜻을 이루었다. 우리는 하나님의 뜻이 이 땅에서 이루어지기를 위해 간절히 기도하여 하나님의 뜻(성경에 기록된 뜻)을 많이 이루어야 할 것이다. 마 6:11에는 오늘 우리에게 일용할 양식을 주시옵고라는 예수님은 네 번째 기도를 소개하신다. "오늘 우리에게 일용할 양식을 주시옵고"라는 기도를 드리라고 하신다. 예수님은 기도문에서 우리가 "오늘"('지금,' '현재,' '오늘') 먹고, 오늘 필요한 것을 위해서 기도하라고 하신다. 우리는 하루하루 살면서 그날그날에 필요한 것을 구해야 한다. 내일과 모레를 위해서 염려할 필요가 없다. 그리고 예수님은 우리가 나 개인을 위한 기도가 아니라 "우리" 전체를 위하여 기도하라고 하신다(5:45 참조). 우리는 나 개인만을 생각하는 약점에 빠져 있다. 그러나 예수님은 우리가 "우리"를 생각하는 마음으로 무장하도록 권장하신다. 그리고 예수님은 그날그날 "일용할 양식"을 구하라고 하신다(욥 23:12; 잠 30:8 참조). 여기 "일용할"이란 말은 그 어원을 정확하게 알지 못하여 성경해석학자들은 숙제로 남겨놓았는데 필자는 리델보스(Ridderbos)의 견해에 동의해야 할 것 같다. 즉 '필요한 만큼의'라는 뜻으로 보는 것이 가장 가까운 뜻일 것 같다.[12] 그래서 11절의 번역은 "오늘날 우리에게 필요한 (만큼의) 양식을 주시옵고"라고 될 것이다. 우리는 절제할 줄 알아야 할 것이다. 필요 이상으로 구해서는 안 된다. 여기 "양식"이란 말은 먹는 음식에 국한하지 않고 육신 생활에 필요한 모든 필수품을 지칭한다. 잠언 기자는 "나를 가난하게도 마옵시고 부하게도 마옵시고 오직 필요한 양식으로 나를 먹이시옵소서. 혹 내가 배불러서 하나님을 모른다 여호와가 누구냐 할까 하오며 혹 내가 가난하여 도둑질하고 내 하나님의 이름을 욕되게 할까 두려워함이니이다"라고 기도했다(잠 30:8-9). 우리는 영혼만을 위해서 기도하도록 명령받지 않았고 육신의 필요를 위해서 기도하도록 명령받고 있음을 알아야 한다.

---

12) "일용할"이란 낱말은 헬라어에 매우 희귀하여 본 절과 눅 11:3에만 나타난다. 이 낱말의 뜻은 '내일을 위한 충분한'이란 뜻으로 볼 수도 있다. 그래서 11절의 번역은 "오늘 우리에게 하루 동안 필요로 하는 몫을 주옵소서"일 것이다(윌렴 헨드릭슨).

누가복음에서는 “우리에게 날마다 일용할 양식을 주시옵고”라고 기록되어 있다. 여기 “날마다”란 말은 ‘매일의’(every day)란 뜻이고 “일용할 양식”이란 말은 ‘우리의 존재를 위하여 필요한 것’이란 뜻이다. “일용할 양식”이란 헬라어 낱말에는 ‘일용할’이란 뜻은 없다. “일용할”이란 뜻은 “날마다”란 말에 내포되어 있는 것뿐이다. “일용할 양식”이란 말은 ‘우리의 삶(존재)에 필요한 양식(필수품)’이란 뜻이다. 그러니까 “날마다”란 말과 “양식”이란 말을 합치면 ‘날마다 필요한 필수품’이란 뜻이 된다. 우리는 삶에 필요한 것들을 날마다 구해야 한다. 우리는 물건을 쌓아 놓을 생각을 할 것이 아니라 날마다 구하면서 감사해야 할 것이다. 하나님의 나라(통치)가 이 땅에 임할 때 모든 것이 풍부해야 하나 그러나 죄악이 많은 세상이라 우리의 존재에 필요한 것들을 매일매일 구해야 한다(김수홍의 누가복음주해). 마 6:12에는 우리가 우리에게 죄 지은 자를 사하여 준 것 같이 우리 죄를 사하여 주시라는 기도를 드려야 한다. 예수님은 다섯 번째 기도를 말씀하신다. 즉 “우리가 우리에게 죄 지은 자를 사하여 준 것 같이 우리 죄를 사하여 주시옵고”라고 기도하라고 하신다(18:21). 우리가 이 기도를 드리기 위해서는 “우리가 우리에게 죄 지은 자를 사하여 주어야 한다.” 이 행위가 조건으로 걸려 있다. 14절에 “너희가 사람의 잘못을 용서하면 너희 하늘 아버지께서도 너희 잘못을 용서하시려니와”라는 말씀이 있다. 만약에 우리에게 죄를 지은 사람을 용서하지 않으면 15절에 의하면 하나님께서 우리의 잘못을 용서하지 않는다고 하신다. 많은 신자들은 “우리에게 죄 지은 자를 사하여” 주지 않았기에 주기도문을 외울 때 바로 이 기도를 그냥 넘어가고 다른 사람들이 다음 여섯 번째의 기도를 외울 때 합류한다는 것이다. 참으로 솔직한 고백이긴 하지만 많은 손해를 보고 사는 신자들이다. 우리는 우리에게 죄를 지은 사람들의 죄를 용서해 주어야 한다. 이유는 두 가지이다. 하나는 하나님께서 그리스도의 십자가 피를 근거하여 우리의 큰 죄를 사하셨기 때문이다(18:23-36). 또 하나는 우리가 다른 이들의 죄를 용서하여 주지 않으면 하나님께서도 우리의 죄를 사하여 주시지 않기 때문이다(15절; 막 11:25; 약 2:13). 하나님은 우리가 형제의 죄를 용서하는 것을 기다리신다. "사하여 준"이란 말은 부정(단순)과거 시제로 '철저히 사하여주었다,' '완전히 사하여 주었다'는 뜻이다. 우리는 철저히 용서해 주어야 한다. 우리는 그리스도의 피로 용서받은 것을 항상 기억하고 형제를 대해야 한다. 성도는 형제의 죄를 용서한 다음 "우리 죄를 사하여 주시옵고"라고 기도해야 한다. 우리가 "우리의 죄를 사하여 주시옵고"라고 기도하도록 명령 받은 것을 보아 "우리" 모두가 죄인임을 알아야 한다. 한 사람도 예외가 없이 모두 죄인이다. 우리는 하나님과 화목한 사람들이지만(5:9) 우리는 여전히 죄 있는 사람들이라는 것을 알아야 한다. 우리의 "죄"란 우리의 원죄와 자범죄를 모두 포함하는 죄들을 지칭한다. 다시 말해 원죄로부터 흘러나온 자범죄를 지칭한다. 우리는 형제의 죄를 용서한 다음 하나님께 우리의 죄를 용서하여 주십사고 기도해야 한다. 그러면 하나님은 우리의 죄를 사하여 주신다. 하나님은 우리의 죄를 기억하지 않으신다(미 7:19). 마 6:13에는 우리를 시험에 들게 하지 마시옵고 다만 악에서 구하시옵소서(나라와 권세와 영광이 아버지께 영원히 있사옵나이다 아멘). 예수님은 여섯 번째 기도를 말씀하신다. 혹자는 이 기도를 둘("우리를 시험에 들게 하지 마시옵고"+"다만 악에서 구하시옵소서")로 나누려고 한다. 그러나 하반 절 초두의 "다만"이라는 말은 이 기도를 둘로 나누는 것이 아니라 상반 절을 강화하는 단어로 사용되었다. 예수님은 제자들과 성도들에게 "시험에 들게 하지 마시옵고 다만 악에서 구하시옵소서"라는 기도를 드리라고 하신다(26:41; 눅 22:40, 46; 고전 10:13; 벧후 2:9; 계 3:10). "시험에 든다"는 말은 '악한 시험에 쑥 빠져 들어간다'는 뜻이다. 본문에 나오는 시험이 악한 시험이라고 말할 수 있는 이유는 하반 절의 기도를 살펴보면 알 수 있다. 즉 "다만('도리어') 악에서 구하시옵소서"라는 기도 내용을 살펴보면 시험이라는 것이 악한 시험임을 알 수 있다. 세상에는 성도들을 악의 구덩이 속으로 빠뜨리는 시험이 많이 있는데(요셉이 보디발의 아내로부터 당한 시험 같은 것) 그 유혹에 빠지지 않도록 기도해야 한다. 하나님은 아무도 시험에 빠지게 하시지 않으신다(약 1:13). 우리를 악으로 빠지게 하는 것은 사탄이다(12:28-29; 13:19, 39; 막 8:33; 눅 10:19; 22:31). 사탄이 우리를 악(惡)속으로 빠뜨리는 시험은 우리보다 강하다. 그래서 힘이 무한하신 하나님께 기도하여 악의 시험 속으로 빠지지 않게 기도해야 한다. 예수님은 상반 절의 기도에다가 하반 절의 기도를 더하신다. 즉 시험에 빠져들지 않게만 기도할 것이 아니라 "다만 악에서 구하시옵소서"라는 기도를 드리라고 하신다(요 17:15). 즉 '도리어 악에서 구하시옵소서'라는 기도를 드려야 한다. 우리는 악으로부터 구원 받기를 위해 기도해야 한다. 다시 말해 우리는 악한 시험에 빠지지 않게만 기도할 것이 아니라 악으로부터 멀리 서 있도록(안전지대에 있도록) 기도해야 한다. 괄호 안에 들어 있는 송영은 초기 사본들(시내산 사본, 바티칸 사본, 베사사본)에는 없고 후기 사본들 속에 있다. 아마도 후대에 삽입한 예전(禮典)의 형식(기도문의 격식을 갖춘 형식)으로 이해되고 있다(대상 29:11 참조). 리델보스(Ridderbos)는 "송영은 주기도문의 주된 내용과 밀접한 관계가 있다. 이보다 더 적절한 종결부를 찾기가 어렵다. 하나님 나라의 도래가 전체 기도에 점철되어 있고, 특히 앞의 세 간구에서 그러하다. 그래서 송영의 시작은 '나라가 아버지께 있사옵나이다'(For thine is the Kingdom)로 되어 있다. 하나님께 속한 것으로는 '권세'도 있다. 그것은 기도 응답에 필요한 모든 것을 할 수 있는 능력을 의미한다. '영광'은 시대 말에 일어날 하나님의 엄위의 현현(顯現-명백하게 나타남)이다. 마지막으로 '영원히'라는 단어는 송영에 무한하고 신적인 의의를 부여한다"고 말한다.[13] 마 6:14-15에는 너희가 사람의 잘못을 용서하면 너희 하늘 아버지께서도 너희 잘못을 용서하시려니와 너희가 사람의 잘못을 용서하지 아니하면 너희 아버지께서도 너희 잘못을 용서하지 아니하시리라고 하신다. 예수님은 제자들과 성도들이 다른 사람의 잘못을 용서하는 경우와 용서하지 않는 경우를 비교하시면서 다른 사람의 잘못을 용서하라고 권하신다. 다른 사람의 잘못을 용서하면 "너희 하늘 아버지께서도" 역시 우리의 잘못을 용서한다고 하시며(막 11:25-26; 엡 4:32; 골 3:13) 만약 반대로 우리가 다른 사람의 잘못을 용서하지 아니하면 "너희 아버지께서도" 우리의 잘못을 용서하지 않으실 것이라고 하신다(12절; 18:35; 약 2:13). 이 원리는 교회 안에서도 역력히 나타나서 다른 사람의 잘못을 용서하지 않는 사람들은 하나님으로부터 용서를 받지 못해 영적으로 그리고 육신적으로 비참해지는 것을 관찰할 수가 있다. 마 6:16-18에는 은밀하게 금식하라는 내용이 나온다. 예수님은 앞에서 기도하는 자의 마음 자세가 어떠해야 할 것을 말씀하시고 또 기도할 때 어떻게 기도해야 할 모형을 가르쳐주신(5-15절) 다음 이제 이 부분(16-18절)에서는 금식기도하는 자의 마음 자세를 가르쳐주신다. 모세가 받은

---

13) 헤르만 리델보스, *마태복음 (상)*, p. 211-12.

율법에 의하면 이스라엘 백성이 1년에 한 번(7월 10일-속죄일에) 금식해야 했는데(레 23:27) 그 후 포로기 이후에는 국가가 당한 수난을 기념하여 일 년에 4차의 금식을 했다(슥 7:5; 8:19). 게다가 유대인들은 한 주에 두 번씩 금식기도했다(눅 18:12). 예수님은 금식기도를 반대하시지는 않으셨고 올바로 금식기도할 것을 교훈하셨다. 마 6:16에는 금식할 때에 너희는 외식하는 자들과 같이 슬픈 기색을 보이지 말라. 그들은 금식하는 것을 사람에게 보이려고 얼굴을 흉하게 하느니라. 내가 진실로 너희에게 이르노니 그들은 자기 상을 이미 받았느니라고 하신다. 예수님께서 금식하는 자가 가져야 할 자세에 대해 말씀하신 이유는 바리새인들이 한 주에 두 번씩 금식하는 가운데서(눅 18:12) 외식했기 때문이었다. 예수님은 제자들과 성도들에게 "금식할 때에 너희는 외식하는 자들과 같이 슬픈 기색을 보이지 말라"고 말씀하신다(사 58:5 참조). 여기 "외식하는 자들"은 '바리새인들'이었다. 그들은 금식할 때에 "슬픈 기색을 보였다." 머리에 기름을 바르지도 않았고 또 얼굴을 씻지도 않았으며 이런 일 저런 일로(얼굴에 재를 바르기도 했다) 자기가 금식한다는 것을 사람들에게 보이기 위해서 슬픈 표정을 보였다(사 58:5). 즉 "그들은 금식하는 것을 사람에게 보이려고 얼굴을 흉하게 했다." 그래서 예수님은 중대한 것을 발표하시려고 "내가 진실로 너희에게 이르노니"라는 언사를 사용하시면서 "그들은 자기 상을 이미 받았다"고 하신다. 이미 사람들로부터 칭찬(영광)을 받았으니 하나님으로부터 받을 칭찬(기도 응답)은 없다고 하신다. 힘든 금식을 하면서도 사람에게 보이려고 할 것이 무엇이 있는가. 그래서 응답도 받지 못할 이유가 무엇 있는가. 사람에게 칭찬을 받으려고 하는 일은 큰 손해를 불러온다. 마 6:17-18에는 너는 금식할 때에 머리에 기름을 바르고 얼굴을 씻으라.

이는 금식하는 자로 사람에게 보이지 않고 오직 은밀한 중에 계신 네 아버지께 보이게 하려 함이라. 은밀한 중에 보시는 네 아버지께서 갚으시리라. 예수님은 제자들과 성도들 개인 개인에게 "너는 금식할 때에 머리에 기름을 바르고 얼굴을 씻으라"고 권하신다(룻 3:3; 단 10:3). 머리에 기름을 바르고 얼굴을 씻으라고 하신다. 사람들에게 자신이 금식한다는 것을 보일 필요가 없다는 것이다. 이렇게 얼굴을 단정히 하고 몸도 단정히 하면서 금식기도를 해야 하는 이유는 금식하는 것을 "사람에게 보이지 않고 오직 은밀한 중에 계신 네 아버지께 보이게 하려 함이라"고 하신다. 문장 안의 "오직 은밀한 중에 계신 네 아버지"란 말씀은 '은밀하게 보시는 네 아버지'란 뜻이다. 6절 주해를 참조하라. 사람은 하나님에게 칭찬받으려고 금식기도를 하는 것은 아니고 하나님은 은밀하게 금식하는 사람에게 은혜를 주신다는 것이다. 우리는 사람에게 무엇을 보이려는 천단한 삶을 살 것이 아니라 항상 하나님 앞에서 모든 일을 바르게 행해야 할 것이다.

LII. 금식은 성령의 늦은 비를 내리게 한다는 것이다.

단 9:2-3은 곧 그 통치 원년에 나 다니엘이 책을 통해 여호와께서 말씀으로 선지자 예레미야에게 알려 주신 그 연수를 깨달았나니 곧 예루살렘의 황폐함이 칠십 년 만에 그치리라 하신 것이니라. 내가 금식하며 베옷을 입고 재를 덮어쓰고 주 하나님께 기도하며 간구하기를 결심했다고 말한다.

즉 단 9:2에는 곧 그 통치 원년에 나 다니엘이 책을 통해 여호와께서 말씀으로 선지자 예레미야에게 알려 주신 그 연수를 깨달았나니 곧 예루살렘의 황폐함이 칠십 년 만에 그치리라 하신 것이니라(in the first year of his reign, I, Daniel, perceived in the books the number of years which, according to the word of the LORD to Jeremiah the prophet, must pass before the end of the desolations of Jerusalem, namely, seventy years-ESV, in the first year of his reign, I, Daniel, perceived in the books the number of years that, according to the word of the LORD to the prophet Jeremiah, must be fulfilled for the devastation of Jerusalem, namely, seventy years-NRSV). 곧 그(다리오)의 통치 원년에, 나 다니엘은 책들을 통하여 여호와께서 예레미야에게 말씀하셨던 햇수를 깨달았으니, 곧 예루살렘이 칠십 년 동안 황폐할 것이라는 것이었다. 여기 "책"이란 말은 성경(예레미야)을 지칭하는 말이다. 이와 같이 기도와 성경은 밀접하게 관계가 되어야 한다. 성경을 떠난 기도는 그 방향을 잃게 되고, 기도를 떠난 성경은 그 뜻을 잃게 되는 것이다(이상근). "예루살렘의 황폐함이 칠십 년 만에 그치리라"는 말은 렘 25:11-14; 29:10-14에 진술된 말씀이다. "70년만"이란 말은 문자적인 70년을 지칭하는 말이다(Calvin, K.&D.). 그렇다면 이 70년이 언제부터 언제까지를 두고 하는 말이냐는 것이다. 이스라엘 민족이 느부갓네살왕의 침입으로 인해 제1차 포로가 되어 끌려간 주전 605년부터(왕하 24:1-4) 스룹바벨의 인도로 제1차로 귀환한 주전 537년까지로 보는 것이다(K&D, Lange). 다니엘이 이러한 사실을 깨달은 것은 주전 538년의 일이므로 그는 민족의 귀환에 대한 예레미야의 예언이 성취되기까지 만 1년이 채 남지 않은 때에 이 사실을 깨달은 것이다. 단 9:3에 진술된 기도의 내용을 살펴보면 다니엘이 죄를 자복한 일이 기록되어 있다. 즉 내가 금식하며 베옷을 입고 재를 덮어쓰고 주 하나님께 기도하며 간구하기를 결심했다는 것이다(Then I turned my face to the Lord God, seeking him by prayer and pleas for mercy with fasting and sackcloth and ashes-ESV). 본 절은 다니엘이 어떤 자세로 기도했는가를 말하고 있다. 즉, 이에 나 다니엘은 내 얼굴을 주 하나님께 향하고, 금식하며 베옷을 입고, 재 가운데서 기도와 간구로 하나님을 찾았다는 것이다. 먼저 기도의 대상이신 "하나님을 찾았다"는 것이다. 우리는 기도할 때 똑똑하게 예수님의 이름을 믿고 하나님을 바라보고 기도해야 한다. 그리고 다니엘은 "금식하면서"

기도했다. 사 58:4에 "오늘 금식하는 것은 너희의 목소리를 상달하게 하려는 것이라"고 말하고 있다. "재를 덮어쓰고" 기도했다. 재를 덮어쓰고 기도한 것은 죄를 자복하면서 기도했다는 것(사 58:5; 애 4:1-3; 마 11:21)을 뜻한다. 우리는 죄가 생각나는 대로 모두 자백하면서 기도해야 한다. 기도에 승리하면 우리는 승리하는 사람이 되는 것이다.

LIII. 미국은 청교도들이 금식을 토대로 개척한 나라였다.

1970년과 1971년에 매사추세츠 주의 플리머드 시에서는 영국의 청교도들이 메이플라워호를 타고 미국의 플리머드 항에 상륙한 350주년 기념행사가 있었다. 플리머드 시에서는 이 행사를 위한 특별위원회를 조직했다. 저(데렉 프린스 박사)는 이 위원회로부터 플리머드 시의 필그리미즈(Pilgrimage) 교회에서 설교를 해 달라는 부탁을 받았다. 친절하게도 특별위원회의 두 명의 위원은 저(데렉 프린스)에게 역사적 의의가 있는 유적지를 보여주었을 뿐 아니라 개척자 시대의 교훈서를 보여주었다. 이렇게 해서 저(데렉 프린스)는 위리엄 브래드포드에 의한 플리머드 개척의 역사를 알게 되었다.

미국을 개척한 청교도의 배경.

저(데렉 프린스)는 영국에서 공부를 했던 까닭에 미국을 개척한 청교도에 대해 배운 기억이 없다. 저(데렉 프린스)는 그 말(청교도)을 검은 색 예복을 입고 희고 긴 수염을 기른 노인을 연상하면서 미국인들이 흔히 사용하고 있는 "필그림 파더"란 말도 무슨 종교 지도자쯤

될 것이라고 어렴풋이 생각했다. 그러나 저는 이들 청교도들의 대부분이 미국에 도착했을 당시 아직 젊은 청년들이었다는 사실을 알고 놀랐다. …… .

저(데렉 프린스)는 브래드포드가 플리머드 식민지를 개척했다는 사실과 그의 초기의 노력을 연구하면서, 그와 그의 동료 청교도들이 영적으로 한 형제라는 생각을 강하게 갖게 되었다. 저는 그들의 전반적인 생활양식이 성경을 조직적으로 연구하고 익힌 것을 기초했다는 사실을 알게 되었다. 저는 하나님의 말씀이 그들을 인도했다는 확신과 믿음을 갖고 그러한 사실을 확인하고 했다.

실제로 저는 캠브리지의 대학원에서 특별 연구생으로 연구를 하면서 이들 청교도들이 영적 지도자 가운데 얼마나 많은 사람이 캠브리지에서 교육을 받았는가를 아는 데에 특별한 관심을 가졌다. 1620년 당시 영국의 청교도들이 미국으로 이주하게 된 사건과 가장 밀접한 관계를 가졌던 세 사람은 리챠드 클리프톤과 죤 로빈손, 윌리암 부르스터였다. 리챠드 클리프톤은 영국의 스크루비에 최초로 세워진 조합 교회의 장로였다. 그리고 죤 로빈손은 화란의 라이든에 있던 청교도 조합교회의 장로였다. 부르스터는 실제로 메이플라워를 타고 여행한 장로였으며, 플리머드 식민지에서 최초의 영적 지도자가 되었다. 이들 모두는 영국의 캠브리지에서 교육을 받았다.

저는 플리머드를 방문한 다음 달 내내 미국의 여러 지방을 여행하면서 집회를 인도하게 되었다. 그러면서 저는 플리머드의 개척자 전기에서 발견한 저의 생각을 만나는 사람들과 나누기 시작했다. 놀랍게도 저는 거의 전부라고 할 수 있는 대부분의 사람들이 전체의 이야기에 대해 모르고 있다는 것을 알았다.

미국에서 나고 자랐으며, 적어도 중등 이상의 교육을 받은 많은 사람들이 그 책에 대해서 들어본 적도 없다고 고백했다. 제 기억으로는 그 책에 대해서 들어보았다거나 알고 있다고 한 소수의 사람들 중에서도 실제로 그 책을 읽어보았다는 사람은 단 한명도 없었다.

이런 이유에서 저는 이 책에서 다루고 있는 주제와 관련된 여러 구절을 가벼운 마음으로 브래도포드의 전기에서 인용하고자 하는 것이다. 아래 인용한 글은 현대 도서문고에서 간행한 책에서 발췌한 서문으로 사무엘 E. 모리순이 기록한 것이다.

브래드도포의 일생은 소년 시절과 청년 시절에 경험한 영적 체험에 의해 결정되었다. 브래드포드의 전기에 쓰인 모리슨의 서문에는 이러한 초기의 경험이 다음과 같이 명료하게 서술되어 있다.

“윌리암 브래드포드는 1590년 이른 봄에 요오크셔 지방의 오스터피일도에서 태어났다.…… 20살이 되었을 때 그는 교회의 상임 성경 봉독자가 되었다. 그는 주로 캘빈의 번역을 인용했다. 그가 아직 젊었을 때에 그는 말씀에 감동해서 스크루비 마을 근처에 있는 윌리암 브루스터의 집에서 모임을 갖는 기도와 토의를 위한 청교도 모임에 참가하게 되었다. 이 모임은 1606년 조합교회의 부속으로 리챠드 클리프톤 목사에 의해 조직되었다.

브래드포드는 그의 아저씨의 노여움과 그의 이웃의 비웃음에도 불구하고 이 모임에 가입했다. 그로부터 그가 죽을 때까지 반세기 동안 브래드포드의 삶은 처음에는 스크루비치에서, 다음은 베네룩스에서, 마지막에는 뉴잉글랜드에서 교회와 조합 교회를 중심으로 이루어졌다.

개혁이 아닌 회복.

신대륙을 개척한 청교도들은 처음에 퓨리탄과 관계가 있었음에도 불구하고 그들 사이에는 중요한 차이가 있다. 그들은 모두 종교개혁이 필요하다는 데는 의견을 같이 했지만 개혁을 하는 방법에 대해서는 의견을 달리하고 있었다. 퓨리탄은 설립된 교회에 남아서 필요하다면 강제적으로라도 내부의 개혁을 단행하기로 결정했다.

그러나 신대륙을 개척한 청교도들은 그들 스스로의 자유를 찾았다. 다른 사람에게 그들의 견해를 강요하려고 세속적인 통치기구를 사용하는 것을 그들은 거절했다. 이러한 근본적인 차이는 뉴잉글랜드 교회를 세운 레오나드 베이컨이 쓴 다음의 구절에 잘 나타나 있다. "대서양 저편에 있는 유럽의 퓨리탄은 기독교 국가는 크리스찬의 교회라는 것을 믿고 있는 국가주의자들이다. 그들은 영국 교회가 완전히 개혁되어야 한다고 요구하고 있다. 반면 신대륙을 개척한 청교도들은 영국 교회의 기도문, 엘리자베드 여왕의 감독 제도에서뿐 아니라 모든 국가주의 교회에서 독립하기를 바라는 독립주의자들이었다. 이들은 그 자신들뿐 아니라 그들의 아내와 자녀들 그리고 형제들이 크리스챤으로서 성경의 말씀을 따라 하나님과 동행하는 삶을 살 수 있는 자유를 원했다. 이런 이유에서 그들은 영국을 떠나 대서양을 건넜던 것이다. 결국 그들은 낯선 땅 황무지에 정착하게 되었다. 이에 대해 퓨리탄의 생각은 자유가 아니라, 다른 사람들까지 옳은 길을 걸어야 한다고 강요하고 있는 정부와 같이, 교회와 국가에서 정부를 개혁하자는 것이었다."

영국의 청교도들(퓨리탄)과 식민지를 개척한 청교도와의 차이는 개혁과 회복이라는 두 개의 개념으로 표현할 수 있다. 그 당시 퓨리탄들은 있는 그대로의 교회를 개혁하려고 노력했다. 그러나 신대륙을 개척한 청교도들은 하나님께서 이루려는 뜻이 신약성경에 기록된 것처럼 교회를 본래의 모습으로 회복시키는 데 있다고 믿었다. 이러한 점들은 브래드포드의 전기의 제 1장 첫째 단락에 매우 명백하게 밝혀져 있다. 그는 신대륙을 개척한 청교도들이 가졌던 회복에 대한 견해를 아래와 같이 표현했다. "…… 하나님의 교회는 원래의 순수한 상태로 돌아가야 한다. 그리고 교회가 지니고 있던 원래의 질서와 자유와 아름다움을 회복해야 한다."

이에 뒤이어 브래드포드는 또 다시 신대륙을 개척한 청교도의 목적에 대해 논했다. "…… 그들은 하나님을 바르게 섬기려고 노력했다. 그들은 그리스도의 가르침에 사람의 생각을 더하지 않고 복음의 순수성에 더하지 않고 복음의 순수성을 따른 교회를 설립했다. 그들은 하나님의 말씀에 따라 각기 직분을 나누었다. 성경에 기록되어 있듯이 그들은 각각 사도와 교사, 장로의 직임에 따라 다스리고 일을 했다. 이러한 뜻을 가진 신앙인들은 노팅햄셔, 링컨셔, 요크셔에서 최초의 모임을 가졌다."

"…… (하나님의 약속에 따라) 복음으로 한 형제가 된 그들은 하나님의 뜻에 따라 살기 위해, 혹은 그들이 어떠한 희생을 치르더라도 최선을 다하면 하나님께서 그들을 도와주신다는 것을 믿고 교회에 모였다."

후에 조합교회가 화란에 있는 라이든으로 옮겨졌을 때 브래드포드는 그곳에서의 그들의 생활을 이렇게 기술했다. "그들의 생활은 훗날 다른 교회가 그랬던 것처럼 초대교회의 원래의 모습과 가깝게 되었다."

브래드포드는 다시 그 책의 4장에서 이들이 신대륙으로 떠나게 된 주요한 동기를 기록했다. "결국 그들은 커다란 희망과 홍분 속에서 하나의 계획을 세웠다. …… 세상 저편에 복음을 전파하고, 그리스도의 나라를 세우기로 한 것이다. 물론 그들은 그러한 커다란 사업을 이루기 위한 다른 사람의 디딤돌이 되어야 했다.”

공식적인 금식일을 선포하다.

신대륙을 발견한 청교도들은 그들의 영적인 뜻을 이루기 위해 함께 모여 집단적인 기도와 금식을 했다. 이에 대해서는 브래드포드 전기에 여러 차례 언급되어 있다. 이 중에서도 라이든의 글은 신대륙을 개척한 청교도들이 출발을 준비하는 모습을 가장 뛰어나게 표현했다. “출발준비가 되자, 그들은 하루를 엄숙하게 겸비하며 지냈다. 그들의 목회자 죤 로빈슨은 에스라 8:21절의 본문 말씀을 읽었다. “때에 내가 아하와 강가에서 금식을 선포하고 우리 하나님 앞에서 스스로 겸비하여 우리와 우리 어린 것과 모든 소유를 위하여 평탄한 길을 그에게 간구했다.” 그날 로빈슨은 얼마동안 위의 본문에 대해 그들의 처한 상황에 큰 공감을 일으킬만한 인상 깊은 설교를 했다. 그 후 그들은 남은 시간 눈물이 범벅이 된 채 하나님께 열심을 다해 간구했다.”

여기서 브래드포드가 겸비라는 단어를 쓴 것을 보면 신대륙을 개척한 청교도들이 영적으로 자신들을 쳐 스스로를 복종시키는 방법으로 금식을 이해하고 있었다. 또한 이 때 로빈슨이 에스라서에서 본문을 택한 것 역시 매우 적절하다고 볼 수 있다. 신대륙을 개척한 청교도들이 새로운 세계를 향해 항해를 떠난 것과 에스라 일행이 성전을 회복하기 위해 바벨론에서 예루살렘을 향해 떠난 것과는 그 동기와 그들이 겪은 경험에 있어서 유사한 점이 매우 많았다.

에드워드 윈슬로우는 버나 M. 홀스의 [크리스챤의 역사 구조]라는 책의 184페이지에서 로빈손에게 고별인사를 했다. “우리는 오래지 않아 서로 헤어지게 됩니다. 우리가 다시 만나게 될 때까지 그(로빈슨)가 살아있게 될지는 오직 하나님만이 아십니다. 하나님께서 그것을 약속하셨든지 그렇지 않든지 간에 그는 하나님과 그의 천사들 앞에서 우리를 돌아보셨습니다. 우리는 그가 그리스도를 따랐던 것보다 더 그를 따르지는 못할 것입니다. 그리고 만일 하나님께서 우리에게 하나님의 다른 도구를 통해서 어떠한 사실을 밝히신다면 우리는 그것을 그의 목회에 의해 진리를 받아들였던 것같이 기꺼이 믿을 것입니다. 왜냐하면 그는 하나님의 말씀 안에서 뿜어져 나올 더 많은 진리와 빛이 있다는 것을 확신했기 때문입니다. 그는 또한 칼빈파 교회가 종교적 정체기를 맞게 된 상태와 그들이 개혁의 도구 이상이 되지 않으려 한 것(그들은 종교개혁의 지도자였다)을 매우 슬퍼했습니다. 예를 들어 루터교회의 신자들은 루터가 생각한 것 이상을 생각해낼 수 없었습니다. 하나님의 뜻의 어떤 면에서든지 하나님께서는 캘빈에게 더 많은 것을 보여주고 알려 주셨는데, 그들(루터교회 신자들)은 그것을 받아들이는 것보다 죽는 것이 낫다고 생각했을 것입니다. 마찬가지로 캘빈주의자들을 보면 그들은 캘빈이 떠난 곳에서 커다란 슬픔을 갖고 그가 한 말을 지키고 있습니다. 그들이 그 당시에는 아주 탁월하고 뛰어났음에도 불구하고, 하나님께서는 여전히 그들에게 완전한 뜻을 보여주지 않으셨습니다. 그들이 살아있다면 그들은 그들이 받아들였던 것과 같이 더 많은 빛을 기꺼이 받아들였을 것입니다. 그는 또한 우리에게 적어도 하나님의 약속과 언약으로 이루어진 우리 교회의 계약-하나님의 말씀에서 어떤 빛이나 진리를 알게 되든지 간에 그것을 받아들이라는 것을 상기시켰습니다. 그러나 마찬가지로 그는 우리가 진리로 믿고 말하는 것은 그리스도의 세계가 적그리스도의 암흑세계에서 새롭게 나타나는 것과 완전한 진리가 한꺼번에 나타난다는 것은 불가능하다는 사실입니다."

이러한 경우에 죤 로빈슨의 메시지는 신대륙을 개척한 청교도들의 이론적 입장의 실체를 요약하고 있다. 이러한 것은 그들이 선택한 이름 필그림(Pilgrims, 순례자)에 암시되어 있다. 그들은 진리를 완전히 이해하는데 도달해야 한다고 주장하지 않았습니다. 그들은 이미 받아들인 진리에 순응하면서 앞에 있는 더욱더 새로운 진리를 찾아가는 순례의 길을 가고 있었습니다.

브래드포드는 그와 그의 동료들이 구약과 신약 성경의 성도로서, 영적인 순례자의 같은 반열에 있다는 것을 확실히 믿었습니다. 그는 습관적으로 그의 감정과 느낌을 표현하는 데 성경 구절을 자주 인용했습니다. 그는 9장에서 케이프 항구에 도착한 메이플라워 호의 모습과 신대륙을 개척한 청교도들이 만났던 여러 가지 위험한 난관을 기록했습니다. 그리고 다음과 같은 결론을 내렸습니다.

"하나님의 은혜와 성령의 도움 없이 그들이 지금까지 어떻게 견딜 수 있었겠습니까? 후에 이들 자손들은 이렇게 이야기 할 것입니다. '우리 조상은 대서양을 건너온 영국 사람이었습니다. 그들은 황폐한 땅에서 다 죽게 되었습니다. 그러나 여호와 하나님께 그들이 부르짖었더니 하나님께서 그들의 음성을 들으시고 그들의 고통과 신고와 압제를 하감하였습니다.' (이것은 브래드포드가 신 26:5, 7의 말씀을 인용한 것입니다.)

'여호와께 감사하라. 그는 선하시며 그 인자하심이 영원함이로다. 여호와께 구속함을 받은 자는 이렇게 이같이 말할지어다. 여호와께서 대적의 손에서 저희를 구속하사 저희를 구하셨도다. 저희가 광야 사막 길에서 방황하며 거할 성을 찾지 못하고 주리고 목마름으로 그 영혼이 속에서 피곤했도다. 여호와의 인자하심과 인생에게 행하신 기이한 일을 인하여 그를 찬송할지로다.'(이것은 시 107:1-5,

8을 브래드포도가 번역한 것입니다.)”

브래드포드가 기록한 응답받은 기도의 예는 너무 많아서 여기에 인용하기에는 불가능하지만 아래의 대중 금식의 예는 꼭 언급해야 할 것입니다. 1623년 여름 신대륙을 개척한 청교도들이 조심스럽게 심은 곡식들이 말라죽게 되었습니다.

“…… 5월 셋째 주에 시작한 가뭄은 7월 중순경까지 계속되었습니다. 대부분 지역의 작물들은 비 한 방울 안 오는 가뭄과 땅을 가르는 찌는 듯한 더위로 모두 말라 죽게 되었습니다…… 이러한 가뭄으로 인해 곡식들은 죽어가기 시작했습니다. 메마른 대지는 마치 건초더미처럼 타들어 갔습니다.

…… 그들은 따로 금식일을 정하여 엄숙하고 겸비하게 하나님께 부르짖으며 간구했습니다. 하나님께서는 그들과 인디안들의 찬미를 들으시고 즉시 응답해주셨습니다. …… 날씨는 아침내내 종일토록 매우 맑고 무더웠습니다. 하늘은 구름 한 점없이 맑았고, 비가 올 기미라고는 조금도 보이지 않았습니다. 그러나 저녁이 되면서 하늘에 구름이 덮이는 것 같더니 바로 소나기가 내리기 시작했습니다. 그들은 넘치는 기쁨으로 하나님께 영광을 돌렸습니다.…… ”

일반적으로 그런 상태에서 비가 올 경우에는 뇌성과 번개를 동반하는 것이 보통입니다. 만일 그렇게 되었더라면 곡물은 망가지게 되었을 것이며, 마지막 결실의 소망도 산산히 부서져 버렸을 것입니다. 브래드포드는 계속해서 그러한 상태에 대하여 이야기했습니다.

“비는 바람이나 뇌성의 어떠한 피해도 끼치지 않고 촉촉이 내렸습니다. 대지를 완전히 적시고 풍요롭게 할 정도의 비가 내렸습니다. 이로써 땅에 있는 곡식과 모든 과실들은 다시 생기를 찾게 되었습니다. 그 곡물들은 빠르게 익어갔습니다. 풍요로운 수확이었습니다.

인디언들은 이런 현상을 놀라운 눈으로 바라보았습니다. 하나님께서는 그들에게 그러한 비를 내리신 후에 풍성하고 기름진 수확을 맺게 하기 위해 은혜로 맑고 따뜻한 날씨를 또 다시 허락해주셨습니다. 이러한 하나님의 은혜를 기념하기 위해서 그들은 적당한 날을 정해 그 날을 추수 감사절로 지키게 되었습니다."

이렇게 특별히 날짜를 정하고 기도와 금식을 하는 것을 플리머드 식민지의 생활에서 빼놓을 수 없는 부분이 되었습니다. 엄숙하게 금식함으로 겸비하게 지내는 날을 선포하고 추수감사절 행사를 열기 위한 법안이 식민지 통치자와 그의 지지자들에 의해 1636년 11월 5일 통과되었습니다.

우리는 앞에서 이미 금식으로 하나님께 나아가는 사람들에게 약속으로 주신 말씀을 이사야서에서 알아보았습니다. 우리는 아래의 글에서 그들이 어떠한 결정적인 약속을 받았는지를 알 수 있습니다.

"네게서 날 자들이 오래 황폐된 곳들을 다시 세울 것이며 너는 역대의 파괴된 기초를 쌓으리니 너를 일컬어 무너진 데를 보수하는 자라 할 것이며 길을 수축하여 거할 곳이 되게 하는 자라 하리라."(사 58:12)

이와 같이 약속받은 금식의 신대륙을 개척한 결과는 청교들에 의해 역사적인 사실로 증명되었습니다. 영적으로나 정신적으로 그들은 "여러 세대의 토대를 이룩했습니다. 380여년이나 지난 지금도 여전히 미국의 국민들은 여전히 신대륙을 개척한 청교도들이 이루어 놓은 그 토대 위에 서 있는 것입니다.

LIV. 미국의 역사에서 본 국가적 금식의 선포에 대해 기술하다.

신대륙을 개척한 청교도들이 국가의 금식 일을 선포함으로써 보여준 모범은 그 후 미국 국민의 최고 지도자들과 국가의 통솔기관인 정부에 의해 여러 세대를 걸쳐 지켜 왔다. 다음 기록은 이러한 실제적인 예에 대한 기록이다.

조지 워싱톤과 버지니아 집회

1774년 5월 버지니아의 윌리엄베르그에서는 영국 의회가 매사츄세츠 주 보스톤 항구의 봉쇄를 명했고 그 명령은 동년 6월 1일부터 효력을 발생하게 된다는 소식이 퍼졌다. 버지니아의 시민들은 즉시 이러한 행위를 반대하는 결의안을 통과시켰다. 그리고 보스톤 항구가 봉쇄될 6월 1일을 금식하며 겸비하게 기도하는 날로 정해 놓았다.

다음은 1773-1776년 동안 죤 펜들톤 케네디에 의해 간행되었던 [버지니아 시민의 집] 잡지에 기록된 결의안의 주요 부분이다. (훗날 시민의 집은 미국 의회의 모체가 되었다.)

"1774년 죠지 3세 재위 14년 5월 24일 화요일버지니아 시민의 집은 우리와 같은 식민지 매사츄세츠에 있는 보스톤 시가 영국의 침해를 받아 다음달 6월 1일부터 보스톤 항의 무역과 출입이 무력에 의해 봉쇄된다는 소식을 듣고 너무도 커다란 슬픔에 잠기게 되었다. 버지니아 시민의 집 회원들은 6월 1일을 금식하며 겸비하게 기도하는 날로 정하고 우리 시민의 권리를 보호하고 내란의 위험을 막고 미국인의 권리를 침해하는 모든 것을 깨끗하고 정당한 방법으로 막기 위해 한 마음으로 협력할 수 있기를 하나님께 열심을 다해 간구하기로 했다.

이에 따라 시민의 집 회원들은 앞서 말한 목적을 위해, 버지니아 교회의 지도자와 연사들과 함께 금식과 기도 모임에 참여하기 위해 이야기했던 6월 1일 오전 10시에 모일 것을 선포한다. 존경하는 프라이스 씨가 기도해 주실 것이고, 그와트긴 씨가 필요한 설교를 해주실 것으로 정해졌다."

이 결의안이 지켜졌다는 것은 죠지 워싱턴이 잘 증명해주고 있다. 그는 6월 1일자 그의 일기에서 다음과 같이 기술하고 있다. "온종일 교회에 가서 금식을 했다."

1795년 1월 1일 죠지 워싱턴은 미국의 대통령으로서 1795년 2월 19일 국가적으로 감사와 기도를 위한 날로 선포했다. 다음은 워싱턴이 그 때 선포한 내용의 일부이다.

"우리가 다른 여러 나라들이 겪고 있는 수모를 생각해 볼 때 현재의 미국의 상황은 우리에게 다소의 위안과 만족을 주고 있습니다. 국가가 특별한 상황에 놓이게 되었을 때 우리는 국민의 한 사람으로서 우리의 크나큰 의무를 인식하고 감사와 경외하는 마음으로 하나님의 은혜가 끊임없이 우리에게 임하시기를 전능하신 하나님께 간구해야 합니다. 미국 대통령인 나 죠지 워싱턴은 이와 같은 심정에 깊이 감동되어 미국 내에 있는 모든 교회 단체와 종교계 그리고 미국에 거주하는 모든 사람에게 2월 19일 수요일을 국가적인 감사와 기도의 날을 지킬 것을 권고합니다. 그 날에는 함께 모여 한 국가로서 오늘이 있게 해주신 하나님의 은혜에 감사를 드리고…… 또한 그 때에는 이와 같은 하나님의 은혜가 우리에게 언제나 함께 하기를 겸비하게 간구하며, 우리의 마음 깊이 엄숙하게 하나님의 은혜를 되새깁시다.

우리는 크고도 넓으신 하나님의 은혜를 올바르게 깨닫고, 축복에 따른 자만심과 헛된 것을 좇아 나아가는 위협을 버려야 하며, 그의 은혜에 감사하며 헛되이 사용하지 않고, 하나님의 시민권을 가진 성도로서 온전히 행함으로 하나님의 은혜가 영원히 우리와 함께 하기를 바랍니다. 이 나라가 다른 나라의 불행을 위해 더욱더 안전하고 따뜻한 피난처가 되기를 우리 가운데 진리와 유익한 지식이 널리 보급되기를, 절제와 질서와 도덕과 경건의 습관을 보급하여 생활화하고 마지막으로 우리가 누리고 있는 복이나 우리가 구한 복이 온 인류에 전해지기를 열심히 간구합시다."([미국 총서] 11권, 부록 5호)

아담스와 메디슨이 선포한 금식

미국의 제 2대 대통령인 죤 아담스 재임 시 미국은 프랑스와 전쟁 위기에 놓이게 되었다. 1798년 3월 23일, 아담스 대통령은 1798년 5월 9일을 온 국민이 겸손히 금식하며 기도하는 날로 지킬 것을 선포했다. "본질적으로 한 나라의 안전과 번영은 결국 전능하신 하나님께서 은혜로 그 나라를 보호하신다는 것을 말하는 것입니다. 그러므로 국가적으로 이러한 일을 감사한다는 것은 하나님의 은혜 안에 사는 국민으로서 꼭 해야 할 일일 뿐 아니라, 그렇게 함으로써 자유스럽게 그 나라의 국민은 국가의 도덕성과 근엄성을 개선할 수 있는 것입니다. 이러한 사실을 감사하지 않고 그냥 묵과해 버린다면 그러한 나라에는 사회적인 복이 존재할 수 없을 뿐 아니라 은총의 자유조차 누릴 수 없게 될 것입니다. …… 지금 미국은 프랑스의 비우호적인 처사와 요구에 의해 위험하고 고난스러운 지경에 놓이게 되었습니다. 이러한 위급한 상황을 맞아 하나님의 은혜와 은총이 오늘날 우리와 함께 하기를 구해야 한다고 생각합니다. 지금은 우리가 이 나라의 국민으로서 특별한 관심을 가져야 할 때입니다. 따라서 나 메디슨 대통령은 이러한 요구가 적당하다고 생각합니다. 이렇게 해서 나는 돌아오는 5월 9일을, 경건하게 자신을 쳐서 낮추고 금식하며 기도하는 날로 온 국민이 지킬 것을 결정했습니다. 그 날에 이 나라의 모든 국민은 모든 일상적인 업무를 멈추고, 각자 가장 알맞고 좋은 방법과 형태를 택하여 열심을 다하여 은혜를 주시는 하나님께 감사를 드립시다. 모든 종교적 집회에서, 하나님 앞에 가장 겸비한 자세로 개인적으로나 국가적으로 우리의 책망 받을 만한 여러 가지 죄악과 잘 못을 고백하고 하나님께서 무한하신 은혜로 구세주를 통해 우리의 모든 죄를 사해 주시고, 성령으로 충만하실 것을 진정한 회개와 통회로 간구함으로 하나님의 무한하신 은혜와 복이 함께 하실 것을 소망할 수 있을 것입니다.

이러한 제목으로 열심히 간구한다면 우리를 위협하는 모든 위험으로부터 우리의 국권은 보호받을 수 있을 것입니다. 우리의 국민과 종교적 특권은 침해받지 않고 보호될 것이며, 마지막 세대까지 영속될 것입니다([미국 총서] 11권 부록 5호).

미국의 제 4대 대통령 제임스 메디슨 재임 시 미국은 영국과 전쟁을 치렀습니다. 이 전쟁을 맞아 상하 양원은 따로 날을 정하여 국가적인 회개와 금식기도를 한다는 결의안을 만장일치로 통과 시켰습니다. 이에 따라 메디슨은 1815년 1월 12일을 특별히 정했습니다. 그의 선언서는 아래와 같이 시작되었습니다. “국가의 입법 기관인 상하 양원은 오늘의 국가적인 위기와 전쟁을 맞이하여 만장일치로 아래와 같은 결의를 했습니다. 이 나라의 안전과 번영을 위하여 빠른 시일 내에 평화가 회복되기를 전능하신 하나님께 나아가 온 나라가 겸비하게 금식하며 기도해야 할 것입니다. 나(메디슨 대통령)는 이와 같은 선포를 함으로써, 돌아오는 1월 20일 수요일을 따로 정하여 우리 모두가 한날한시에 교회마다 함께 모여 온 세계를 다스리시는 하나님께 우리 자신을 낮추고 경배하고, 우리의 모든 죄와 허물을 고백하고, 회개와 결신의 뜻을 확실하게 서약하는 자발적인 기회를 가질 수 있도록 해야 한다고 생각합니다.”([미국 총서] 11권 부록 4호)

이와 같이 온 나라가 국가적으로 날을 정하여 금식과 기도를 한 결과 하나님께서는 사 65:24에서 약속하신 말씀을 역사적인 현실로 이루어주셨습니다. “그들이 부르기 전에 내가 응답하겠고 그들이 말을 마치기 전에 내가 들을 것이라.”

메디슨이 정한 4일 전, 미영 전쟁의 마지막 전투가 뉴올리언스에서 치러졌습니다. 이 전투에서 미국은 영국에 승리했습니다. 얼마 지나지 않아 곧 평화가 찾아왔습니다. 이로써 상하 양원은 메디슨에게 국가적인 감사의 날을 선포할 것을 요구했습니다. 그날은 1815년 4월 둘째 주 수요일로 정했습니다. 다음은 메디슨의 선언문에서 일부를 발췌한 것입니다. “미국의 상원과 하원은 공동의 결의로 그들의 뜻을 표명했습니다. 그들은 미국인들 모두가 날을 정하여 전능하신 하나님께서 다시 허락해주신 평화의 은혜와 그의 선함과 인자하심을 감사하는 감사절로 지킬 것을 요구했습니다. 다른 어떤 나라의 국민들도 미국의 국민들보다 더 국가의 운명과 사건을 주관하시는 하나님의 선하심을 기념해야 한다고 느끼지는 못할 것입니다. 하나님의 친절하신 섭리는 인류라는 거대한 가족에게 주어진 가장 살기 좋은 땅으로 그들을 최초로 인도했습니다. 하나님께서는 신대륙으로 이주한 초기 시대에 그들이 재난과 어려움을 당했을 때 그들을 보호하시고 인도하셨습니다. 그들의 습관과 직업과 감정은 가까운 시일 내에 독립과 자치 국가를 이루기 위한 준비로써 하나님의 보호하심 아래 이루어졌습니다. 그러는 사이에 하나님께서는 그들에게 그들의 국권을 주장하고 지금은 행복한 유대관계를 맺고 있는, 적이었던 나라들과의 전투에서 평화와 화해로써 국가적인 명성을 높일 수 있게 한 자원을 부여하시고 힘을 키우셨습니다.

이와 같은 은혜, 특별히 평화의 은혜를 회복하기 위해 지금 나(메디슨 대통령)는 돌아오는 4월 둘째 주로 정해진 날의 모든 종교적 집회에서, 사람들이 경건하게 모여 마음과 목소리를 합하여 은혜를 베푸시는 하나님께 자유로이 감사와 찬송으로 영광을 돌려야 할 것을 권고하는 바입니다."([미국 총서] 11권, 부록 16호)

링컨이 선포한 3번의 금식일

아브라함 링컨은 미국의 대통령으로 재직하면서 3번에 걸쳐 모두 3일간 국가적으로 겸비하게 금식하며 기도할 것을 선포했다. 이들 각각을 선포하게 된 주요한 원인은 남북 전쟁이었다. 가장 중요한 제목은 국가적인 평화와 통일을 회복하기 위한 것이었다.

링컨의 첫 번째 금식 선언은 의회의 상하 양원의 결의에 의해 요청되었으며, 그 날짜 1861년 9월 마지막 주 수요일로 정해졌다.

아래의 글은 그 선언문의 일부이다. "상하 양원의 공동 결의문이 미국의 대통령에게 제출되었습니다. 그 결의문은 다음과 같은 것을 요청하고 있습니다. '미국인들은 날을 정하여 이 나라의 안녕과 번영을 위해 하나님의 은혜가 함께 하기를 구하고, 빠른 시일 내에 평화를 회복하기 위하여 전능하신 하나님께 나아가 국가적으로 겸비하게 금식하며 기도해야 할 것입니다.' 그 날은 온 국민이 다 함께 전능하신 하나님께 감사와 경배를 드리고, 그의 징계에 스스로를 낮추어 복종하고 여호와를 경외하는 것이 지식의 근본이라는 확신을 갖고 스스로의 허물과 죄를 고백하며 진심으로 통회하는 마음을 갖고 또 지난 죄를 사함받기 위해 기도하며 하나님의 은혜가 오늘 뿐 아니라 영원히 함께 하시기를 간구해야 합니다. 그러므로 미국의 대통령나 아브라함 링컨은 돌아오는 9월 마지막 수요일을 온 국민이 겸비하게 기도하며 금식하는 날로 정했습니다. 그래서 나는 모든 국민에게 진지하게 권합니다. 특별히 모든 종파의 종교지도자와 목회자 그리고 모든 가정의 가장은 나름의 교리와 예배 형식에 따라 아주 경건하고 겸비하게 그날을 지키시기를 바랍니다. 이렇게 온 국민이 연합하여 대대적인 기도를 한다면 은혜의 보좌에서 풍성한 하나님의 은혜가 이 나라에 임하게 될 것입니다."([미국 총서] 12권, 부록 8호)

특별히 링컨이 위의 선언문에서 "모든 가정의 가장"에 대해 언급한 것을 부모와 자녀들이 함께 기도하고 예배하는 미국의 각 가정에서 기도와 금식이 행해져야 한다고 생각하였기 때문입니다. 다른 점에서와 마찬가지로 이런 점에서, 링컨의 선언문을 그 말과 정신이 성경과 완전히 일치하고 있습니다.

링컨의 두 번째 선언문은 이 책의 앞에 그 전문이 기록되어 있다.

링컨의 세 번째 선언문은 상, 하 양원의 공동 결의에 의해 결의되어 있다. 그날은 1864년 8월 첫째 주 수요일로 정해졌다. 링컨은 세 번째 선언문의 마지막 단락에서 특별히 국정의 모든 분야에서 권위를 행하고 있는 모든 사람에게 참여할 것을 호소했다. "이런 이유에서 나는 미국의 국법을 지키는 국민 모두와 함께 이 나라 정부의 주요 기관장과 입법부의 모든 판사, 행정장관 및 이 나라에서 권위를 행사하는 모든 사람이 참여하기를 권하는 바입니다. 그 날에는 각자 알맞은 공공 예배 장소에 모여서 이미 언급한 바와 같이, 자비로 세상을 다스리시는 전능하신 하나님께 경배를 드리고 미국 의회가 아주 엄숙하고 경건하고 진지하게 권고했던 바와 같이 자신의 허물과 죄를 고백하고 하나님께 간구하기를 바랍니다."([미국 총서]. 13권, 부록 17호)

여기서 말하려는 것은 위에 기록한 국가적인 금식일이 어떤 의미에서 모든 것을 해결해 주는 완전한 것이라는 것을 주장하려는 것은 아니다. 그러나 이미 앞장에서 미국을 개척한 청교들에 대한 실제적인 사실을 확인했던 것과 같이 하나의 역사적 사실을 확인하는 것으로 충분하다고 생각한다. 17세기 초에서 적어도 19세기 말까지 미국의 국가적인 운명을 결정하는 데 잠재적인 역할을 한 것은 국가적인 기도와 금식 일이었다.

생각이 깊은 미국인들은 이러한 공식적인 국가의 기록을 보면서 스스로 이러한 문제를 제기해 볼 것이다. 오늘을 사는 우리들은 앞 세대를 살다가 간 우리의 지도자들과 국민들의 기도로 얼마나 많은 은총과 특권을 누리고 있는가?

4세기가 조금 넘는 미국의 역사를 되돌아보면서 우리는 여러 가지 색과 각기 다른 질감의 실로 한 올 한 올 짠 아름다운 무늬의 천을 생각할 수 있다. 각각의 실은 각기 다른 배경을 나타내며 각기 다른 동기와 목적을 나타낸다. 무늬의 길이를 통해 나타나는 농담에서 우리는 한 올의 실에 있는 하나님의 뜻을 알 수 있다.

이러한 뜻은 신대륙을 개척한 청교도의 정신과 그들의 집단적인 기도와 금식의 정신에서 확인할 수가 있다. 세대가 바뀌면서 신앙의 형제들의 기도와 금식은 믿음으로 계속해서 이어졌다. 이러한 뜻을 완전하고 온전하게 이루는 일은 아직도 남아 있는 과제이다. 이 남겨진 과제는 미래에 교회에서 이룰 것으로 믿고 있다.

LV. 앞으로의 남은 큰 과제는 교회에서 이룰 것이다.

우리는 앞에서 오늘날 하나님께서 성령이 거하시는 예수 그리스도의 교회에서 세상이 하나님을 알게 하실 뿐 아니라 그의 뜻을 이루신다는 것을 알았다. 그 다음에는 하나님께서 성령님의 늦은 비를 통해서 오늘날의 교회에 그가 원래 부어주셨던 순수함과 능력과 질서를 회복시키는 것을 보았다. 이렇게 회복된 교회는 세상에서 하나님께서 주신 교회의 사명을 다하고, 말세에 그의 뜻을 온전히 이룰 수 있을 것이다.

바울이 그린 교회의 완전한 모습

바울은 에베소 교회에 보낸 그의 편지에서 교회를 온전하게 하는 법과 온전한 교회의 모습을 설명했다. 그는 에베소서 1:22-23에서 교회는 그리스도의 몸이며, 그리스도는 이 몸을 다스리는 몸이라고 말했다. 계속해서 그는 4장에서 그리스도께서 그의 교회에 준 중요한 사역과 그것을 주신 뜻을 기록했다. "그가 어떤 사람은 사도로, 어떤 사람은 선지자로, 어떤 사람은 복음 전하는 자로, 어떤 사람은 목사와 교사로 삼으셨으니(엡4:11), 이는 성도를 온전하게 하여 봉사의 일을 하게 하며, 그리스도의 몸을 세우려 하심이라(엡4:12). 우리가 다 하나님의 아들을 믿는 것과 아는 일에 하나가 되어 온전한 사람을 이루어 그리스도의 장성한 분량이 충만한 데까지 이르리니(엡4:13)"라고 했다.

11절에는 교회에서의 중요한 사역 5가지가 기록되어 있다. -사도, 선지자, 복음 전하는 자, 목사, 교사. 12절에는 이러한 사역을 하게 하신 하나님의 뜻이 나타나 있다. 13절에는 온전한 몸이 어떠한 것인가에 대해 4가지로 기록되어 있다. 14절은 원문 그대로의 표현이 그 뜻을 가장 잘 나타내고 있다. "이는 우리가 이제부터 어린 아이가 되지 아니하여 사람의 속임수와 간사한 유혹에 빠져 온갖 교훈의 풍조에 밀려 요동하지 않게 하려함이라(14절)."

우리는 너무 자주 교회를 정지되어 있는 상태의 것으로 생각한다. 그러나 그것은 틀린 생각이다. 교회는 끊임없이 성장하고 발전하는 것이다. 13절에서 '까지'라는 말을 사용한 것을 보면 우리는 미리 정해진 뜻을 향하여 나아가고 있다는 것을 알 수 있다. 그 다음에 '믿는 것에 하나가 되어'라는 말에서 이와 같은 것을 확인할 수 있다. 우리는 믿음으로 하나 되지 못하고 있다. 우리 주위에 산재하고 있는 각기 다른 성격의 교파와 여러 단체들만 보아도 이와 같은 것을 알 수 있다. 그러나 우리는 믿음으로 하나가 되기 위하여 나아가고 있다. 언젠가는 거듭난 크리스천이 믿음으로 하나가 되는 날이 올 것이다.

바울은 믿음으로 하나가 되는 방법을 아래와 같이 말하고 있다. "하나님의 아들을 아는 일." 신약 성경의 모든 도는 인격이신 그리스도와 그의 역사를 중심으로 하고 있다. 신약 성경의 구원의 교리는 구세주이신 그리스도를 중심으로 하고, 치유의 교리는 치료자이신 그리스도를 중심으로 하며, 거룩함의 교리는 성자이신 그리스도를 중심으로 한다. 또한 자유의 교리는 해방자이신 그리스도를 중심으로 한다. 그밖의 모든 기독교의 교리 역시 마찬가지이다. 기독교의 모든 교리는 인격이신 그리스도와 그의 역사로 온전히 표현될 수 있다.

역사를 통해서 볼 때 크리스천이 하나가 된 것은 추상적인 교리를 논함으로 이루어진 것이 아니다. 크리스천이 하나가 되는 것은 그리스도의 온전하심을 믿고 크리스천 각자의 생활과 교회에 그리스도의 의로우심을 모셔들임으로써 수레 바퀴의 살이 중심에 하나로 모이듯이 기독교의 여러 교리가 그리스도를 중심으로 하나가 될 때 이루어지는 것이다. 우리는 "하나님의 아들을 아는 일"을 통해서 "믿는 것에 하나가" 될 수 있는 것이다.

또한 이렇게 해서 "온전한 사람"이 되고, 교회는 장성한 분량까지 자라나게 되는 것이다. 이와 같이 온전한 데까지 장성한 사람은 그의 온전함으로 그리스도를 나타낼 수 있는 것이다. 이러한 사람은 그리스도의 몸된 교회에 하나님의 뜻을 이룰 수 있다. 그리스도의 완전한 교회는 모든 은혜와 은사와 사역으로 온전한 그리스도의 세계를 나타낼 수 있는 것이다.

또한 엡 5장에서 바울은 말세의 교회에 대해 기록하고 있다. 그는 이미 교회를 그리스도의 몸으로 표현한 바 있다. 여기서 바울은 교회를 그리스도의 몸으로 표현한 바 있다. 여기서 그는 그리스도와 그의 교회와의 관계를 남편과 그의 아내의 관계로 비교하여 그리스도의 신부라고 표현했다. 즉 "남편들아 아내 사랑하기를 그리스도께서 교회를 사랑하시고 위하여 자신을 주심같이 하라. 이는 곧 물로 씻어 말씀으로 깨끗하게 하사 거룩하게 하시고…… ."(엡 5:25-26)

바울은 위의 말씀에서 처음에는 구세주로서의 그리스도의 모습을, 다음은 성자로서의 모습을 표현했다. 그리스도는 그의 보혈로서 우리의 죄를 대속하셨을 뿐 아니라, 하나님의 말씀으로 깨끗하게 해 주셨다. 그리스도께서 교회를 구속하심은 십자가에서 흘리신 보혈로 인함이요, 교회를 정하게 하심은 그의 말씀으로 인함이다. 바울은 하나님의 말씀으로 정하게 됨을 깨끗한 물로 씻는 것으로 비교했다. 그리스도께서 이러한 일을 하신 것은 그의 교회를 온전케 하려 하심이었다.

이러한 그리스도의 모습은 요일 5:6에 잘 나타나 있다. "이는 물과 피로 임하신 자니 곧 예수 그리스도시라. 물로만 아니요 물과 피로 임하셨고 증거하는 이는 성령이시니 성령은 진리니다."

그리스도는 십자가에서 흘리신 보혈을 통해서 그를 믿는 모든 사람(교회)구세주가 되셨다. 그리스도는 하나님의 말씀이라는 순수한 물을 통해서 그의 교회를 흠없게 하셨다. 그를 믿는 모든 사람의 죄를 대속하시고 정하게 하시는 그리스도의 이와 같은 면을 증거하시는 이가 바로 성령이시다. 지금은 성령의 "늦은 비"가 내리는 때이다. 성령은 교회에 대한 하나님의 이와 같은 두 가지 사역에 대해 또 다시 권능으로서 증거하고 있다. 그리스도의 보혈에 의한 구속과 하나님의 말씀에 의한 거룩함은 모두 교회를 온전하게 하는데 필수적인 것들이다.

바울은 엡 5:27에서 계속하여 그리스도는 이러한 두 가지 일을 통해서 교회를 온전하게 한다고 기록하고 있다. "자기 앞에 영광스러운 교회로 세우사 티나 주름 잡힌 것이나 이런 것들이 없이 거룩하고 흠이 없게 하려 하심이라."

여기에 표현되어 있는 교회의 가장 특기할만한 모습은 영광스럽게 될 것이라는 말이다. 다시 말해서 교회는 하나님의 영광으로 충만하게 될 것이다. 영광이란 말은 인간적인 뜻으로 인격적인 하나님의 계심을 나타내는 말이다. 애굽에서 이스라엘 민족이 구출된 뒤에 이러한 영광은 광야에서 성막을 뒤덮고 성막안의 지성소를 채우고 밝은 구름의 형태로 나타났다. 이와 마찬가지로 온전하게 된 교회는 하나님의 영광이 나타남으로 지켜지고, 채워지고, 밝혀질 수 있을 것이다. 이로써 교회는 흠이 없고 정결한 교회가 될 것이다.

바울이 에베소서에서 묘사한 교회는 그리스도께서 그의 제자를 위해 요17:22에서 아버지께 간구한 기도로 이루어질 것이다. "내게 주신 영광을 내가 저희에게 주었사오니 이는 우리가 하나가 된 것같이 저희도 하나가 되게 하려 함이니다." 이와 같이 하나가 되게 하는 것이 영광이다. 다시 말해서 영광은 하나가 된 교회에서만 나타날 수 있다는 것이다. 계속해서 예수님은 이렇게 말씀하셨다. "세상으로 알게 함이로소이다." 그리고 또한 "…… 저희로 보게 하시기를……"이라고 말씀하셨다. 하나님의 영광으로 하나가 된 교회는 온 세상에 그리스도를 알게 할 것이다.

우리는 엡 4:13과 5:27에서 바울이 묘사한 교회의 모습을 통해서 말세 교회의 7가지 특징을 아래와 같이 요약할 수 있다.

1. 믿음으로 하나가 된 교회

2. 인격과 역사의 모든 면에서 그리스도께서 그의 머리되심을 인정하는 교회

3. 온전한 교회

4. 온전하신 그리스도를 알게 하는 온전하게 된 교회

5. 하나님의 영광이 충만한 교회

6. 거룩한 교회

7. 흠이 없는 교회

위의 7가지 특징 중에서 앞부분의 4가지 특징은 그리스도의 온전한 몸으로서의 교회를 말한 것이며, 나머지 3가지 특징은 그리스도의 온전한 신부로서의 교회를 서술한 것이다.

이사야서에 기록된 말세 교회의 모습

신약성경에 기록된 말세 교회의 이와 같은 모습은 구약성경의 여러 곳에도 예언되어 있음을 볼 수 있다. 이 중에서도 가장 뛰어난 예언 가운데 하나는 사 59:19-60:5까지의 말씀이다. 이사야는 세상이 어두움과 환난과 혼돈으로 덮일 때 말세의 교회에는 영광과 권능이 나타날 것을 예언했다.

"서쪽에서 여호와의 이름을 두려워하겠고 해 돋는 쪽에서 그의 영광을 두려워할 것은 여호와께서 그 기운에 몰려 급히 흐르는 강물 같이 오실 것임이로다."(사 59:19)

"여호와의 말씀이니라. 구속자가 시온에 임하며 야곱의 자손 가운데에서 죄과를 떠는 자에게 임하리라."(사 59:20)

"여호와께서 이르시되 내가 그들과 세운 나의 언약이 이러하니 곧 네 위에 있는 나의 영과 네 입에 둔 나의 말이 이제부터 영원하도록 네 입에서와 네 후손의 입에서와 네 후손의 후손의 입에서 떠나지 아니하리라 하시니라 여호와의 말씀이니라."(사 59:21)

"일어나라 빛을 발하라 이는 네 빛이 이르렀고 여호와의 영광이 네 위에 임하였음이니라."(사 60:1)

"보라 어둠이 땅을 덮을 것이며 캄캄함이 만민을 가리려니와 오직 여호와께서 네 위에 임하실 것이며 그의 영광이 네 위에 나타나리

니.”(사 60:2)

“나라들은 네 빛으로, 왕들은 비치는 네 광명으로 나아오리라.”(사 60:3)

“네 눈을 들어 사방을 보라 무리가 다 모여 네게로 오느니라 네 아들들은 먼 곳에서 오겠고 네 딸들은 안기어 올 것이라.”(사 60:4)

“그 때에 네가 보고 기쁜 빛을 내며 네 마음이 놀라고 또 화창하리니 이는 바다의 부가 네게로 돌아오며 이방 나라들의 재물이 네게로 옴이라.”(사 60:5)

이사야는 59:19절의 앞부분에서 하나님께서 다음의 결과를 통해 이루시려는 뜻을 전했다. “서쪽에서 여호와의 이름을 두려워하겠고 해 돋는 쪽에서 그의 영광을 두려워할 것은.” 열방이 놀라고 두려워할 것은 하나님의 영광이 세상에 나타날 것이기 때문이다.

19절의 뒷부분에는 “원수” 즉 사탄이 하나님의 뜻을 거슬려 “하수와 같이” 나타날 것과 그 기운이 성령에 의해 소멸될 것이 나타나 있다. 역사적으로 보면, 인간이 가장 어두움 가운데 있었을 때 하나님은 가장 크게 역사하셨다. “죄가 더한 곳에” 하나님의 은혜는 “더욱” 넘쳤다.(롬 5:20)

이사야는 여기서 성령을 하나님 군대의 지휘관으로 표현했다. 하나님의 백성(교회)이 완전히 흩어져 멸망의 위기에 놓이게 된 바로 그 순간 성령은 하나님의 군대를 일으켰다. 이와 같이 하나님의 백성은 하나님께서 그들을 구하신다는 증거에 힘을 얻어 열방에서 모여 군대를 세우고 재무장을 할 것이다.

성령이 세운 군대는 어떠한 것인가? 요16:13-14에서 예수님은 성령의 오실 것과 나타나실 것에 대하여 말씀하셨다. “그가 내 영광을 나타내리니." 성령은 오직 하나님의 군대를 세우셨다. 그것은 어떠한 제도나 교파, 교리를 나타내는 것이 아니다. 그것은 인격이신 그리스도를 말하는 것이다. "예수 그리스도는 어제나 오늘이나 영원토록 동일하시니라."(히 13:8)

진실로 그리스도를 믿는 모든 사람에게 가장 중요한 것은 예수 그리스도라는 군대에 충성을 다하는 것이다. 제도나 교파, 교리에 따른 책임들은 모두 2차적인 것이다. 진정한 믿음을 가진 사람은 실제로 그리스도께서 성령에 의해 세워지는 것을 볼 때마다 모일 것이다.

사 59:19의 후반부에서 이사야가 예언한 내용은 2차 대전이 끝난 이후 10년간 역사적인 현실로 정확하게 이루어졌다. 첫째로 "원수는 하수와 같이 나타났다." 사탄의 힘은 그 어느 때보다 범람했고, 종교적, 도덕적, 사회적, 정치적인 모든 생활 영역에서 활동했다.

둘째로 "여호와께서 그 기운에 몰려 급히 흐르는 하수같이 오셨다." 이로써 기독교 국가의 모든 지역은 성령의 권능과 기적의 임함을 체험하게 되었다. 성령의 임함은 어떠한 단체나 인물을 중심으로 하는 것이 아니라, 오직 주 예수 그리스도를 중심으로 세워진 교회는 열방에서부터 모여들고 있다.

사 59:19-20은 이러한 성령의 임함으로 나타나는 여러 가지 결과에 대해 말해주고 있다. 하나님의 백성은 회개함으로 다시 그리스도에게 향할 것이다. 그리스도는 다시 그의 교회에서 구원과 구속으로 역사하실 것이다. 그리스도는 그의 약속을 다시 새롭게 하고 성령으로 충만케 채워주실 것이다. 교회는 다시 그를 증거할 것이며, 성령이 그들과 함께함으로 하나님의 말씀은 그들의 입을 통해서 전파될 것이다.

이러한 성령은 나이와 관계없이 부모와 자녀, 자녀의 자녀 즉 모든 세대에게 임했다. 실제로 성경은 젊은 청년들에게 대해 강조하고 있다. 욜 2:28과 행 2:17은 이러한 사실을 예언해 주고 있다. "너희 자녀들은 예언할 것이요, 너희의 젊은이들은 환상을 보고…… ."

이것은 잠시 순간적으로 성령이 임한다는 사실을 말한 것이 아니다. "이제부터 영원토록" 임한다는 것이다. 이제 교회를 회복시킨 성령의 충만함은 그들에게서 다시는 사라지지 않을 것이다.

사 60:1-2은 빛과 어두움이 더욱더 깊어지고 있다는 것을 대조하여 강조하고 있다. "어두움이 땅을 덮을 것이며 캄캄함이 만민을 가리우려니와." 그러나 교회 위에 있는 여호와의 빛과 영광은 흑암 가운데 모든 것을 더욱 밝게 밝힐 수 있을 것이다. 이제는 기도로써 모든 것을 결정할 순간이다. 더 이상 이것도 저것도 아닌 안이한 태도를 고집할 수도 없다. "…… 의와 불법이 어찌 함께하며 빛과 어두움이 어찌 사귀며."(고후 6:14)

사 60:3에서 교회위에 나타나는 하나님의 영광에 의해 세상에 미치는 영향을 말했다. 열방과 열왕은 그 빛으로 나아와 도움을 구할 것이다. 예수님은 눅 21:25에서 이때에 대해 말씀하셨다. "민족들이 혼란한 중에 곤고하리라." 최근 수 십 년 동안 증가되고 있는 문제들은 열국의 지도자들이 더 이상 해결을 구하려 하지 않으려는 데서 야기된 문제들이다.

사 60:4에서 커다란 무리가 교회로 나아오는 것을 보라고 촉구하고 있다. 성경은 여기서 "네 아들들"과 "네 딸들"이라고 언급함으로써 젊은이들에 대해 한 번 더 강조하고 있다.

사 60:5은 결정적인 감동을 주는 부분이다. "그때 네가 보고 희색을 발하며." 그것은 교회가 하나로 되었을 때 하나님의 기뻐하시는 모습이다. 역사적인 상황으로 볼 때, 모든 기독교 국가에는 부흥의 물결이 넘칠 것이고 하나의 강으로 모이게 될 것이다. "네 마음이 놀라고 화창하리니." 이러던 하나님의 권능과 영광이 임하는 교회에는 하나님에 대한 경외가 넘치게 될 것이다. 또한 하나님의 뜻을 알고 그의 뜻을 이룰 수 있는 포옹력도 더욱 커지게 될 것이다. 하나님의 사람이 함께 모여 하나가 되어 권능을 받으면 "바다의 풍부"와 "열방의 재물"의 방대한 재물과 물질이 생기게 될 것이다. 하나님은 교회가 이를 마지막 사명을 위해 이러한 재물을 예비하시고 구별하신 것이다.

마지막 사명

우리는 마 24:3에서 제자들이 예수님께 질문한 다음의 말씀을 볼 수 있다. "…… 세상 끝에는 무슨 징조가 있사오리까." 그들의 질문은 특별한 것이었다. 그들은 복수로 징조들이라고 묻지 않고 말세가 가까왔을 때에 나타나는 명확하고 결정적인 하나의 징조에 대해 물었다.

예수님은 마 24:5-13에서 말세의 특징이라고 할 수 있는 여러 가지 징조들 즉 사건이나 경향에 대해서 말씀하셨다. 그러나 그는 사실상 마 24:14에 와서야 그들의 특별한 질문에 대한 실제적인 대답을 하셨다. "이 천국 복음이 모든 민족에게 증거 되기 위하여 온 세상에 전파되리니 그제야 끝이 오리라"고 하셨다.

이것은 특별한 질문에 대한 참으로 특별한 대답이었다. 언제 종말이 올 것인가? 천국 복음이 모든 민족에게 증거 되기 위하여 온 세상에 전파되는 그 때일 것이다. 이와 같은 사실은 이 책 전체에서 강조되고 주제를 확실히 증명해 주고 있다. 세상의 모든 사건은 하나님의 교회와 하나님에 의해 이루어지고 있는 것이다. 세상의 종말은 세속적인 정부의 정책이나 군사력이나 사탄의 거짓과 무법이 넘침으로 해서 오는 것이 아니다. 마지막 결정적인 징조는 천국의 복음이 전파될 것이라는 것이다. 이것은 오직 예수 그리스도의 교회에 의해서만 이루어질 수 있다.

성경은 전파되어야 하는 매우 확실한 말씀이다. 그것은 "천국의 복음"이다. 이와 같은 사실은 그리스도와 그의 열두 제자가 전파한 말씀에서도 확인할 수 있다. 성경은 그리스도의 왕으로서의 권능과 그의 승리를 증거하고 있다. "왕의 말은 권능이 있다"는 것이다. "하나님의 나라는 말에 있지 않고 오직 능력에 있음이라."(고전 4:20) 천국의 복음은 초자연적인 실제적 사실로서 이루어질 것이다. "표적들과 기사들과 여러 가지 능력과 및 자기 뜻을 따라 성령의 나눠 주심으로써…… ."(히 2:4)

오늘날은 교회가 마지막 사명을 이루는 무대라고 볼 수 있다. 오늘날은 한 세대 안에 모든 민족에게 천국의 복음을 전할 수 있는 때이다. 필요한 여행의 수단과 통신의 매체는 과학 기술의 진보에 의해 이미 보급되었다. 이러한 자원을 활용하는 데는 어마어마한 값을 치르게 될 것이다. 그러나 하나님께서는 이미 사 60:5에서 말세 교회에 "바다의 풍부"와 "열방의 재물"을 주신다고 약속하셨다. 열방의 모든 물질적, 기술적 자원은 교회가 온 세상에 그의 마지막 사명을 다하는 데 유용하게 쓰일 것이다.

또한 지금은 요엘 선지자가 약속했던 바와 같이 성령의 늦은 비가 젊은 남녀들에게 권능을 주셔서 예수님께서 행 1:8에서 맡기신 일을 이루게 하는 때이다. "오직 성령이 너희에게 임하시면 너희가 권능을 받고…… 땅 끝까지 이르러 내 증인이 되리라 하시니라."

다윗이 시 22:30에서 이야기한 바로 그 세대가 오늘이다. “후손이 그를 봉사할 것이요 대대에 주를 전할 것이며.” 또한 예수님께서 마 24:34에서 말씀하셨던 때이기도 하다. “이 시대가 지나기 전에 이 일이 다 이루리라.”

하나님께서는 이와 같이 그의 뜻을 온전히 이루시기 위하여 필요한 여러 자원을 모으셨다. 인적으로는 청년들을 성령으로 충만하게 하셨고, 물적으로는 기술과 자원을 모으셨다. 이러한 두 가지 측면에서 유일하게 공헌한 나라는 미국이다. 첫째로 성령은 오늘날의 미국 젊은이들에게 부어지고 있으며, 아직도 미국 전역을 통해서 활발하게 역사하고 있다.

또한 현대의 미국은 경제적, 물질적 자원의 면에서 세계에서 가장 강한 나라이다. 최초로 달에 인간을 착륙 시킨 나라는 유일하게 천국의 복음을 열방에 전하는 권한을 받았다. 미국은 천국의 복음을 열방에 전하는 권한을 받았다. 미국은 천국의 복음을 전 세계에 선포하기 위한 인적, 물적 자원을 부여받음으로써 400년이란 역사를 통해 같이 하였던 하나님의 뜻을 온전히 이룰 수 있을 것이다.

이와 같이 미국은 하나님의 특별하신 뜻에 따라 신앙의 기초위에 세워졌다. 그들은 신앙의 자유를 찾아 신대륙으로 이륙한 청교도의 후손들이다. 하나님께서 그들에게 주신 이상은 교회를 회복하기 위한 것이었다. 이를 위해 그들은 스스로 땀과 희생을 택했으며, 기도와 금식을 했다. 오늘날 신대륙을 개척한 청교도들과 이상을 같이 나눈 사람들은 그들의 이상이 이루어지고 있는 것을 보고 있다. 예수 그리스도의 교회는 세상 모든 나라에 천국 복음을 전하기 위해 서 있다. 교회는 이러한 마지막 사명을 다함으로써 온전하게 될 것이다.

성경의 연구를 통해서 신대륙을 개척한 청교도들은 미국과 그

밖의 나라에서 그들과 이상을 같이 나눈 영적인 후손들에게 전해줄 두 가지의 커다란 사실을 배웠다. 첫째는 교회를 회복하고 온전하게 하는 것이 말세에 이루려는 하나님의 뜻이라는 것과 둘째는 이러한 뜻을 이루기 위한 힘의 원천은 전체적으로 기도와 금식이라는 사실이다. 이상은 데렉 프린스 박사의 기도와 금식으로 세계 역사를 바꿀 수 있다는 책에서 인용한 것이다.

LVI. 필자는 기도로 역사를 바꾸기 원하여 애쓴다.

필자는 그 동안 이루어놓은 것이 많이 있다. 무엇보다 하나님의 말씀을 많이 읽었다. 읽고 또 읽고 그리고 또 읽었다. 아무튼 하나님의 말씀 밖으로 나와 본때는 한 번도 없는 것 같다. 결국은 하나님의 말씀을 많이 묵상하기에 이르렀다. 하나님의 말씀을 묵상한다는 것은 하나님의 말씀을 되씹는 것을 말한다. 너무 은혜가 많아 말할 수가 없다. 아무튼 많이 묵상했다. 묵상하는 동안 큰 은혜를 받았다.

신학교 재학 중 필자는 엄청난 무리를 했다. 신학교 공부, 말씀 읽기, 많은 시간 기도하기, 박윤선 박사 주석 교정하기(매일 100페이지 가까이 교정했다), 옥인 교회 중고등부 전도사 사역, 그 교회 중고등부는 불같이 일어났다. 그러다가 편두통을 얻어 수많은 세월 고생했다(오른쪽 머리가 아팠다), 신학교 3학년 때는 휴학을 고려할 정도가 되었다. 훗날 생각하니 신학교 재학 중의 성적은 최상의 성적을 받아 들었으나 이것은 모두 기도 응답으로 이루어진 것이었다. 내 자신이 머리가 좋아 이루어 놓은 성적이 아니었다. 아무튼 신학교 3년의 일정은 대단한 일정이었다.

신학교를 졸업하고 영등포구 노량진의 한성교회 중고등부를 맡았다. 역시 중고등부가 불같이 일어났다. 장로님들이 낮 예배를 마치고 중고등부의 부흥의 기도를 참관하기 위하여 집에 돌아가시지 않고 뒤에서 지켜보았다. 나는 2년 반쯤 시무하다가 박윤선 목사님이 한성교회를 은퇴하시는 이유로 함께 사임하고 서대문구 동산교회 부목으로 자리를 옮겼다.

동산 교회 부목사로 일하면서 청년부와 대학부를 맡았다. 역시 영적으로 많이 일어났다. 편두통을 앓으면서 열심히 일을 했다. 주일 저녁에 부목의 입장에서 저녁 설교를 했다. 교회의 담임목사님이 설교하는 때보다 더 많은 성도들이 출석하여 설교를 경청했다. 참으로 담임목사님한테 죄송한 마음 금할 길이 없었다. 내 사역이 이렇게 성했던 것은 모두 기도 응답이었다.

나는 아내와 또 두 아이들을 데리고 미국 유학길에 올랐다. 나이 38세에 유학길에 오르는 일이 쉬운 일은 아니었다. 처음에는 미국 중부 Misouri 주의 St. Louis로 왔다. Covernant 신학교에 등록했다가 1개월 만에 학교 공부를 포기했다. 편두통 때문이었다. St. Louis에서 10개월쯤 지내고 다음으로는 미국 동부 필라델피아로 이주했다. 거기서 어느 교회를 섬기면서 교회를 개척했다. 교회를 개척하여 열심히 봉사했다. 동시에 Westminster 신학교의 Th. M. Class에 등록해서 3년 이상 애를 썼으나 편두통이 완전히 낳지를 않아 포기하고 말았다. 나는 Biblical 신학교에 입학하여 논문을 쓰지 않는 Class에 입학하여 S.T.M학위를 얻었다(나이 50이 되니 편두통을 많이 견딜 수 있었다). 나는 몇 년간 목회만 하다가 Florida의 Pensacola에 있는 Pensacola Christian College & Pensacola Christian Seminary의 철학박사 과정에 입학하여 공부를 했다. 이 신학교는 독특한 경영을 하고 있었다. 박사 과정에서 두 개의 외국어를 요구하지 않았다. 그리고 또 한 가지가 특별했는데 한 코스에 7일씩 공부하는 것이었는데 코스가 개설 되는대로 학교에 가서 강의를 들어야 했다. 한번은 5개과를 한꺼번에 공부하고 학교를 나오는데 교도소에서 형을 살고 퇴소하는 기분이었다. 얼마나 힘이 들었는지 모른다. 16개 학과의 강의를 모두 들은 후에는 논문을 써야 했다. 강의 청취를 시작한지 10년이 지난 후에 학위논문 방어 시험이 있었다.

LVII. 필자는 학위를 얻기 위해 비장한 기도를 했다.

드디어 학위 논문 방어 시험이 다가와서 비장한 기도를 했다. 학위 논문 방어 시험에는 다섯 분의 교수가 들어와서 두 시간이나 시험한다. 먼저 15분은 시험을 받는 사람이 자기의 논문 내용을 전체적으로 이야기 한다. 그리고 나머지 1시간 45분 간은 교수들이 돌아가면서 질문한다. 내 나이 68세 이제는 모든 데서 은퇴할 나이였다. 이제 학위를 받아가지고 무엇을 하려고 이 야단인가. 그러나 한번 치르려고 했으니 비장한 각오를 가지고 시험에 응한다. 5일쯤 비장한 기도를 했다. 참으로 애절한 기도를 계속했다. 어느 교수가 들어와서 질문해도 문제가 없도록 기도한 것이다. 절대로 낙오 없도록 기도했다. 내 생애에 이렇게 애절하게 기도한 때는 없는 것 같았다. 내가 생각해도 각오가 대단했다.

결국 다섯 교수가 전원 찬성했단다. 내가 속으로 생각해도 그러면 그렇지 내가 어떻게 기도했는데 낙오할 것인가. 나는 하도 힘이 들어 그 날을 기억하게 되었다. 68세 9월 14일이었다. 이제는 내가 갈 길을 가야 한다.

LVIII. 이제는 내가 갈 길을 위해서 최선을 다해 기도했다.

학위를 받았으니 강의할 곳을 찾아야 했다. 합동신학대학원대학교나 총회 신대원대학교나 두 곳 중 한곳으로 마음을 정해 놓고 기도해야 했다. 먼저 합동신학대학원대학교를 찍어놓고 기도하기로 했다. 그 신학교는 필자의 삼촌 되시는 박윤선 박사님께서 시작하신 곳이고 박형용 목사님과 유영기 목사님이 계신 곳이 아닌가. 열심히 기도했다. 나이가 들었으니 정식 교수로는 안 되고 초빙교수 자리 하나를 위해서 매일 기도했다. 기도의 깊이가 어느 정도였는가 하면 내가 일할 자리가 없으면 하나님께서 한 자리를 만들어 주시라고 떼를 썼다. 아무튼 여러 날 기도했다. 합동신학대학원대학교로 가기로 되었다. 짐을 싸가지고 다시 한국 수원으로 돌아왔다. 어떤 집이 마련된 것도 아니고 신학대학원 기숙사로 들어가 7개월간 신세를 지으면서 지냈다. 신학교 기숙사에서 더 지내기가 미안해져서 원천 주공 아파트로 집을 사서 왔다. 거기서 합동신학대학원까지는 15분 거리여서 2014년도까지 걸어 다녔다.

LIX. 합동신학대학원대학교에서 최선을 다해 강의했다.

2005년부터 2014년까지 10년간 초빙교수로 있으면서 내 나이 78세까지 최선을 다해 강의했다. 주로 주경신학강의를 중심해서 강의했다. 2005년부터 처음 몇 년간은 3과목씩 강의하다가 어느 학기에는 두 과목도 강의했다. 강의중 강조한 것은 올바로 주해하라는 것과 또 기도를 많이 하라는 것이었다. 정확하게 주해하지 않으면 성도들이 이단에 휩쓸린다는 것을 많이 강조했다. 그리고 기도를 많이 하지 않으면 설교가 힘이 없어 성도들이 은혜를 받지 못한다는 내용이었다. 합신에서 필자가 강의를 하던 때에는 하루 두 시간정도를 기도했고 또 어느 곳에 설교 초청을 받아 설교를 하러 가는 경우 한 시간 설교를 위해서 3시간 기도하고 떠난다는 것을 강조했다. 이 말을 듣고 어느 학생이 무슨 기도를 세 시간이나 기도하고 가느냐고 질문을 하는 것이었다. 필자는 대답하기를 "나는 무능합니다. 나는 무능합니다"를 계속해서 깊이 하나님께 말씀드린다고 대답했다. 내가 무능하다는 말을 한 시간 말한 때와 두 시간 말한 때와 세 시간 말한 때가 현저히 다르다는 것을 강조했다. 그랬더니 학생들은 무엇인가 깨닫는 듯 했다. 우리는 우리를 철저히 부인하지 않으면(마 16:24) 예수님을 인정할 수가 없는 것이다. 나 자신의 무지함과 무능함을 철저히 인정해야 한다. 금식기도는 못할지라도 우리 자신이 철저하게 자신을 부인하지 않으면 설교는 실패한 설교로 남는 것이다. 우리는 우리 자신을 최대한 부인하여 하나님을 드러내야 하는 것이다.

LX. 필자는 2005년 합동신학대학원대학교에서 시무를 시작할 때부터 성경 주해를 쓰기 시작했다.

필자는 2005년부터 성경 주해를 쓰기 시작해서 2022년까지 18년 동안 성경 주해를 모두 마쳤다. 신약 성경 주해부터 시작해서 구약 성경 주해를 마쳤다. 신약 성경 주해 13권, 구약 성경 주해 18권, 도합 31권이 되었다. 원래 외출하기를 좋아하지 않던 필자는 18년간 아무데도 외출하지 않고 신학교 도서관과 집에만 틀어박혀 있으면서 주해를 계속해서 집필했다. 드디어 끝냈다. 이 주해를 집필한 목적은 후배들을 위함이었다. 후대의 교회가 든든하게 서가게 하기 위함이었고 이단들이 우리 기성교회를 침입하지 못하게 하기 위함이었다.

필자가 이 주해서 31권을 내기 위해서 한 일은 첫째 상상할 수 없이 많이 성경을 묵상한 일과 수없는 기도를 드린 일이었다. 어떤 절을 묵상하는 데는 3일이 걸린 경우도 있었다. 그런데 3일을 묵상하고 연구했다고 해도 완전히 풀지 못한 경우도 있었다. 그것은 고전 15:29절이었다. 15:29절을 여기에 써 보면 "만일 죽은 자들이 도무지 다시 살아나지 못하면 죽은 자들을 위하여 세례를 받는 자들이 무엇을 하겠느냐 어찌하여 그들을 위하여 세례를 받느냐"는 내용이다.

바울은 죽은 자들이 다시 살아나는 것이 확실하므로 사람들이 죽은 자들을 위해 세례를 받는다고 말한다. 바울은 "만일 죽은 자들이 도무지 다시 살아나지 못하면 죽은 자들을 위하여 세례를 받는 자들이 무엇을 하겠느냐"(Ἐπεὶ τί ποιήσουσιν οἱ βαπτιζόμενοι ὑπὲρ τῶν νεκρῶν εἰ ὅλως νεκροὶ οὐκ ἐγείρονται)고 말한다. 죽은 자들이 도무지 다시 살아나지 못한다면 죽은 자들을 위하여 세례를 받는 자들이 무엇 때문에 세례를 받겠느냐고 말했는데 이 말씀에 대한 해석은 40여 가지가 되나 아직 완전한 해석이 나오지 못했다. 제일 가능한 해석 몇 가지를 각주(footnote)[14]에 내 놓는다. 가장 그럴듯한 해석은 1) 신자들이 받는 일반 세례로서 죽은 자의 부활을 믿음으로 받는 세례라는 학설, 2) 죽은 자를 위하여 살아있는 불신자들이 부활에 대한 본능적인 욕구가 있어 대신 세례 받는 것을 바울이 기록했다는 견해이다. 인간의 욕구 중에는 부활에 대한 욕구가 가장 강하여 불신자가 죽은 사람들을 위하여 세례를 받는 일도 있다는 것을

14) 1) "위하여"(ὑπὲρ)란 헬라어를 "대신하여"라는 뜻으로 해석하여 세례를 받지 못하고 죽은 신자들을 위해 살아있는 자가 대신 세례를 받아주는 경향이 초대교회에 있었던 고로 바울이 그것을 여기에 기재한 것이라고 보는 견해이다. 비록 이런 경향이 초대 교회에 있었다 해도 바울이 이런 경향을 지지하지는 않았을 것이며 다만 살아있는 사람들이 부활에 대한 확신이 있었기에 이런 일을 행했다고 보고 바울이 그런 일도 있었다는 뜻으로 기재했을 것이다. 2) "위하여"(ὑπὲρ)란 헬라어를 "...의 위에서"라는 뜻으로 해석하여 죽은 자들(순교자들)의 무덤들 위에서 세례를 받는 것을 지칭한다는 설. 3) 갑자기 죽는 바람에 세례를 받지 못하고 죽은 사람을 위하여 그의 무덤에서 세례를 받아주는 것을 지칭한다는 견해. 4) 신자들의 일반 세례로서 죽은 자의 부활을 믿음으로 받는 세례라는 학설 등 많은 견해들이 있다. 그러나 이런 학설들은 해석의 한 가지 시도로 보아야 할 것이다. 이들 중에서 4번의 해석이 가장 근사할 것으로 보인다.

바울이 여기에 기록했다는 것이다. 바울은 이 행위가 옳다는 뜻으로 말한 것은 아니고 다만 당시 고린도 사회가 부활을 바라는 욕구가 대단했다는 것을 말하기 위하여 기록했을 것이다. 그리고 바울은 상반 절과 똑같은 말씀을 다시 말한다. 즉 "어찌하여 그들을 위하여 세례를 받느냐"고 반문한다. 바울의 이 말씀은 초대 교회에 이런 사례가 있었음을 짐작하게 한다. 그러나 이런 사례가 교회 안에서 계속 진행되었다는 암시는 없다. 다만 바울은 불신자들 사이에서 부활에 대한 본능적인 욕구가 있어 죽은 사람을 위하여 불신자들이 대신 세례를 받는 사례를 거론하며 부활이 있기에 그들도 그런 일을 한다는 뜻으로 언급한 것으로 보인다. 필자는 고전 15:29을 이렇게 처리하고 다음으로 전진하는 수밖에 없었다. 그렇게 한 절 한 절 써내려가서 신약 성경 주해를 마쳤고 또 구약 성경주해를 마쳤다.

신구약 성경주해가 출판된 후 돌아온 후의 많은 분들의 평판은 첫째, 김 목사가 펴낸 주해는 표준 주석이라는 말이었다. 둘째는 은혜가 많다는 말이었고, 셋째는 아주 쉽게 기록되어졌다는 이야기였다. 다 좋은 평판이었다. 모두 31권이었으니 방대했다. 내가 보아도 참으로 방대했다. 필자의 나이 68세에서부터 86세까지 썼으니 참으로 늦은 나이에 쓴 것이다. 이는 하나님의 은혜였다. 지금 필자가 이 글을 쓰는 것은 87세의 나이에 쓰는 것이다. 오타(誤打)가 많이 생기는 나이이고 탈자(脫字)가 많이 생기는 나이이다. 참으로 힘이 들었는데 하나님의 은혜가 아니었으면 이 주해 책을 쓸 수가 없었을 것이다. 전적으로 하나님의 은혜이다.

필자는 이제 이 주해 책이 많이 보급되기를 위해 기도한다. 이미 보급되기 위해 기도를 시작했다. 100만 질(Set)이 보급되기를 위해 기도를 시작했다. 기독교 인구가 1,000만 명이니 100만 질이 보급되기를 기도하기 시작한 것이다. 이렇게 주해서가 많이 보급되기를 위해 기도하는 이유는 많은 사람이 예수님을 더 잘 믿고 알게 하기 위함이다. 우리나라 50,000,000만 인구의 태반이 구세주를 믿게 하기 위함이다. 그런고로 밤과 낮으로 기도한다. 사람은 기도한 만큼 되는 것이니 반드시 필자의 기도가 이루어질 것이다.

LXI. 필자가 신구약 성경 주해를 마치고 하나님 앞에 형언할 길 없이 많이 감사한다.

이 주해는 내가 한 것이 아니다. 전적으로 하나님의 은혜로 한 것이다. 첫째 하나님께서 필자로 하여금 하나님 말씀을 뜨겁게 사랑하는 마음을 주셨다. 내가 비정상일 정도로 하나님 말씀을 사랑하는 마음을 주셨다. 하나님 말씀을 최고로 아는 마음을 주셨다. 하나님 말씀이라면 죽고 못사는 마음을 주신 것이다. 내가 생각해도 하나님께서 필자에게 하나님 말씀을 특별히 사랑하는 마음을 주셨다.

그리고 둘째, 하나님 말씀을 끊임없이 묵상하는 마음을 주셨다. 한없이 묵상했다. 어찌나 은혜가 많은지 모른다. 은혜 속에서 살았다. 은혜 속에서 사니 세상에 은혜 아닌 것이 없었다. 모든 것이 은혜였고 무엇을 보아도 은혜였다. 매일 은혜 속에서 살았다. 하나님 말씀을 묵상한다는 것은 천국을 의미하는 것이었다. 묵상하는 만큼 은혜의 연속이었다.

상상할 수 없는 정도로 감사한다는 내용을 여기에 쓰는 것은 감사할 때 사람이 최상으로 올라가기 때문이다. 감사가 없으면 사람이 최상으로 올라가지 못한다. 기도로 세계 역사를 바꿀 수 있기 위해서는 반드시 감사가 있어야 한다. 하나님이 계신 것이 감사하고 하나님의 말씀이 감사하며 말씀 묵상하는 것이 은혜롭다면 반드시 기도로 세계 역사를 바꿀 수 있는 것이다. 이제는 기도로 주위를 바꾸어 가며 세계를 바꾸어나갈 것이다.

LXII. 이제 필자는 기도로 세계 역사를 바꾸어 놓기 위하여 자신을 부인하고 있다.

쉽게 말해서 기도로 필자의 가정을 변화시키고 주위를 변화시키며 기도로 한국을 바꾸어 놓고 세계 역사를 바꾸어 놓기 위하여 자신을 완전히 부인하고 있다. 마 16:24에 보면 "예수께서 제자들에게 이르시되 누구든지 나를 따라오려거든 자기를 부인하고 자기 십자가를 지고 나를 따를 것이니"라고 하셨다.

예수님은 본 절부터 28절까지 제자들 전체에게 교훈을 주신다. "누구든지 나를 따라오려거든 자기를 부인하고 자기 십자가를 지고 나를 따를 것이니라"고 하신다(10:38; 막 8:34; 눅 9:23; 14:27; 행 14:22; 살전 3:3; 딤후 3:12). "자기를 부인하고"란 말씀은 '자기의 생각이나 자기의 주장 등을 부인하라'는 뜻이다. 다시 말해 '자아를 포기하라'는 뜻이다.

그리고 "자기 십자가를 지라"는 말씀은 '예수님을 따를 때 생기는 모든 어려움을 지라'는 뜻으로 누구든지 예수님을 따르려면 자기에게 생기는 어려움(고통과 수치와 박해)을 지고 헌신적으로 예수님을 따라야 하는 것이다(10:38). 자기에게 생기는 어려움은 제자들마다 그리고 성도들마다 다를 수 있다. 누구든지 제 목숨을 구원하고자 하면 잃을 것이요 누구든지 나를 위하여 제 목숨을 잃으면 찾으리라(ὃς γὰρ ἐὰν θέλῃ τὴν ψυχὴν αὐτοῦ σῶσαι ἀπολέσει αὐτήν· ὃς δ' ἂν ἀπολέσῃ τὴν ψυχὴν αὐτοῦ ἕνεκεν ἐμοῦ εὑρήσει αὐτήν)(25절). 본 절 초두에는 이유를 나타내는 접속사(γὰρ-"왜냐하면")가 있어 본 절이 앞 절의 이유를 드러내고 있다. 즉 누구든지 예수님을 따라 가려면 자기를 부인하고 자기 십자가를 지고 예수님을 따라가야 하는데(앞 절) 그 이유는 누구든지 제 목숨을 구원하고자 하면 잃을 것이요 누구든지 예수님을 위하여 제 목숨을 잃으면 찾기 때문이라는 것이다(본 절). 10:39 참조. 예수님은 "누구든지 제 목숨을 구원하고자 하면 잃을 것이라"고 하신다(눅 17:33; 요 12:25).[15] 여기 "목숨"(ψυχὴν)이란 '육체적 생명,' '동물적 생명,' '영혼,' '인격의 중심,' '사람의 자아'를 뜻하는 말이다. 이 "목숨"이란 말이 '육신 생명'뿐 아니라 '영적 생명'을 뜻한다는 것을 주의해야 한다. "누구든지 제 목숨을 구원하고자 하면"이란 말은 '누구든지 자기 힘으로 자기 육신 생명을 구원하고자 애쓰면' 결국 육신생명과 영적생명을 "잃는다"는 것이다. 사람은 누구든지 자기를 부인하고 예수님을 따를 때 구원을 얻는 것이지 자기 힘으로 구원을 얻어 보고자 아무리 힘을 써 보아도 결국은 생명(구원)을 잃게 되는 것이다. 우리는 우리 자신이 생명을 얻어 보려고 애쓸 것이 아니라 자기의 생각과 주장과 자아를 부인하

---

15) 윌렴 헨드릭슨은 자기 힘으로 자기 목숨을 구원해보고자 한 사람을 실례로 든다. 시기심 많은 가인(창 4:1-8; 요일 3:12), 욕심 많은 아합과 이세벨(왕상 21장), 거만한 하만(에 3:5; 5:9-14), 복수심에 불타는 헤롯 1세(마 2:3, 16), 예수님을 배반한 가룟 유다(마 26:14-16; 눅 22:47-48).

고 예수님을 따라야 구원에 이를 수 있다. 그리고 예수님은 "누구든지 나를 위하여 제 목숨을 잃으면 찾으리라"고 하신다.[16] 여기 "누구든지 나를 위하여 제 목숨을 잃으면"이란 말은 '누구든지 예수님을 따르기 위하여 자기를 부인하고 자기 십자가를 지고 따르면'(24절)이란 말과 동의 절이다. 우리는 누구든지 예수님을 따르기 위하여 우리의 목숨을 버려야(희생해야) 할 것이다. 그러면 영 육간 구원을 받고 기도 응답을 받는다.

하나님은 우리의 기도를 응답하기를 원하신다(Jack Hyles). "너희가 악할지라도 좋은 것을 자식에게 줄줄 알거든 하물며 너희 천부께서 구하는 자에게 성령을 주시지 않겠느냐 하시니라"(눅 11:13). 이 땅의 아버지가 자녀들이 마음에 원하는 것들을 특히 그들의 삶에 필요한 것들을 주고자 하는 것처럼 우리들의 아버지께서도 우리의 기도를 응답하기 원하신다. 성경에는 이 내용을 증명하는 것들로 가득 차 있다. 예를 들면 사 45:11을 보라. "이스라엘의 거룩하신 자 이스라엘을 지으신 여호와께서 가라사대 장래 일을 내게 물으라 또 내 아들들의 일과 내 손으로 한 일에 대하여 내게 부탁하라." 주님께서 분명히 명령하신 것을 주의해 보라. "내 아들들의 장래에 오게 될 일에 대하여 내게 부탁하라." 하나님은 우리의 필요를 그가 공급하시기를 원하시기 때문에 우리가 그에게 부탁하기를 원하신다. 하나님은 우리의 기도를 응답하기 원하신다. 자기 백성을 돌보시는

---

16) 윌렴 헨드릭슨은 예수님을 따르기 위하여 자기 생명을 버린 사람들의 예를 든다. 자신을 부인한 유다(창 44:18-34), 고결한 요나단(삼상 18-20장), 선한 사마리아 인(눅 10:29-37), 에바브로디도와 같은 사람들(빌 2:25-30)과 오네시모(딤후 1:16; 4:19).

것은 그의 마음을 기쁘게 하는 것이다. 똑 같은 절에서 하시는 이 말씀도 보라. "내 손으로 한 일에 대하여 내게 부탁하라." 주님이 하시는 말씀은 "네가 원하는 것을 내게 말하라. 너의 필요를 알려다오. 너의 원하는 것을 내게 알게 하라"는 것이다. "부탁하라"는 단어는 "시킨다"(charge)는 의미이다. 주님은 "너는 나를 시켜라. 내가 무엇을 해야 할지 말을 하라"는 것이다. 물론 그리스도인에게 마치 군대에서 장군이 이등병에게 하는 것처럼 하나님께 무엇을 명령할 권리가 있는 것은 아니다. 그렇지만 여기서 가르치는 것은 복된 가르침은 친절하시고 자비로우시며 사랑이 많으신 천부께서 금고와 찬장을 가득히 채우시고는 그의 자녀들이 부탁하기를 기다리고 계신다는 뜻이다.

롬 8:32의 놀라운 약속을 보라. "자기 아들을 아끼지 아니하시고 우리 모든 사람을 위하여 내어주신 이가 어찌 그 아들과 함께 모든 것을 우리에게 은사로 주시지 아니하시겠느냐?" 본 절은 어쩌면 성경에 있는 기도에 관한 약속 중에서 가장 놀라운 약속일 것이다. 하나님께서 하시는 말씀은 그가 우리를 위해 자기의 아들을 주시기까지 했다면 그것은 그가 우리의 필요를 공급하고 기도를 응답하실 것에 대한 확실한 증거가 된다고 보아야 할 것이다.

하나님께서 내려다보시며 이렇게 말씀하신다. "내가 너의 필요한 것들을 주고 싶다. 내가 너의 기도를 응답하기 원한다. 그리고 그것의 증거가 갈보리란다." 요 3:16에 "하나님이 세상을 이처럼 사랑하사 독생자를 주셨으니 이는 저를 믿는 자마다 멸망치 않고 영생을 얻게 하려 하심이니라." 하나님께서 말씀하시는 것은 그가 우리를 위해 독생자를 기꺼이 주셨다면 그것은 그가 우리의 필요와 우리의 원하는 것을 정의로운 한도 내에서 주시는 것의 증명이 되지 않겠느냐 하시는 것이다.

롬 8:32의 "은사"(freely)라는 말은 "카리스마"(charisma)인데 여기서 "은혜" 그리고 "은혜로운"이란 말이 나왔다. 하나님은 우리에게 모든 것을 주시겠다고 한다. 오! 하나님은 우리의 기도를 응답하시기를 얼마나 원하시는지 모른다! 계 5:8에서 하나님은 우리가 기도하는 것을 사랑하신다는 사실이 매우 아름답게 나타났다. "책을 취하시매 4 생물과 24장로들이 어린 양 앞에 엎드려 각각 거문고와 향이 가득한 금 대접을 가졌으니 이 향은 성도의 기도들이라." 여기 "향"이란 말은 "향수"와 같은 말이다. 우리의 기도는 하나님께 아름다운 냄새를 드리는 향수와 같은 것이다. 하나님은 우리에게 "너희의 기도는 나의 코에 마치 향수와 같구나"라고 말을 하신다. 그는 우리가 기도하는 것 듣기를 좋아하신다고 말씀하신다. 그래서 향단이 기도의 큰 상징이 되는 것이다. 성전에서 태우는 아름다운 향은 향연을 하늘로 올렸다. 이것은 기도의 상징으로 하나님 아버지께 아름다운 향기가 된다.

믹 7:18에 하나님의 기쁨이 아름답게 묘사되어 있다. "주와 같은 신이 어디 있으리이까? 주께서는 죄악과 그 기업에 남은 자의 허물을 사유하시며 인애를 기뻐하심으로 진노를 오래 품지 아니하시이다." 마지막 문장은 하나님의 화원의 가장 아름다운 난초의 하나이다. "인애를 기뻐하심으로"라고 하신 말씀을 보라. 오! 하나님은 우리의 회개와 죄 용서를 비는 기도를 들으시기를 얼마나 기뻐하시는지 모른다. 하늘에 계신 주님께서 내려다보시며 말씀하신다. "아, 내가 저것을 참으로 기뻐하도다. 저가 내게 인애를 구하였도다. 그가 용서를 구했으니 내가 기꺼이 그리 하리도다. 그가 그것을 구했으니 내가 기꺼이 그리하리로다. 그가 그것을 구했으니 내가 참 즐겁구나." 그렇기 때문에 이 구절에서 "주님은 노를 영원히 품지 아니 하시나이다"라고 말씀하신 것이다. 미가가 "주와 같은 신이 어디 있으리이까? 주께서는 죄악을 사유하시며 그 기업의 남은 자의 허물을 넘기시나이다"고 한 것은 당연한 말이다. 그가 미가 7:19에서 "다시 우리를 긍휼히 여기셔서 우리의 죄악을 발로 밟으시고 우리의 모든 죄를 깊은 바다에 던지시리이다"라고 했다. 왜 하나님이 그렇게 하시는가? 그것은 그가 우리를 사랑하시기 때문이다. 그러나 하나님은 예수 그리스도의 피를 떠나서는 우리를 용서하실 수 없으시다. 왜냐하면 그의 공의가 그와 같은 해결을 요구하기 때문이다. 그렇지만 우리가 그의 공의를 따라 주님 앞에 나아와서 용서를 구할 때 그는 얼마나 기뻐하시는지 모른다. 그가 얼마나 즐거워하시는지! 그의 인애를 우리에게까지 베푸시기를 얼마나 기뻐하시는지!

역대하 7:14,15은 매우 아름답고 귀한 말씀이다. "내 이름으로 일컫는 내 백성이 그들의 악한 길에서 떠나 스스로 낮추고 기도하여 내 얼굴을 찾으면 내가 하늘에서 듣고 그들의 죄를 사하고 그들의 땅을 고칠지라. 이제 이 곳에서 하는 기도에 내가 눈을 들고 귀를 기울이리니." 이 중 14절의 말씀은 우리 모두가 잘 아는 말씀이다. 성경 중에 있는 위대한 부흥의 말씀이 바로 이것이다. 여기서 주님은 우리가 스스로 겸비하고 기도하여 그의 얼굴을 구하고 또한 악한 길에서 떠나면 하늘에서 우리의 기도를 들으시며 우리의 죄를 용서하시고 우리의 땅을 고치시겠다고 하신 후에 이와 같은 아름다운 말씀을 하셨다. "이곳에서 하는 기도에 내가 눈을 들고 귀를 기울이리니." 하나님은 "내가 네게 약속을 하마, 나는 네가 오는 것을 기다리겠다. 네가 기도할 때에 네게 내 귀를 기울이겠다"고 말씀하시는 것이다. 이 말씀에 함축된 것은 마치 중요한 메시지를 기다리는 사람

또는 중요한 전화를 기다리는 사람과 같은 것이다. 하나님은 "내가 네게 제안을 하노라. 좋은 방안을 네게 말하노라. 내 생각에 네가 좋아할 것 같구나. 내가 살펴보면서 네가 나의 말을 믿고 따르는 것을 듣도록 하겠다." 얼마나 온유하신 분이신지! 얼마나 아름다우신지!

그리고 이사야 65:24에는 "그들이 부르기 전에 내가 응답하겠고 그들이 말을 마치기 전에 내가 들을 것이며"라는 말씀이 있다. 하나님은 우리의 기도를 응답하시기를 너무나 원하시기 때문에 때때로 우리가 기도하기 전에 응답하신다. 하나님은 우리의 어깨 너머로 우리의 기도 목록을 넘겨보신다. 하나님은 우리의 마음까지도 읽으시고 우리가 기도할 것을 아신다. 그는 우리의 기도에 응답하시는 것을 너무도 사랑하시기 때문에 그가 사전에 기도를 응답하시고 우리가 기도하기 전에 우리의 기도를 들으신다 고 여호와를 이렇게 찬양하고 있다. "기도를 들으시는 주여! 모든 육체가 주께 나아오리이다." 다윗은 하늘을 보면서 하나님을 새로운 이름으로 불렀다. "기도를 들으시는 주여!"라고 불렀다. 이 이름은 주님의 이름 중에 하나이다. 그가 우리의 기도를 들으신다. 들으시라!. 슬픔을 당하는 이들이여, 들으시라!. 우울한 사람들이여! 우리 주님은 우리의 기도를 들으시는 분이시다. 하나님은 우리의 기도를 응답하시기를 매우 기뻐하시기 때문에 때로는 구원을 받지 못한 사람들의 기도까지 들으신다.

창 21:14-17에는 "아브라함이 아침에 일찍이 일어나 떡과 물 한 가죽부대를 가져다가 하갈의 어깨에 메워 주고 그 아이를 데리고 가게 하니 하갈이 나가서 브엘세바 광야에서 방황하더니 가죽부대의 물이 떨어진지라. 그 자식을 관목 덤불 아래에 두고 이르되 아이가 죽는 것을 차마 보지 못하겠다 하고 화살 한 바탕 거리에 떨어져 마주 앉아 바라보며 소리 내어 우니 하나님이 그 어린 아이의 소리를 들으셨으므로 하나님의 사자가 하늘에서부터 하갈을 불러 이르시되 하갈아 무슨 일이냐. 두려워하지 말라 하나님이 저기 있는 아이의 소리를 들으셨다"는 말씀이 있다.

행 10:1-4에서도 또 한 가지 예를 볼 수 있다. "가이사랴에 고넬료라 하는 사람이 있으니 이달리야 부대라 하는 군대의 백부장이라. 그가 경건하여 온 집안과 더불어 하나님을 경외하며 백성을 많이 구제하고 하나님께 항상 기도하더니 하루는 제 9 시쯤 되어 환상 중에 밝히 보매 하나님의 사자가 들어와 이르되 고넬료야 하니 고넬료가 주목하여 보고 두려워 이르되 주여 무슨 일이니이까. 천사가 이르되 네 기도와 구제가 하나님 앞에 상달되어 기억하신 바가 되었다"는 말씀이 있다.

또 구약 성경 요나서 1:5-14을 보면 "사공들이 두려워하여 각각 자기의 신을 부르고 또 배를 가볍게 하려고 그 가운데 물건들을 바다에 던지니라. 그러나 요나는 배 밑층에 내려가서 누워 깊이 잠이 든지라. 선장이 그에게 가서 이르되 자는 자여! 어찌함이냐, 일어나서 네 하나님께 구하라. 혹시 하나님이 우리를 생각하사 망하지 아니하게 하시리라 하니라. 그들이 서로 이르되, 자 우리가 제비를 뽑아 이 재앙이 누구로 말미암아 우리에게 임하였나 알아보자! 하고 곧 제비를 뽑으니 제비가 요나에게 뽑힌지라. 무리가 그에게 이르되 청하건대 이 재앙이 누구 때문에 우리에게 임하였는가 말하라. 네 생업이 무엇이며 네가 어디서 왔으며 네 나라가 어디며 어느 민족에 속하였느냐 하니 그가 대답하되 나는 히브리 사람이요 바다와 육지를 지으신 하늘의 하나님 여호와를 경외하는 자로라 하고, 자기가 여호와의 얼굴을 피함인 줄을 그들에게 말하였으므로 무리가 알고 심히 두려워하여 이르되 네가 어찌하여 그렇게 행하였느냐 하니라. 바다가 점점 흉용한지라. 무리가 그에게 이르되 우리가 너를 어떻게 하여야 바다가 우리를 위하여 잔잔하겠느냐 하니 그가 대답하되 나를 들어 바다에 던지라 그리하면 바다가 너희를 위하여 잔잔하리라. 너희가 이 큰 폭풍을 만난 것이 나 때문인 줄을 내가 아노라 하니라. 그러나 그 사람들이 힘써 노를 저어 배를 육지로 돌리고자 하다가 바다가 그들을 향하여 점점 더 흉용하므로 능히 못한지라. 무리가 여호와께 부르짖어 이르되 여호와여! 구하고 구하오니 이 사람의 생명 때문에 우리를 멸망시키지 마옵소서. 무죄한 피를 우리에게 돌리지 마옵소서. 주 여호와께서는 주의 뜻대로 행하심이니이다"라고 했다. 요나를 들어 바다에 던지매 바다가 뛰노는 것이 곧 그친지라고 했다.

필자(나)는 하나님의 응답을 받고 싶어 자신을 철저히 부인했다. 필자가 자신을 버리는 행동으로서 첫째, 나 자신의 무지함을 하나님께 아뢰었다. 나 자신의 무지함을 얼마나 많이 아뢰었는지 모른다. 내가 사용한 부사나 형용사는 극단적인 것들이었다. "나는 한없이 무지합니다." "나는 상상할 수 없이 무지합니다." "나는 다 상상할 수 없이 무지합니다." "나는 형언할 수 없이 무지합니다." "나는 형언할 길 없이 무지합니다"라는 단어들이었다. 이런 극단적인 단어들을 써서 나 자신의 무지함을 아뢰는 이유는 나 자신이 하나님의 지혜를 얻기 위함이었다. 나 자신이 예수님의 지혜를 얻기 위함이었다.

나는 자신을 버리는 행동으로서 둘째, 나 자신의 무능함을 하나님께 아뢰었다. 나 자신의 무능함을 얼마나 많이 아뢰었는지 모른다. 내가 사용한 부사나 형용사는 극단적인 것들이었다. "나는 한없이 무능합니다." "나는 상상할 수 없이 무능합니다." "나는 다 상상할 수 없이 무능합니다." "나는 형언할 수 없이 무능합니다." "나는 형언할 길 없이 무능합니다"라는 단어들이었다. 이런 극단적인 단어들을 써서 나 자신의 무지함을 아뢰는 이유는 나 자신이 하나님의 능력을 힘입기 위함이었다. 나 자신이 예수님의 능력을 힘입기 위함이었다. 필자가 이런 기도를 드리는 이유는 하나님의 능력으로 복음을 증거하기 위함이었다. 내 능력으로가 아니라 하나님의 능력으로 예수님을 세계만방에 전하기 위함이었다.

필자는 이 기도를 한없이 오래 드렸다. 한번 드리기 시작하면 한 시간씩 두 시간씩 드렸고 또 매일매일 드렸다. 아직도 매일 드리고 있다. 하나님께서 고만 드리라고 하실 때까지 매일 드릴 것이다. 이는 대한민국과 세계만방에 그리스도를 전하기 위함이다.

"나는 형언할 길 없이 무지하고 무능합니다"라는 기도가 어찌 나를 부인하는 기도냐는 것이다. 그것은 나 자신이 무지하고 무능하다고 말해야 하나님의 지혜와 능력을 힘입을 수 있기 때문이다. 나 자신이 무지하고 무능하다는 것을 아뢰지 않으면 나는 하나님의 지혜와 능력을 힘입을 수 없는 것이다. 그런고로 나는 내 자신이 한없이 (형언할 길 없이) 무지하고 무능함을 아뢰고 있다.

그리고 나는 내 자신의 인격(품격)을 부인하고 있다. 내 인격이 아무 것도 아님을 철저히 부인한다. 하나님을 인정하기 위하여 내 자신의 인격을 철저히 부인하는 것이다. 나는 오직 하나님만 인정하기 위하여 내 자신의 인격을 철저히 부인한다.

아브라함에게는 애절한 하나의 꿈이 있었다. 젖과 꿀이 흐르는 가나안 땅에 들어가서 행복하게 사는 것도 그의 꿈의 일부였다. 하지만 더욱 절실한 꿈이 있었다. 그것은 사랑하는 자식을 하나 얻는 것이었다. 아브라함에게는 자식이 없었다. 외로웠다. 자식이 없이 나이 먹으며 늙어간다는 것이 얼마나 서럽고 처량한지 몰랐다. 그러나 문제는 나이가 많아 어느덧 아내 사라의 경수마저 끊어져버렸다는 것이다. 인간적인 힘으로는 이제 자식에 대한 꿈을 접어두고 포기해야 할 때였다.

하지만 아브라함은 하나님과 교제하는 중에 놀라운 음성을 들었다. 자식을 주시겠다는 것이었다. 아브라함은 기대에 부풀었다. 아브라함과 이야기 하는 그 소리를 장막 곁에서 살짝 엿 들었던 사라는 웃음이 터져 나왔다.

훗날 아브라함의 가정에는 놀라운 일이 일어났다. 사라가 임신했다. 귀엽고 소중한 아들 이삭을 낳았다. 아브라함이 오래 숙원 하던 꿈이 이제 이루어졌다. “여호와께 능치 못한 일이 있겠느냐. 기한이 이를 때에 내가 네게로 돌아오리니 사라에게 아들이 있으리라”(창 18:14). 정말 소중한 꿈들은 믿음을 통해서 이루어진다(롬 4:18-22 참조).

죠지 뮬러는 2,000명의 고아들을 기르고 있었다. 그는 하나님만 바라보고 고아들을 양육하고 있었다. 한번은 고아들을 먹일 양식이 없었다. 그는 말하기를 “내일 아침부터는 빵 한조각도, 우유를 구입할 돈도 내 수중에는 하나도 없었다.…… 그러나 하나님은 우리를 버리시지 않으리라는 것을 전적으로 확신한다. 정말 우리는 궁핍하다. 하나님의 은혜로 나의 두 눈은 적은 양의 물품들과 텅 빈 지갑을 보지 않고 주님의 풍성하심을 바라보고 있다.” 정말 그의 믿음대로 기도대로 채워졌다. 하나님은 뮬러의 기도를 통해서 그의 믿음을 보시고 자신이 얼마나 신실한 하나님이신지 드러내셨다.

이제 우리는 우리 자신을 철저히 부인하고 하나님을 온전히 시인하여 모든 기도를 응답 받아야 할 것이다. 하나님은 우리의 기도에 응답하시는 신실하신 분이시다. 우리가 우리 자신을 부인하고 하나님을 철저히 믿어 우리가 하나님을 더 알고 또 하나님께서 주시고자 하는 모든 것들을 얻을 생각을 하니 기쁘기 한량이 없다.

- 끝 -

기도로 지구를 움직이라

2023년 7월 25일 초판 1쇄 인쇄
2023년 8월 8일 초판 1쇄 발행
지은이 | 김수홍
발행인 | 박순자
펴낸곳 | 도서출판 언약
주 소 | 수원시 영통구 중부대로 271번길 27-9, 102동 1303호
전 화 | 070-7518-9725
E-mail | kidoeuisaram@naver.com
등록번호 | 제374-2014-000006호

정가 16,000원

ISBN : 979-11-89277-21-5 (03230)